Jakob Landolt **Stichwort: Alter**

Jakob Landolt

Stichwort: Alter

Den dritten Lebensabschnitt positiv bewältigen

Vorwort von Heiner Hug

Orell Füssli

Gedruckt auf umweltfreundliches, chlorfrei gebleichtes Papier

Umschlaggestaltung: Andreas Zollinger, Zürich
Druck und Bindearbeiten: Freiburger Graphische Betriebe, Freiburg i. Br.
Printed in Germany
ISBN 3 280 02335 1

Inhalt

Vorwort

Früher gab es kaum ein Altersproblem, denn früher wurde man nicht alt. In der Regel starb man wenige Jahre nach der Pensionierung. Heute werden wir aus dem Berufsleben gezogen, wenn wir in den besten Jahren stehen. Die Lebenserwartung hat sich dramatisch erhöht. Wir leben heute im Durchschnitt dreimal länger als vor zweihundert Jahren. Und der Trend geht weiter. Jedes Jahr erhöht sich - statistisch gesehen - die Lebenserwartung um anderthalb Monate. Viele haben heute bei der Pensionierung noch einen Viertel, einen Drittel ihres Lebens vor sich. Da lohnt es sich, nochmals durchzustarten.

Doch wir werden nicht nur älter: die gewonnenen Jahre sollen auch bessere Jahre werden. Früher war man bei der Pensionierung müde, ausgebrannt, abgewirtschaftet, oft krank. Für die Jüngeren bedeutet alt auch heute noch: schwächlich und kränklich, nicht mehr präsent, verkalkt, lernunfähig. Neue Untersuchungen strafen diese Clichés Lügen. Viele Studien belegen: die heutigen Alten sind meist bei guter Gesundheit, voller Tatendrang, interessiert; sie schmieden Pläne. Es ist bewiesen, dass auch ein altes Hirn noch zu geistigen Spitzenleistungen in der Lage ist; es ist bewiesen, dass ältere Leute in hohem Grad lernfähig sind. Die geistige Fähigkeit (die kristalline Intelligenz) kann bis ins hohe Alter gleichbleiben oder gar zunehmen.

Ein französischer Professor erklärt, die Menschheit habe innerhalb des letzten halben Jahrhunderts 15 Jahre Lebensqualität gewonnen. Also: ein 75jähriger ist heute geistig und körperlich so präsent und rüstig wie vor fünfzig Jahren ein 60jähriger. Auch da geht der Trend weiter. Bald werden es nicht 15, sondern 20 gewonnene Jahre sein.

Die Mehrheit der Alten ist immer noch schüchtern. Anstatt sich zu wehren, meidet sie Konflikte, ist in der Defensive, frisst den Ärger in sich hinein; um des Friedens willen gibt man nach. Man wird diskriminiert und hält die andere Wange hin. Diese Leute haben sich von den Jungen einreden lassen, im Alter tauge man eben nichts mehr. Doch diese Gruppe wird immer kleiner. Die älteren Leute werden immer selbstbewusster. Sie haben genug, sich von den Jungen wie Kinder behandeln zu lassen. Sie schleichen sich nicht mehr, wie der amerikanische Professor Eugene Bianchi sagt, «demütig an den Rand des Lebens». Sie haben genug, sich diskriminieren und belächeln zu lassen. Es ist unbestritten: die heutigen Alten können nicht mit früheren Alten verglichen werden. Im Vergleich zu den Alten von gestern sind sie stolzer, gesünder, reicher, geistig präsenter, frecher. Und dennoch. Das neue Alten-Image darf über eines nicht hinwegtäuschen: auch heute gibt es eine grosse Gruppe von Alten, die diskriminiert und belächelt wird, die einsam und ausgestossen ist, die nicht für voll genommen wird und sich zu schwach fühlt, um für ihre Rechte zu kämpfen.

Das Buch von Jakob Landolt spricht nicht zuletzt diese Gruppe von alten Menschen an. Der Umgang mit diesen Veteranen verlangt Fachwissen und menschliche Anteilnahme. Die entsprechenden Kenntnisse in unserer Gesellschaft sind bescheiden, die Schwierigkeiten, die sich zwischen den Generationen ergeben, wenig bekannt oder von den Jüngeren aus dem Bewusstsein verdrängt. Die Analysen von Landolt, seine praktischen Ratschläge und Informationen bieten Hilfen und Anregungen für jedermann. Eines wird deutlich: Die Einordnung der Alten in unsere unübersichtlich gewordene Gesellschaft bedarf neuer Überlegungen. Eine veränderte Sicht der Dinge ist angezeigt.

Heiner Hug

Zum Geleit

Altersthemen sind im europäischen Jahr der Älteren und der Solidargemeinschaft der Generationen 1993 in allen Medien, in Seminarien, Symposien und Referaten ins Bewusstsein der Öffentlichkeit gedrungen. Die ernstzunehmende Vergreisung der Bevölkerung westlicher Industriestaaten wird allen Regierungen schwierige Zeiten bescheren (Rentenfinanzierung, Pflegeversicherung, Generationenkonflikt). Noch nie sind demokratische Staaten mit solchen Problemen konfrontiert worden, auch nicht in der Antike. Das Erreichen eines hohen Alters ist die Folge einer hochentwickelten, philanthropischen Gesellschaftsform, auf die wir alle gemeinsam hinarbeiten.

Dieses Buch «Stichwort: Alter» ist nicht im Hinblick auf das europäische Jahr der Älteren entstanden, obschon es im nachhinein dafür einen kleinen und bescheidenen Beitrag leisten will. Die Entstehungsgeschichte dieses Buches ist eher ungewöhnlich: Die einzelnen Beiträge entstanden als Auseinandersetzung mit Themen, die mich interessierten und die im Zusammenhang mit meinem Beruf als Heimleiter einer betreuten Alterswohngemeinschaft und meiner Ausbildung zum eidgenössisch diplomierten Heimleiter stehen.

Die Altersarbeit hat sich in den letzten Jahren stark gewandelt, besonders im Heimwesen. Das einstige Heim mit seiner unsozialen Zweckorientierung der Verwahrung und Versorgung von alten Menschen ist heftigen Angriffen seitens der Öffentlichkeit ausgesetzt. Spitex ist die Zukunftsverheissung. Der alte Mensch selbst steht inmitten eines gesellschaftlichen Umbruchs. Alte Menschen fordern mehr Rechte für sich, und sie werden sie in Zukunft auch bekommen.

Einige Beiträge behandeln den älteren Menschen in der Gesellschaft. Das Gespenst des «Generationenkonfliktes» geht um und erhitzt hin und wieder die Gemüter. Vorurteile und kollektive Meinungen über alte Menschen belasten die Koexistenz mit den jüngeren. Noch nie haben Ehen so lange gedauert wie in unserem Jahrhundert. Die alte Frau scheint zum schwächsten Mitglied unserer Gesellschaft zu werden.

Krankheiten geisseln das Alter. Depressionen, Selbsttötung und geistige Verblödung (Demenz) sind grosse Herausforderungen, die das Alter an uns stellt. Die Gesellschaft muss lernen, altersgerechter zu denken und zu handeln.

Letztlich wird der Tod uns von unserem Dasein auf dieser Welt trennen. Die meisten Menschen sterben heute im hohen Alter. Frauen erreichen heute ein Durchschnittsalter von über 80 Jahren, Männer eines von über 74.

Die vorliegenden Ausführungen erheben keinen Anspruch auf Richtigkeit oder Vollständigkeit, sondern widerspiegeln meine derzeitige persönliche Meinung, die sich im Laufe der Zeit und weiterer Erfahrungen da und dort wohl noch ändern wird.

Jakob Landolt

sonen hat für die Altersvorsorge und das Gesundheitswesen bedeutsame Folgen. Eine Verschiebung der Altersstruktur zugunsten der alten Menschen hat sowohl soziale und wirtschaftliche als auch sozialpolitische Rückwirkungen zur Folge.

Die demographische Alterung der Gesellschaft wird sich in unseren modernen und hochentwickelten Staaten (z. B. Westeuropa und Japan) stark beschleunigen. Einfluss auf die demographische (Über-)Alterung haben, wie gesagt, Faktoren wie:

- Rückgang der Geburtenhäufigkeit
- Verlängerung der Lebensdauer
- Wanderungsbewegungen.

Dabei ist der Geburtenrückgang die Hauptursache der Alterung der Gesellschaft. Je weniger Kinder geboren werden, um so mehr verschiebt sich die Altersstruktur der Gesellschaft nach hinten zugunsten der alten Bevölkerung. Die Verlängerung der Lebensdauer dagegen ist nur eine zusätzliche Nebenursache. Die Fruchtbarkeit der Bevölkerung also bestimmt in hohem Masse die Altersstruktur. Daneben wichtig ist auch das Moment der Wanderungsbewegungen, genauer ist die Wanderungsbilanz ausschlaggebend. Die Wanderungsbilanz ist das Verhältnis zwischen Einwanderung und Auswanderung. Moderne, industrialisierte Staaten erleben seit Jahren starke Einwanderungswellen ausländischer Arbeitskräfte mit ihren Familien. Diese ausländischen Einwanderer sind meistens jüngere Menschen, die somit die Altersstruktur eines Landes mitprägen. Die Einwanderung von ausländischen Arbeitskräften hat in der Schweiz zur Verlangsamung der demographischen Alterung wesentlich beigetragen. Ohne diese Einwanderung wäre die Altersstruktur unserer Gesellschaft eindeutig noch alterslastiger.

Die Verlängerung der Lebensdauer hat insofern eine gesellschaftliche Bedeutung, als der Anteil der Hochbetagten markant ansteigt. In den Jahren um 1950 waren etwas mehr als 1 % der Bevölkerung älter als 80 Jahre. Im Jahre 1990 betrug derselbe Anteil bereits 3,7 %. Einen überdurchschnittlichen Anteil von über 80 Jahre alten Menschen findet man in der Regel in städtischen Verhältnissen (Basel, Zürich) und in gewissen Talschaften (in denen starke Emigration zur Überalterung der Bevölkerung führte).

Der Anstieg der Hochbetagten ist keineswegs beendet. Im Gegenteil! Im Jahre 1980 waren ungefähr 7,5 % der Bevölkerung älter als 70 Jahre, im Jahre 2040, so wird geschätzt, dürften es etwa 18 % sein. Die Rentenfinanzierung wird dadurch immer schwieriger.

Schon heute leben weit mehr alte Frauen als alte Männer. Dies wird sich in den kommenden Jahren noch weiterhin so fortsetzen. Zwar gab es früher Zeiten, während denen Männer wie Frauen ungefähr gleich alt wurden. Doch die durchschnittliche Lebensdauer verschob sich immer mehr zugunsten (oder zu Lasten?) der Frau. Dies hat für die Frau auch Konsequenzen. (Näheres darüber im Kapitel: «Die alte Frau».)

Wirtschaftliche Armut ist zwar nicht nur an das Alter gebunden, aber man kann gerade bei der älteren Generation eine solche relativ stark ausgeprägt feststellen. Als wirtschaftlich arm gelten je nach Definition der Armut ungefähr 15–20 % der über 80jährigen. Diese wirtschaftlich armen Alten werden wir weiterhin zu versorgen haben. Zudem werden ältere Menschen vermehrt pflegebedürftig und müssen pflegerisch versorgt werden. Dies wiederum hat gesundheitspolitische Folgen. Die Anzahl der pflegebedürftigen Alten in Alters- und Pflegeheimen, Chronischkrankenheimen, aber auch Seniorenresidenzen oder Wohngemeinschaften und Pflegewohngruppen wird weiterhin zunehmen. Allerdings leben von den über 90jährigen mehr als zwei Drittel noch immer privat in der eigenen Wohnung. Dort werden sie von den eigenen Familienangehörigen betreut. Zurzeit aber ist es so, dass unsere Institutionen vorwiegend Hochbetagte beherbergen, und der Bedarf an solchen Heimplätzen für pflegebedürftige Hochbetagte wird in Zukunft weiterhin steigen trotz Ausbau von Spitex und privater Hilfe.

Zahlen und Fakten

Die Überalterung der europäischen Gesellschaften zeigt sich klar in Statistiken. Anhand von Zahlen bezüglich des mittleren Lebensalters lässt sich sowohl die vergangene als auch die zukünftige Entwicklung gut darstellen.

Definition des mittleren Lebensalters:
Das mittlere Lebensalter ist das durchschnittliche Lebensalter der in einem Staat zurzeit lebenden Bevölkerung an einem bestimmten Stichtag.

Das mittlere Lebensalter betrug in Deutschland (übertragbar auch auf die Schweiz) 1871 noch 27,3 Jahre, es rückte in 80 Jahren, also bis 1950 auf 34,7 Jahre und schob sich ab 1985 auf 40 Jahre vor. Im Jahre 2030 wird das mittlere Lebensalter auf etwa 50 Jahre angestiegen sein.

Die Lebenserwartung bei der Geburt:
Ist die Lebenserwartung eines Menschen bei dessen Geburt unter Berücksichtigung der jeweiligen Sterblichkeitsverhältnisse (auch mittlere Lebenserwartung genannt).

Mittleres Alter und Lebenserwartung in Deutschland:

	Mittleres Alter der Bevölkerung		
	Mann	Frau	beide
1871	27,03	27,64	27,34
1950	33,60	35,69	34,71
1961	34,21	37,60	36,01
1971	34,02	38,29	36,25
1984	36,67	41,21	39,04
2030	47,00	50,00	48,50

	Lebenserwartung bei der Geburt		im Alter von 60	
	Mann	Frau	Mann	Frau
1871	35,58	38,45	12,11	12,71
1950	64,56	68,48	16,20	17,46
1961	66,86	72,39	15,49	18,46
1971	67,41	73,83	15,31	19,12
1984	71,18	77,79	16,92	21,36

Quelle: Heilig, Lutz, Wolf. Aging and the Family, Population Network Newsletter, 1987

Die Lebenserwartung im Alter von 60:
Ist die durchschnittliche Zahl von Jahren, welche Personen, die ein bestimmtes Alter (hier 60 Jahre) erreicht haben, unter den gegebenen Sterblichkeitsverhältnissen noch zu leben haben.

Für die schweizerische Bevölkerung lauten die Zahlen für die Lebenserwartung bei der Geburt und im Alter von 60 Jahren:

Lebenserwartung in der Schweiz:

	Lebenserwartung bei der Geburt		im Alter von 60	
	Mann	Frau	Mann	Frau
1889/1900	45,70	48,50	12,50	13,00
1920/1921	54,50	57,50	13,30	14,40
1939/1944	62,70	67,00	14,80	16,70
1958/1963	68,70	74,10	16,20	19,20
1978/1983	72,40	79,10	17,90	22,40
1988/1989	74,00	80,90	19,10	23,90

Quelle: François Höpflinger/Astrid Stuckelberger, Alter und Altersforschung in der Schweiz, Seismo Verlag, Zürich, 1992

Sterblichkeit:
Die Sterblichkeit wird von verschiedenen Faktoren positiv oder negativ beeinflusst. Nebst Prävention und kurativer Medizin, die zu einem weiteren Rückgang der Sterblichkeit führen werden, wirkt auch das zunehmende Gesundheitsbewusstsein, welches von den Medien verbreitet wird, positiv auf die in Zukunft zu erwartende Lebenserwartung.

Negativ wirken folgende Risikofaktoren:

Schlechte Umweltbedingungen (unsauberes Wasser, schmutzige Luft, verdorbene Nahrungsmittel, Überdüngung, Pestizide, Herbizide, Schwermetalle etc.), Drogenkonsum (AIDS, Alkoholabusus und Zigaretten), Stress am Arbeitsplatz, Infektionskrankheiten, verursacht durch resistente Bakterien und Viren (neue Stämme, die immun sind gegen die meisten Antibiotika), schlechte Wirtschaftslage (Arbeitslosigkeit) etc. Schlussendlich wage ich die (widerlegbare?) Behauptung, dass sich auch soziokulturelle Begebenheiten positiv oder negativ auf die Altersstrukturen beziehungsweise auf die Überalterung einer Gesellschaft auswirken können. Eine zunehmende allgemeine Altersfeindlichkeit führt dazu, dass die ältere Generation das eigene Altwerden als eine Last empfindet und sich davor fürchtet.

Stichworte:
- Medien
- finanzielle Problemstellungen wie Rentenlast, Rentenfinanzierung etc. und
- schwierige Wirtschaftslage (Jugend- und allgemeine Arbeitslosigkeit, Armut etc.)
- Generationenkonflikt

Diese innere Einstellung des Lebensüberdrusses, der Abhängigkeit von der jungen Generation, der Todessehnsucht und des Der-Gesellschaft-zur-Last-Fallens findet man bereits heute bei den Hochbetagten durchaus auf breitester Basis. Viele ältere

Menschen äussern in erschreckender Offenheit die Meinung, der Gesellschaft nicht mehr dienen, sondern ihr nur noch zur Last fallen zu können. Wenn diese Einstellung vieler Hochbetagter sich auch auf eine jüngere Generation zu übertragen vermag, könnte ich mir vorstellen, dass das Stichwort «mehr Lebensqualität» sich auf ein intensiveres Leben während jüngerer Jahre bezieht und der alte Mensch, wenn er das Schwinden seiner Kräfte bemerkt, auch schneller seinen Lebenswillen verliert. Führt dies zu einer stärkeren Zunahme von suizidalen Handlungen auf der Basis von aktiver Sterbehilfe?

Sozio-demographische Fakten

Wir leben in einer modernen, hochentwickelten Gesellschaft. Noch nie in der Menschheitsgeschichte war der technische Stand der Gesellschaft so hoch entwickelt wie heute. Parallel dazu nahm und nimmt das ethische, moralische und religiöse Fundament als Bestimmungsfaktor der Zwischenmenschlichkeit mehr und mehr ab, teilweise zu deren Vorteil, aber viel zu oft zu deren Nachteil. Diese modernen Gesellschaften sind durch zwei Momente gekennzeichnet:

a) durch eine geringe Geburtenhäufigkeit
b) durch eine sehr hohe Lebenserwartung

Sowohl die hohe, durchschnittliche Lebenserwartung der Menschen, aber vor allem der starke Rückgang der Geburtenhäufigkeit nimmt entscheidend Einfluss auf die Altersstruktur einer Gesellschaft, und dies hat wiederum starke soziale, politische und wirtschaftliche Auswirkungen.

Einen weiteren, ebenso massgebenden Einflussfaktor auf die Altersverteilung der Bevölkerung hat die Wanderungsbilanz. Darunter versteht man das Verhältnis von Einwanderung und Auswanderung. Die Schweiz (wie etwa auch Deutschland) ist ein

Land mit einer hohen Einwanderungsrate. Über Jahrzehnte wanderten eher jüngere Gastarbeiter in unser Land ein, und manche sind bei uns heimisch geworden. Diese einwandernden Arbeiter haben wesentlich zur Verlangsamung der demographischen Alterung der Schweiz beigetragen. Die wenigsten in unserem Land sesshaft gewordenen einstigen Gastarbeiter haben ihre eigenen Eltern zu sich nachgeholt.

Bis heute wanderten also in ihrer Existenz bedrohte Arbeitskräfte in unser Land ein, um nach Arbeit zu fragen. Und was geschieht heute? Grosse Schweizer Firmen verlegen Arbeitsplätze in jene Länder, die über einen Überfluss an billigen einheimischen Arbeitskräften verfügen. Sollte dieser Trend weiterhin in grossem Stil anhalten, wird sich die Überalterung der Schweizer Bevölkerung noch stärker beschleunigen.

Im Jahre 1990 waren nur gerade 4,4% der in der Schweiz wohnhaften Ausländer älter als 64 Jahre. Der Anteil der Schweizer, die über 64 Jahre alt waren, betrug im Jahre 1990 aber 16,6%. Ohne diese rund eine Million Ausländer wäre die Schweiz heute schon ein stark überalterter Staat. Die Überalterung der Bevölkerung zeigt sich aber vor allem im Anteil der Hochbetagten (über 80jährige). Es sind vorwiegend jene Hochbetagten, die sowohl das Gesundheitswesen als auch die ergänzenden Rentenleistungen in Anspruch nehmen. Hochbetagte Menschen sind vor allem in Städten und Abwanderungsregionen überdurchschnittlich stark vertreten.

Der Anteil der Rentner zur Gesamtbevölkerung steigt rasch an. Noch nie in der überblickbaren Menschheitsgeschichte gab es so viele alte Menschen wie gerade im heutigen Jahrhundert.

Je nach Szenario (Geburtenhäufigkeit, Lebenserwartung und Wanderungsbilanz) beträgt der Anteil der Rentner:

Anteil der Rentner/Innen gemäss Bevölkerungsszenarien:

Jahr	Männer ab 65 in Prozent	Frauen ab 62 in Prozent	Total in Prozent
1990	12,0	20,4	16,3
Je nach Szenario:			
2015	15,9–17,1	24,5–26,8	20,2–22,0
2040	19,7–21,7	28,4–31,7	24,1–26,8

Quelle: François Höpflinger, Astrid Stickelberger, Alter und Altersforschung in der Schweiz, Seismo Verlag Zürich, 1992

Diese zukünftigen demographischen Entwicklungen sind allerdings mit grosser Vorsicht zu behandeln. Zugrundeliegende Szenarien unterliegen immer den verschiedensten gesellschaftlichen (Wert-)Strömungen und -Vorstellungen sowie den verschiedensten politischen und wirtschaftlichen Haltungen und Kräfteverhältnissen, also Parametern, die in sich sehr zweifelhaft sind und manchmal mehr herrschender Demagogie und taktischer Unterstellung dienen als der Wirklichkeit.

So stellen sich im Hinblick auf die zu erwartende Zunahme an Hochbetagten doch einige Fragen im sozialen und gesundheitspolitischen Bereich. Obwohl die meisten älteren Menschen sich einer ordentlichen Gesundheit, einer noch bis ins hohe Alter regen Aktivität und einer noch genügenden Innovationsbereitschaft (Veränderungs- und Neuerungsbereitschaft) erfreuen dürfen, stellen sich doch Fragen nach der Gesundheit (Ausmass und Häufigkeit der Pflegebedürftigkeit) und der wirtschaftlichen Autarkie (Armut). Und somit stellen sich gesamtgesellschaftliche Fragen in diesem Zusammenhang. Diese sind:

1. Hilfeangebote (Spitin, Spitex, Verwandte, Nachbarn),
2. Gesundheitsprävention und Rehabilitation,
3. finanzielle Unterstützungsbedürftigkeit,

4. Finanzierbarkeit des Gesundheitswesens und der Altersvorsorge.

Ein weiteres demographisches Faktum, das der Schweiz und auch anderen mitteleuropäischen Staaten Probleme bereiten wird, ist die Finanzierung der Altersvorsorge:

In der Schweiz kommen heute auf 100 Personen im erwerbsfähigen Alter rund 24 Personen im Rentenalter. Vereinfacht dargestellt, heisst dies, dass heute vier Erwerbstätige einen Rentner finanzieren. Für das Jahr 2010 (also bereits in 16 Jahren) kommen auf 100 Erwerbstätige, je nach Szenario, zwischen 28 und 33 Rentner, deren Altersrenten finanziert werden müssen. Für das Jahr 2040 werden, wiederum je nach Szenario, auf 100 Erwerbstätige bereits zwischen 41 und 48 (2 : 1) Rentner erwartet.

Pflegebedürftige in Heimen

Zurzeit geht man davon aus, dass sich der Bedarf an Heimplätzen (Alters- und Pflegeheim, Krankenheim, Seniorenzentrum, Tagesheim, Interventionsklinik, Pflegewohngruppen, Alterswohngemeinschaften und Residenzen etc.) in Zukunft weiter erhöhen wird. Auch hier sind die Hochrechnungen nicht einfach, und man geht ebenfalls von verschiedenen Szenarien resp. Bedingungen aus. Daher handelt es sich um Schätzwerte mit oberen und unteren Limiten.

Pflegebedürftige in Heimen im Alter von 60 Jahren:

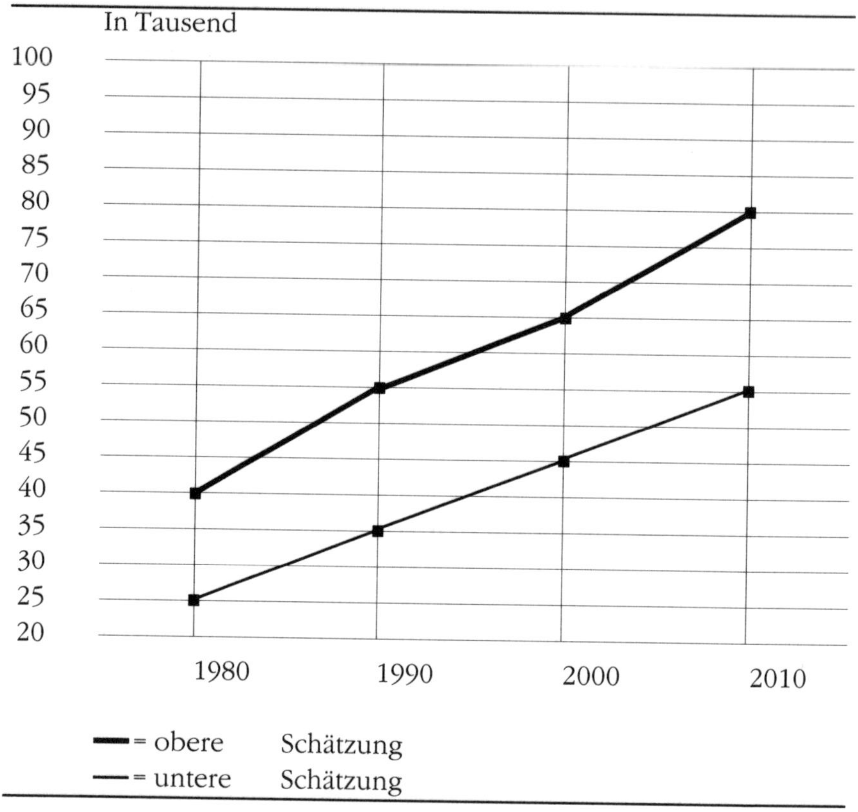

Die Zunahme der Pflegebedürftigen, welche auf einen Heimplatz angewiesen sind, ist so oder so auffällig. Diese starke Zunahme kann nur gebremst werden, wenn folgende Faktoren auch in Zukunft greifen:

- Die familiäre Pflege (Pflege durch Familienangehörige etc.) bleibt grundsätzlich intakt und auf dem gleichen Niveau wie heute. Bricht die familiäre Pflege und Hilfe zusammen, so müssen professionalisierte Institutionen die Betreuung der Alten übernehmen. Soziale Integration!

- Weiterer qualitativer und quantitativer Ausbau der Spitex-Dienste. Angebotserweiterung.
- Fortschritte in der Prävention und Rehabilitation.
- Der zukünftige alte Mensch erfreut sich nach wie vor einer guten Gesundheit auch im hohen Alter. Dies bedingt, dass die Lebensbedingungen (Arbeit, Stress, Ernährung etc.) weiterhin der psychischen und physischen Gesundheit wohlgesinnt sind.
- Der Hirnstoffwechsel (Metabolismus) bleibt grundsätzlich intakt (Demenz, Alzheimer etc.). Die grösste Gruppe von betagten Pflegebedürftigen bilden nämlich die Demenzkranken. Dabei darf nicht ausser acht gelassen werden, dass das menschliche Gehirn eines der kompliziertesten und auch anfälligsten Organe darstellt.

Dass die Bedarfsschätzung für den stationären Bereich so schwierig ist, zeigen auch die sehr unterschiedlichen Richtwerte der Kantone. Die interkantonalen Bedarfsrichtwerte für Altersheimplätze liegen zwischen 2,6 und 8 (!) Betten pro 100 Betagte (8 = Kanton Bern).

Auch der Richtwert (Bedarf) für Pflegeheimbetten wird von Kanton zu Kanton sehr unterschiedlich beurteilt. Als notwendig wird ein Pflegeheimbettangebot von 2–4 Betten pro 100 Betagte angesehen.

Den Bedarf an psycho-geriatrischen Betten kennen die einzelnen Kantone mangels Erfahrung noch nicht. Der Richtwert liegt heute bei ca. 0,4–0,5 Betten pro 100 Betagte. Diese Zahl könnte in Zukunft auch wesentlich höher liegen. Sie ist direkt abhängig von der Interventionsmöglichkeit, denn Demenz wie Alzheimer sind heute weder heilbar noch sind Therapiemethoden entwickelt und erprobt, die erfolgversprechend sind.

Gerade der psycho-geriatrische Bettenbedarf wird in Zukunft stark zunehmen, wenn die medizinisch-therapeutischen Erkenntnisse auf diesem Gebiet nicht grosse Fortschritte machen. Die grösste Gruppe von hospitalisierten, betagten Pflegebedürftigen bilden nämlich die Demenzkranken. Studien belegen, dass ca. 5% aller Rentner/Innen an einer Demenz erkranken. Weiter wird behauptet, dass diese rund 5% die meisten Betten in Chronischkrankenheimen füllten, nämlich ca. 80%. Die weitaus grösste Gruppe dieser Demenzkranken seien die Alzheimerpatienten mit einem Anteil von rund 50% aller Demenzkranken. Die durchschnittliche Lebenserwartung von Alzheimerpatienten liegt heute bei ca. 7–8 Jahren.

Allerdings sind gerade diese Zahlen mit einiger Vorsicht zu interpretieren. Die Probleme ergeben sich nämlich nicht bei den nackten Zahlen, sondern bei der Frage der Definition. Die medizinische Wissenschaft ist sich noch nicht einig, was die senile Demenz von der senilen Demenz des Typus «Alzheimer» unterscheidet. Viele Symptome sind nämlich gleich, und auch die anatomischen Veränderungen können bei der senilen Demenz und bei der senilen Demenz des Typus «Alzheimer» durchaus gleich sein. Trotzdem nimmt die Bedeutung dieser Gruppe von Pflegebedürftigen in den Heimen stark zu. Während den letzten Jahren hat sich das Bild des Pensionärs in den Heimen stark zugunsten des Demenzkranken verändert. Demenzerkrankung und körperliche Pflegebedürftigkeit sind die beiden wichtigsten Eintrittsdiagnosen nebst der Gruppe der psychisch Kranken.

Allerdings gibt es heute mehr Demenzkranke als noch vor einigen Jahren, nicht weil die alten Menschen grundsätzlich kränker geworden sind, sondern weil es viel mehr ältere (hochbetagte) Menschen gibt als früher.

Aufgrund der demographischen Entwicklung nimmt die Zahl der über 65jährigen Demenzkranken in der Schweiz wie folgt zu (geschätzt):

1980	ca. 48'000
1990	ca. 65'000
2000	ca. 79'000
2010	ca. 90'000 – 95'000

Demenzkranke ab 65 Jahren (geschätzt):

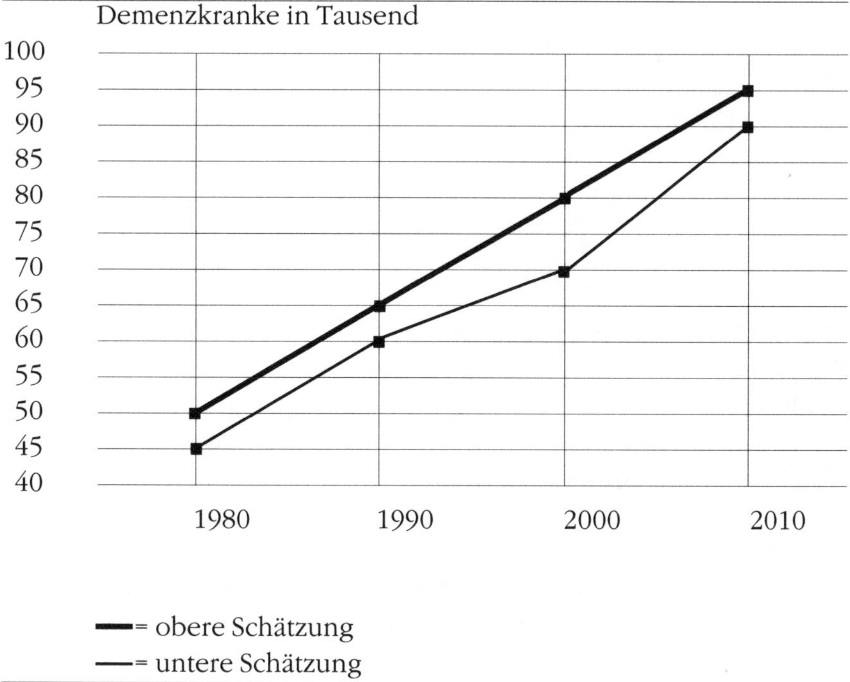

Diese Schätzungen werden dann ungefähr richtig sein, wenn sich die Heilungs- und Rehabilitationschancen für Demenzerkrankungen innerhalb der nächsten Jahre nicht verbessern. Allerdings gewinnt man gerade auf dem Gebiet der Demenzforschung neue, therapiewirksame Kenntnisse, und wenn die Früherkennung und neue therapeutische Massnahmen Wirkung zeigen, wird sich diese starke Zunahme an Demenzerkrankungen etwas abflachen.

Andererseits nimmt das moderne, technisch orientierte Leben weiterhin zu und stellt an die Leistungsfähigkeit unseres Hirns immer grössere Anforderungen. Gerade der starke Wandel der Gesellschaftsstrukturen kann aber von Leistungsschwächeren nicht in genügendem Masse kompensiert werden, und die auftretende Dekompensation wird an die Toleranzgrenze der Mitmenschen schneller herangehen und dazu führen, dass solche leistungsschwächere Demenzkranke schneller aus den tolerierten Konventionen fallen.

Der geschätzte Bettenbedarf für Demenzkranke in der Schweiz für die Jahre:

1990 = ca. 42'000 Betten
2010 = ca. 60'000 Betten

Die zukünftigen Hochbetagten

Auch wenn bei den Hochbetagten, je älter sie sind, eine Demenz um so wahrscheinlicher diagnostiziert werden kann, muss doch an dieser Stelle unbedingt darauf hingewiesen werden, dass sie trotzdem einen besseren Gesundheitszustand aufweisen werden als die früheren Hochbetagten. Dies ermöglicht einerseits eine bessere, d.h. vielseitigere Ernährung, und andererseits muss auch das Gesundheitsverhalten erwähnt werden. Wir leben heute bezüglich des Gesundheitsverhaltens in einer Zeit, in der gerade auf diesem Gebiet einiges an Aufklärung und Information geschieht.

Wenn wir uns fragen, welche Eigenschaften die heutigen Hochbetagten auszeichnen, so sind folgende zu nennen, die die Langlebigkeit begünstigen:

Beobachtbare Eigenschaften heutiger Hochbetagter:

1. höheres Aktivitätsniveau,
2. positive Stimmungslage,
3. mehr Sozialkontakte,
4. höhere Schulbildung,
5. angesehenere Berufe und somit höherer Status,
6. besserer Gesundheitszustand,

7. höhere Intelligenz,
8. bessere Gedächtnisleistungen,
9. komplexere Tagesabläufe bzw. Lebensanforderungen

Quelle: U. Lehr/H. Thomae, Formen seelischen Alterns

Grundsätzlich kann gesagt werden, dass die Langlebigkeit unserer heutigen und der zukünftigen Hochbetagten abhängt von :

- genetischen Faktoren
- biologischen Faktoren
- sozialen Faktoren
- ökologischen Faktoren

Diese wiederum beeinflussen unsere Persönlichkeit, vor allem:

- unsere Intelligenz
- unser Aktivitätsniveau
- unsere Stimmungs- und Gefühlslage
- unsere Anpassungsfähigkeit

Bildungsniveau, Berufssituation, Interessenlage und Kontaktbereitschaft, Ernährungssituation sowie das Mass unserer körperlichen und geistigen Aktivität, unser Hygieneniveau sowie unsere Gesundheitsvorsorge und in besonderem Masse der medizinische Fortschritt bestimmen als Faktoren unser körperliches und psychisches Wohlbefinden und unsere Lebensdauer.

Neuere Forschungsberichte entlarven die Legenden über den Lebensabend in den westlichen Industriegesellschaften. In diesen Berichten ist nicht die Rede von den kränklichen, pflegebedürftigen Alten, die, gebeugten Rückens, schwankenden Ganges und mit zittriger Hand sich mit Mühsal beladen ihrem Lebensende zubewegen. Die Legenden von klapprigen, gebrechlichen, verkalkten und zahnlosen Alten werden in diesen Berichten einem vergangenen Altersbild zugeordnet.

In diesen Berichten wird Altern erfolgreich, Lebensqualität erfährt eine starke Steigerung. Selbständigkeit ersetzt Abhängigkeit, Selbsthilfe ersetzt Fremdhilfe, Eigeninitiative ersetzt Fremdbeeinflussung, und Aktivität ersetzt Passivität.

Die neuen Begriffe heissen: Lebensqualität, Selbst- oder Eigenständigkeit, Selbsthilfe, Freiwilligenhilfe, Aktivität, Wahlfreiheit, Solidarität zwischen den Generationen, Eigeninitiative, eigene Lebensgestaltung, Kontinuität in wichtigen Lebensbereichen, Erhaltung und Förderung der Fähigkeiten, soziale Kontakte und soziale Integration, Nachbarschaftshilfe, finanzielle Sicherheit, Vernetzung von ambulanten und stationären Dienstleistungen, Ausnutzung von Synergien sowie personellen, materiellen und finanziellen Ressourcen.

Heime werden nicht mehr gebaut oder zumindest gilt die Erstellung von Wohnraum innerhalb des Heimbereiches nicht mehr als erste Priorität. Der weitere Ausbau von ambulanten Dienstleistungsangeboten steht, schon seit Jahren, an oberster Stelle der Prioritäten.

Vernetzung und Koordination in der Altershilfe

Zwischen den Heimen und den spitalexternen Hilfeorganisationen (kurz: Spitex) ist eine Art Rivalität entstanden. Durch demographische Gegebenheiten, aber auch bedingt durch die wirtschaftliche Lage sowie durch ein verändertes Bewusstsein der älteren Bevölkerung, in erster Linie aber durch die veralteten Konzeptionen sind die Heime mehr und mehr zu einem zweifelhaften Image gelangt. Altenheime sind zu Pflegeheimen geworden, nicht zuletzt auch wegen der Arbeit dieser Spitexdienste. Die alten Menschen treten in der Regel erst zu einem Zeitpunkt in ein Pflegeheim ein, wo die Spitexdienste nicht mehr in der Lage sind, die Betreuten weiterhin zu versorgen. Dies ist meistens dann der Fall, wenn der Betreuungs- und Pflegeaufwand sehr hoch ist und die Kosten für diese Pflege im Pflegeheim im Verhältnis zur ambulanten Versorgung niedriger sind. Der alte Mensch tritt hochbetagt, meistens auch schon stark abgebaut und hinfällig ins Heim ein. Durch die Belegung der Pflegeheime durch solche schwerpflegebedürftigen alten Menschen verändert sich die Heimatmosphäre stark, und die Heime werden vermehrt zu Sterbekliniken. Wen wundert's, dass die ältere Bevölkerung sich vor einem Heimeintritt immer mehr fürchtet.

An sich können die Spitexdienste diesbezüglich nicht zur Verantwortung gezogen werden. Dass alte Menschen lieber bis zum Tod bei sich daheim bleiben möchten und nicht in ein Pflegeheim abgeschoben werden wollen, um dort zu sterben, ist verständlich und entspricht wohl dem Wunsch aller Menschen, auch der jüngeren Generation. Deshalb wird der Trend (Ausbau des Spitex – Altersheim zu Pflegeheim) auch in Zukunft weitergehen. Dagegen soll auch nichts eingewendet werden. Andererseits dürfen die Heime nicht weiter stigmatisiert werden. Sowohl Politiker als Spitexverantwortliche sollten auch die Institution «Heim» weiterhin unterstützen. Die Heime sind nicht eine Art Konkurrenz zur Spitex, sondern beide sind Partner eines gemeinsamen, humanen Generationenvertrages.

In den letzten Jahren wurde immer deutlicher, dass die Angebote der Altershilfe wie ambulante und stationäre Pflege (Spitex – Heim) oftmals nebeneinander bestehen, ohne inneren Zusammenhang, ohne gegenseitige Koordination und Vernetzung. Es gibt Dienstleistungsangebote, die gleich von mehreren Trägern angeboten werden. Andere fehlen dafür ganz. Oft kommt es vor, dass die eine Hilfeorganisation nicht mit der anderen verkehrt und von den Angeboten anderer Hilfeorganisationen keine Kenntnis hat. Problematisch wird dieser Zustand dann, wenn auch noch unterschiedliche Tarife zu den im Prinzip gleichen Angeboten bestehen. Im weiteren sind die verschiedenen Dienste untereinander auch nicht koordiniert.

Es ist in der Altersarbeit äusserst schwierig, die einzelnen Dienste, Angebote, Trägerschaften, Verbände, Vereinigungen und Einzelpersonen untereinander zu vereinigen, um die Dienste und Leistungen sinnvoll, kostengünstig und synergiengerecht untereinander abzustimmen. Vernetzung und Koordination ist angesagt.

Die Vernetzung und Koordination der Altersarbeit funktioniert dann problemlos, wenn aus den verschiedenen Dienstleistungsträgern eine Dachorganisation gegründet wird. Es kann sich dabei etwa um eine zentrale Vermittlungsstelle handeln, die die Aufgabe der Koordination und Vernetzung und fachlichen Beratung der Altersarbeit übernimmt.

Grundvoraussetzung für eine gut funktionierende und gut koordinierte Altershilfe ist ein bedarfsgerechtes Altersleitbild. Leider führen bestehende Altersleitbilder zuwenig über sinnvolle Vernetzung und Koordination aus.

Eine solche zentrale Vermittlungsstelle könnte folgendes Aufgabenspektrum haben:
- Koordination (Vernetzung) unter den Diensten.
- Erfassung der Angebote sowie Innovation der bestehenden und Planung neuer Angebote.
- Verbinden der Synergien der Dienstleistungen.
- Öffentlichkeitsarbeit (Information).
- Einzelfallberatung (Vorabklärungen).
- Zuteilung des Falles zur entsprechenden Dienstleistung.
- Erstellung eines «Ratgebers für die ältere Generation» (Auflistung der Dienstleistungsangebote).
- Arbeitgeberfunktion (Lohn, Sozialversicherungen) für alle Mitarbeiter sowie freiwilligen Helfer.
- Fortbildung und Fachberatung der Mitarbeiter aller angeschlossenen Dienste.
- Zusammenarbeit mit politischen resp. kirchlichen Instanzen, Ärzten, Spitälern, Sozialstellen sowie Organisationen und Dienstleistungen anderer Gemeinden etc.
- Beratung von Planungsvorhaben oder bestehenden Organisationen, Verbänden und Heimen (z. B. Heimkonzeption).

Altersstereotypien – Das Bild vom alten Menschen

Die innere Natur jedes Menschen
hat einige Merkmale,
die alle anderen auch haben,
und einige,
die für den einzelnen einzigartig sind.

Das Bedürfnis nach Liebe
charakterisiert jeden Menschen,
der auf die Welt kommt.

Abraham A. Maslow

Stereotypien sind gesellschaftliche Vorurteile und Erwartungen an den alten Menschen. Sie entstehen durch Fremdeinschätzungen (Heterostereotypien) und Selbsteinschätzungen (Autostereotypien) und sind eingebürgerte Vorurteile mit festen Vorstellungsklischees innerhalb der Gruppe der alten Menschen. Stereotypien sind kollektive Vorstellungen und Assoziationen, die Individuen und Gruppen von Menschen oder Menschengruppen haben, wenn sie bestimmte Begriffe hören oder sehen, beispielsweise: «Alte», «Greise», «Pflegebedürftige». Das Bild, das sich die Person oder Gruppe von sich selbst macht, muss nicht identisch sein mit dem Bild, welches durch Fremdeinschätzung entsteht. Das eigene Bild, welches eine Gruppe von Menschen von sich selber macht, wird positiver ausgestaltet, als es in Wirklichkeit ist, und das Bild, welches wir einer fremden Gruppe zuordnen, ist in der Regel negativer. Dies könnte eine Art Selbstschutz der Gruppe sein, der ein Stereotyp anhaftet. Zudem gibt es nicht bloss ein Stereotyp von etwas, sondern immer mehrere Stereotypien. Die Stereotypien sind zu allen Zeiten einem gesellschaftlichen Wandel unterzogen.

P. R. Hofstätter definiert das Stereotyp so: «Wir sehen die Mitglieder gewisser Gruppen – z.B. ‹Ärzte›, ‹Juden›, ‹Russen›, ‹Alte› usw. - oftmals in sehr stereotyper Weise, nämlich so, als ob sämtliche Mitglieder dieser Gruppe in wesentlichen Punkten einander gleich wären.» Wo auch immer wir sind, wir schätzen einzelne Personen wenigstens teilweise aufgrund ihrer Zugehörigkeit zu bestimmten Gruppen ein: zur Gruppe der Männer, zur Gruppe der Frauen, zur Gruppe der Jugendlichen oder zur Gruppe der Alten und Betagten. Das Alter ist jene Phase des Lebens, der man im allgemeinen am negativsten gegenübersteht. Altern ist kein erstrebenswerter Zustand, sondern zwangsläufig erduldet. Jedes Stereotyp ist mit biologischen (Geschlecht), psychologischen (Gedächtnis etc.) und soziologischen (arm, reich, mit oder ohne Ansehen) Aspekten behaftet. Altersstereotypien können sowohl positive als auch negative Auswirkungen haben. In der Regel sind die negativen stärker belastet. Die Herkunft oder Entstehung von Altersstereotypien sind abhängig von drei Einflussfaktoren:

1. Vom Stand des Wissens und der Kenntnisse über das Alter und Altern. (Stichworte: Berufsaufgabe/Pensionierung, Freizeitverhalten, Alterskrankheiten, Aufenthalt im Altersheim etc.)
2. Mit dem Alter verbundene eigene Erwartungen. (Stichworte: Wie und wo werde ich sein im Alter, was kann ich noch tun und was nicht mehr etc.)
3. Erfahrungen, die man mit den alten Menschen macht. (Stichworte: Kontakte mit Alten in der eigenen Verwandtschaft, in der Öffentlichkeit etc.)

Ein Altersstereotyp entwickelt sich nicht aufgrund einer einzigen Ursache, sondern ist abhängig von komplexen Ursachenbündeln. Die Massenkommunikationsmittel und in grossem Masse deren Werbung beeinflussen die jeweils gültigen Altersstereotypien in einem nicht unwesentlichen Masse. Werbung hat nicht bloss Wirkung auf das eigentliche zu vermarktende Produkt, sondern vermittelt auch stereotype Verhaltensmodelle und Charaktere von Menschen und Menschengruppen. Wenn alte Menschen für die werbewirksame Vermarktung von pharmazeutischen Produkten eingesetzt werden, beispielsweise für allgemeine Stärkungsmittel oder Medikamente, so suggeriert dies eine Verbindung zu Krankheit und Hinfälligkeit, die eines Stärkungsmittels oder eines Medikaments bedarf. Als ob alte Menschen grundsätzlich Stärkungsmittel und Medikamente nötig hätten. Auch Versicherungen werben mit älteren Menschen, als ob Altsein eines besonderen Schutzes (vor Pflegebedürftigkeit, Krankheit, Unfall, Verarmung und Einbruch) bedürfe. Dabei weiss die Werbung sehr genau, dass ältere Menschen ein entwickelteres und sensibleres Sicherheitsbedürfnis haben als noch jüngere Menschen. Diese Tatsache nutzen Werbefirmen teils skrupellos aus.

Altersstereotypien, denen alte Menschen täglich begegnen

Die Alten werden charakterisiert als:

- arm und daher unterstützungsbedürftig
- bemitleidenswert
- leicht ermüdbar
- krankheitsanfällig
- geistig unbeweglich
- starr und verkalkt, blöd und stumpfsinnig im Kopf
- konservativ (in der Politik, aber auch in anderen Lebensbereichen)
- bewegungsarm oder steif, verlangsamt (sowohl körperlich als auch geistig)
- bequem
- unmodern, dem Neuen gegenüber nicht aufgeschlossen
- neidisch auf die Jungen und auf die Jugend
- hilfe- und pflegebedürftig (abhängig von der Unterstützung durch andere Menschen)

Die Palette der Diskriminierung reicht noch viel weiter. Da wird behauptet, alte Menschen seien verschlossen, griesgrämig, hässlich, stur, geizig, quengelig, nörglerisch, depressiv und asexuell. In einem positiven Sinne aber sind sie auch weise.

Solche oder ähnliche Stereotypien kann auch die Gruppe der 70jährigen von der Gruppe der 80jährigen haben. Die Differenz von sich jung resp. alt fühlen, schrumpft bei gewissen Stereotypien auf einige wenige Jahre zusammen und wird von alten Menschen selbst auf noch ältere übertragen, auch wenn diese noch älteren Menschen nur gerade einige wenige Jährchen älter sind.

Kollektive Vorstellungen und Assoziationen über und von alten Menschen sind dann altersstereotyp, wenn sie sich vermeintlich auf alle alte Menschen beziehen sollen. Wo immer solche Stereotypien auftauchen, dienen sie, teils unabsichtlich, der Verklärung der Wirklichkeit und begründen oft politisches Handeln oder werden zur Untermauerung und Unterstützung eigener Anliegen vorgebracht. So ist der Bauboom von Altersheimen in den 70er und 80er Jahren sicherlich auch aufgrund von solchen Altersstereotypien zu erklären. Wenn alte Menschen als unterstützungsbedürftig angesehen werden und der Pflege und des Schutzes bedürfen und auf professionelle, institutionalisierte Hilfe angewiesen sind, so muss der Bau eines Altersheimes in den Augen von Behörden, Kommissionen und Politikern exakt die richtige Lösung dieses damals gültigen «stereotypen» Altersbildes gewesen sein. Dass die Alten selbst aber die Variante «Altersheim» je länger, je vehementer ablehnen und sich gegen einen Eintritt ins Heim stellen, hängt auch damit zusammen, dass die Alten selbst ihr eigenes Altersstereotyp (Autostereotyp) für sich nicht mehr länger akzeptieren wollen. Zurzeit sind auch die Spitexdienste stark mit neueren (moderneren) Altersstereotypien verwoben.

Das Stereotyp des Altersheimes

Noch immer sind Altersheime bei vielen, nicht nur alten Menschen in deren Vorstellungen sogenannte Armenasyle, die zumeist von armengenössigen, alten und mittellosen Menschen bewohnt werden. Dies bewirkt, dass die in Heimen lebenden Pensionäre durch die finanzielle und soziale Hilfe- und Versorgungsabhängigkeit eine soziale Degradierung erfahren. Dieses Stereotyp ist nur bedingt richtig, denn viele Pensionäre bezahlen den Heimaufenthalt allein aus eigener Kraft. Dies gilt für ältere Menschen sowohl auf dem Land als auch in der Stadt.

Stereotypien, die auf Altersheime bezogen sind, fällen einerseits Urteile über diese und andererseit stellen sie auch Erwartungen dar. So gesehen leben nach der Meinung einer breiten Öffentlichkeit in Altersheimen mehrheitlich gesellschaftlich randständige, alte Menschen. Dieses Urteil über Altersheime ist sogleich auch Erwartung: die alten Menschen, die sich nicht zu dieser Gesellschaftsschicht zählen wollen, verweigern sich den Heimen, indem sie sich gegen einen Heimeintritt vehement wehren.

Des weiteren stellen die Altersheime die Versorgung von hilfebedürftigen und hochbetagten Menschen sicher. Das in der Gesellschaft vorherrschende stereotype Urteil über die Menschen in den Altersheimen besagt dementsprechend, dass die Pensionäre in den Altersheimen hilfebedürftige und hochbetagte Menschen seien. Auch dies muss so nicht richtig sein. Altersheime können auch jüngere und noch völlig selbständige Pensionäre beherbergen.

Ein weiteres Altersstereotyp ist die Tatsache, dass bei vielen Menschen die Vorstellung herrscht, die in den Heimen lebenden Pensionäre fielen dem Sozialhilfe- und Sozialversicherungssystem der Gesellschaft zur Last. Tatsache ist jedoch, dass auch die durch die Spitexdienste betreuten und gepflegten Pensionäre diesem gesellschaftlichen Sozialhilfe- und Sozialversicherungssystem «zur Last» fallen.

Zudem werden nicht nur Altersheime subventioniert, sondern auch Spitexdienste.

Altersstereotypien dienen nicht nur persönlichen, politischen oder religiösen Anliegen, Strategien oder Konzepten, sondern auch wirtschaftlichen. Besonders ausgeprägt zum Ausdruck kommt diese Tatsache in der Werbung.

Grosspapa und Grossmama in der Werbung

Zwar kommt in einer deutschen Studie, die das Abendprogramm des Zweiten Deutschen Fernsehens ZDF auf Altersbilder untersuchte, heraus, dass alte Menschen selten in einem Film eine Hauptrolle besetzen, dafür aber für Werbezwecke oft gut genug sind. Suppen, Schokolade, Bonbons, Waschmittel, gebrannte Wasser, Stärkungsmittel und Medikamente werben gerne und oft mit alten, zwar etwas schusselig wirkenden, aber doch irgendwie vertrauenerweckenden Menschen. (Zu Risiken und Nebenwirkungen lesen Sie die Packungsbeilage und fragen Ihren Arzt oder Apotheker!) In der Werbung bürgen die alten Menschen für:

Qualität, Natürlichkeit und Reifheit des Produktes.

Die rüstig wirkende Seniorin oder der Senior weckt Vertrauen, pocht auf Erfahrung und vermittelt das Bild von Seriosität und Bewährtheit.

Leicht können wir uns vorstellen, dass jüngere Menschen, die beispielsweise für Schmerzmedikamente werben, als süchtig gelten und als Menschen, die den anstehenden Problemen des Lebens und Arbeitens nicht gewachsen sind. Zu sehen sind in der Regel liebenswürdige Alte, die in ihrer eigenen Familie voll integriert sind oder so erscheinen und die sich besonders gut mit ihren Enkeln (weniger mit ihren eigenen Kindern) verstehen und auch abgeben. Alte Menschen in der Werbung werden dargestellt entweder als sehr vital und aktiv oder als leicht bis mittel schwerhörig und sehschwach, etwas vergesslich, in leicht gebeugter Haltung, vielleicht schon etwas zitterig und im Gang und in den Bewegungen etwas kraftlos und unsicher. Durchwegs erscheinen sie aber entweder als äusserst liebens- und schützenswürdig oder verkörpern auch jene ungeliebten Schwiegermütter (eher Frauen als Männer), die überdreht, gehässig und unaufgefordert ohne Voranmeldung an der Haustüre klingeln und um Einlass begehren. Und wenn die gute Hausfrau Schwierigkeiten mit dem Kochen oder dem Menu hat, hilft hier bestimmt ein Fertiggericht, von dem man weiss, dass die Schwiegermutter (oder die Tante) sogleich absolut zufrieden, beeindruckt und unkritisch wird.

Werbung um Bedürfnisse der Senioren

Bedürfnisse sind Grundvoraussetzungen für gezielte Werbung. Bedürfnisse von Menschen und Werbung haben immer gewisse Gemeinsamkeiten. Das zu verkaufende Produkt bedient sich der menschlichen Bedürfnisse, um gezielt Werbung dafür einsetzen zu können. Fehlen dem zu vermarktenden Produkt adäquate menschliche Bedürfnisse, etwa weil es dafür gar keine gibt, es sozusagen überflüssig ist und kein Bedürfnis abdeckt, kann ein anderes menschliches Bedürfnis mit dem Produkt in Zusammenhang gebracht werden. Geschickte Werbung verlagert (projiziert) menschliche Bedürfnisse auf das Produkt.

«Manager entdecken den Seniorenmarkt», übertitelte die Zeitschrift Senioren-Express vom November 1993 einen Beitrag, der die finanziellen Möglichkeiten des Marktsegments der Alten auslotet. Darin wird festgehalten, dass den Schweizer Senioren in den nächsten 10 Jahren die Riesensumme von rund 62 Milliarden Franken zum Ausgeben zur Verfügung steht. Kein Wunder, dass die Werber und Manager diesen lukrativen Seniorenmarkt entdecken. Seniorenmarketing ist angesagt.

Die Winterthur-Versicherungen haben in einer von ihnen herausgegebenen Broschüre «Unsere neuen Senioren» (Durchführung: Dichter-Institut für Motiv- und Marketingforschung, 1991) die Lebenshaltungen, Ansichten, Interessen und Bedürfnisse der Schweizer Senioren im Alter von 55 bis 80 Jahren untersuchen lassen. Die Ergebnisse der Befragungen sind sehr interessant, beleuchten sie doch alte Menschen auch aus einer ökonomischen Betrachtungsweise.

Einige Ergebnisse dieser Broschüre der Winterthur-Versicherungen sind sehr aufschlussreich, nicht nur für die Wirtschaft und Werbung, sondern auch bezüglich des Themas der Altersstereotypien.

Eine Typologie der Schweizer Senioren

(Dichter-Institut für Motiv- und Marketingforschung. Aus: «Unsere neuen Senioren», Winterthur-Versicherungen)

In der Sozialpsychologie wie auch im Marketing wird seit einiger Zeit mit sogenannten «Typologien» gearbeitet. Dabei handelt es sich um Charakterisierungen von Personengruppen innerhalb eines Gesellschafts- oder Konsumentenkreises, die bestimmte analoge Eigenschaften oder Einstellungen aufweisen. Diese können sich auf den Beruf und die Stellung, die Finanzkraft, bestimmte Konsum- und Freizeitinteressen oder bestimmte Aspekte des «savoir vivre» - sogenannte «lifestyles» - beziehen.

Typologien gestatten es - sofern sie praxisgerecht aufgebaut sind - dem Fachmann, einen bestimmten Personenkreis einzugrenzen und ihn mit den geeigneten spezifischen Signalen und Informationen direkt anzusprechen. Dies hat unter anderem den Vorteil, dass die interessierenden - und bei seriösem Vorgehen auch an den entsprechenden Informationen interessierten - Gruppen gezielt und ohne grosse Streuverluste erreicht werden können.

Allerdings ist die Frage der «Typenbildung» nicht ganz frei von Kontroversen. Kritik wird einerseits von Fachleuten laut, die Typologien als zu abstrakt und theoretisch, eher als akademische Spielerei denn als griffiges Instrument für die Praxis empfinden, andererseits von Direktbetroffenen, die sich gegen das Bestreben zur Wehr setzen, sie in ein bestimmes Lifestyle-Schema zu pressen.

Die vorliegende Senioren-Typologie ist mit solchen Mängeln nicht behaftet. Denn zum ersten beruht sie nicht auf «synthetischen», d.h. künstlich entstandenen Typenbildern, nach deren Häufigkeit ein vielfältiges Meinungsspektrum periodisch durchforstet wird. Und zum zweiten werden auch keinerlei individuelle «lifestyles» erhoben, die geeignet sein könnten, den zu schützenden Intimbereich einzelner Personen und Gruppen in irgendeiner Form zu tangieren.

Die 4 Senioren-Typen

EXPLORER

Explorer sind innovative, weltoffene und zukunftsorientierte Senioren mit einer positiven Lebenseinstellung, die erlebnisorientiert denken, handeln und fühlen. Auf der steten Suche nach Neuem befinden sie sich auch häufig auf Reisen in ferne Länder.

Die Explorer sind die positiven, vorausschauenden Dynamiker unter den Senioren - jene auch, die die ältere Generation trotz ihres zahlenmässig relativ geringen Anteils von lediglich 14 Prozent derzeit stärker prägen als alle anderen Segmente.

Explorer sind - wie der Name besagt - stets interessiert und bestrebt, Neues zu entdecken und zu erfahren. Sie sind weltoffen, vorurteilsfrei und unternehmungslustig. Sie denken, fühlen und handeln betont erlebnisorientiert und verfügen auch über die dazu erforderliche Risikofreude.

Demzufolge haben sie stets die «Nase vorn»: Manche fahren auch mit 65 noch Motorrad, andere kurven mit dem Rennvelo in der Gegend umher - stets aber in der adäquaten Sportmontur, die der Markt dafür feilhält. Explorer sind auch sehr modebewusst und Fragen der Gesundheitsprophylaxe gegenüber aufgeschlossen; gesunde Ernährung ist für sie eine Selbstverständlichkeit.

Mit anderen Worten: Sie haben ein gutes Sensorium für jede Form der Innovation. Explorer erkennen rasch jeden neuen Trend, wissen, was derzeit «in» ist und handeln auch meist danach. Dieser jungen Mentalität entsprechend sind sie auch sportlich aktiv. Sport und Fitness haben für sie jedoch nicht nur die Bedeutung des «Jungbleibens», sondern auch von «lifestyle». Dazu zählen auch ihr hohes Körperbewusstsein und ihr ausgeprägtes Bedürfnis nach Körperpflege.

Explorer reisen gerne und oft - vorwiegend ins Ausland, denn sie sind international orientiert und interessiert. Kosmopoliten, die der Kontakt mit fremden Leuten, Sprachen und Kulturen nicht schreckt, sondern fasziniert.

Dass sie sich ihre Konsum- und Reisewünsche in der Regel erfüllen können, dafür sorgen die guten finanziellen Verhältnisse, in denen sich die meisten von ihnen befinden. Ihre Finanzkraft und ihr Konsumverhalten lassen sich in etwa auf den folgenden Nenner bringen: Haben Geld und geben es auch gerne aus.

Aus konsumgeschichtlicher Sicht handelt es sich bei den Explorern um die «jüngsten» Senioren; sie orientieren sich voll an den Trends und den Wertvorstellungen der neunziger Jahre.

Die Explorer, welche sich aus der Gruppe der erwerbstätigen «Super-Konsumenten» rekrutieren, sind die «kommenden» Seniorentypen: Ihre Zahl wird in den nächsten Jahren erheblich anwachsen, was bedeutet, dass diese Konsumentengruppe und deren Finanzkraft an Bedeutung gewinnen werden. Ebenso dürften sie das Segment der Senioren - in welchem sie heute schon das höchste Sozialprestige geniessen - künftig noch stärker dominieren.

BONVIVEURS

Bonviveurs sind vor allem Geniesser, die es sich auf ihre alten Tage in erster Linie gut gehen und wohl sein lassen wollen. Sie sind gesellig, selbstzufrieden und bewegen sich vorzugsweise in ihrem lokalen und regionalen Rayon.

Die Bonviveurs sind die klassischen Geniesser. Ihr ganzes Streben ist darauf gerichtet, es sich möglichst gut gehen zu lassen und die Möglichkeiten des Ruhestands dazu zu nutzen, sich selbst zu verwöhnen.

Sie haben und machen es sich gerne bequem und lehnen es ab, sich Strapazen auszusetzen, die sie als unnötig erachten.

Ihrer Lebensphilosophie entsprechend essen und trinken Bonviveurs sehr gerne; dabei steht jedoch weniger die exklusive Gourmandise im Vordergrund als vielmehr die Devise «gut und reichlich». Die Interessen sind denn auch weniger auf eine gesunde als auf eine genussorientierte Lebensweise ausgerichtet. Was andererseits nicht bedeutet, dass Bonviveurs Aspekten der Gesundheit und der Prävention gegenüber nicht aufgeschlossen sind. Doch sollten diese nicht in Handlungweisen ausarten, die mit den Zielen von Genuss und Bequemlichkeit in Konflikt geraten.

Folgerichtig legen Bonviveurs – die ihrem Habitus treubleibend auch nicht zum Frühaufstehen und zu anderen Formen der Askese neigen – grossen Wert auf gute Betten und hohen Schlafkomfort.

Bonviveurs sind auch gesellige Menschen; sie lieben es, mit Freunden und Bekannten am Tisch zu tafeln und zu diskutieren. Sie verkehren auch gerne in Vereinen und Klubs vorwiegend lokalen Charakters, besuchen Festveranstaltungen und sind vorzugsweise dort zu treffen, wo es gesellig und fröhlich zugeht.

Ihre finanzielle Situation erleben Bonviveurs als mehr oder weniger eingeschränkt. Sie gäben gerne (noch) mehr Geld aus, wenn sie über grössere Mittel verfügen würden, sind sie doch ausgesprochen konsumorientiert, mit einer starken Neigung zu Spontankäufen. Einkaufen ist für sie denn auch mehr Lust als Last.

Ihre Ferien verbringen Bonviveurs vor allem an ihnen vertrauten Orten – vorzugsweise in der Schweiz oder an Badestränden im Mittelmeerraum. Ferne Destinationen, Abenteuer und Trekkingreisen dagegen sind nicht nach ihrem Gusto – wie sie als bodenständige Menschen, deren Leben grösstenteils in geordneten Bahnen verläuft, dem Unbekannten, Unvorhergesehenen nur wenig Positives abzugewinnen vermögen.

Eher bodenständig sind die Bonviveurs in ihren intellektuellen und kulturellen Ansprüchen: Unterhaltung steht ihnen näher als tiefschürfende und komplexe geistige Kost. Auch hier zeigt sich ihr durchaus gesunder Sinn für das Einfache und Übersichtliche; Problematisierungen liegen ihnen nicht.

Konsumgeschichtlich betrachtet haben die Bonviveurs ihre Wurzeln in den siebziger Jahren, in der Phase des «neuen Wohlstands». Die damals gültig gewesene Hierarchie der Werte und der Lebensqualität sind für sie auch heute noch bestimmend - bestimmender jedenfalls als die Wertvorstellungen und Paradigmen der neunziger Jahre.

SELFPROMOTER

Selfpromoter sind tendenziell elitäre, bildungshungrige und kulturbeflissene Personen mit einer kritischen, bisweilen pessimistischen Lebenseinstellung, die ihren Aktivitäten mit grosser Ernsthaftigkeit, viel Engagement und Disziplin, aber einem gewissen Defizit an spontaner Lust und Freude obliegen.

Selfpromoter sind elitäre und vielseitig interessierte «Beflissene», die alles, was sie unternehmen, mit viel Energie und grossem Engagement, aber auch mit einem gewissen Defizit an natürlicher Lust und spontaner Freude tun. Obwohl sie das Leben von seiner gemütlichen Seite her nehmen und kennenlernen könnten, setzen sie sich weiterhin unter einen beträchtlichen Leistungsdruck. Nach wie vor müssen sie sich und den andern beweisen, dass sie die Besten sind und mit ihren Auffassungen richtig liegen.

Deshalb auch die Bezeichnung «Selfpromoter», welche besagt, dass das Streben dieses Typs vor allem darauf ausgerichtet ist, sich selbst voranzubringen. Selfpromoter ziehen damit ihr früheres berufliches Engagement - in welchem viele als Führungskräfte oder Lehrer beschäftigt waren - unbeirrt in und durch den Ruhestand hindurch weiter. Vielen von ihnen fällt es denn auch ausgesprochen schwer, den Beruf an den Nagel zu hängen und sich auf ihre Pensionierung einzustellen. Die Energie, die sie treibt, ist zu einem wesentlichen Teil durch ihre kritische, ja bisweilen pessimistische Einstellung zum Alter und zum Älterwerden geprägt.

Selfpromoter sind bildungs- und kulturbeflissen, umweltbewusst, sozial engagiert, gesundheits- und fitnessorientiert. Man begegnet ihnen in Kursen und Seminarien, in der Volkshochschule, in Theater und Konzert, auf der Finnenbahn und auf dem Fitness-Parcours, beim Joggen, beim Spielen eines Musikinstruments, in freiwillig und ehrenamtlich übernommenen Führungs- und Lehrfunktionen sowie bei vielen anderen Tätigkeiten, denen sie zumeist stark leistungsorientiert und mit eiserner Disziplin obliegen.

Selfpromoter sind gesundheitsbewusst und bereit, für die Erhaltung ihrer Gesundheit auch beträchtliche Einschränkungen und Strapazen auf sich zu nehmen - bis hin zur Askese. Analog stark ausgeprägt ist ihr Umweltbewusstsein, welches sich nicht nur in verbalen Bekenntnissen erschöpft, sondern auch in geeignete Handlungsweisen umgesetzt wird.

Reisen haben bei Selfpromotern meist den Charakter von Bildungs- und kulturellen Veranstaltungen oder von Exkursionen, langen Wanderungen oder anspruchsvollen Partien, die häufig auch mit grossen Anstrengungen und beträchtlichen Entbehrungen verbunden sind.

Konsumgeschichtlich und soziologisch betrachtet sind die Selfpromoter im zeitlosen Bildungsbürgertum verankert. Ihre Hobbys sind namentlich musischer Art und Richtung. Sie lesen gerne und viel, wobei diese wie auch ihre weiteren kulturellen Engagements mit einem hohen Anspruchsniveau verbunden sind; billige Literatur und Unterhaltung sind ihnen ein Greuel.

Aus materieller Sicht betrachtet sind Selfpromoters grösstenteils dem Kreis der Gutsituierten zuzurechnen. Im Gegensatz zu den Explorern sind sie - da sie übermässigen Konsum von ihrer Einstellung her als Verschwendung betrachten - jedoch nicht sehr konsumorientiert und geben ihr Geld nur zaghaft aus. Lockerer sitzt ihr Portemonnaie jedoch überall dort, wo es um Kultur und Weiterbildung geht.

HOMEWORKER

Homeworker sind zurückgezogene, auf ihr Heim fixierte Praktiker und Schaffer, mit besonderem Interesse für Arbeiten in Haus und Garten. Sie haben ein ausgeprägtes Sicherheitsbedürfnis, sind demzufolge auch gut versichert und besonders qualitätsbewusst.

Homeworker sind unermüdliche «Schaffer» oder - wenn man den Ausdruck von seiner positiven Seite her betrachtet - eigentliche «Champfer». Ihr Interessenbereich ist stark auf das eigene Heim bezogen, wo sie - als ausgesprochene Praktiker mit handwerklicher Begabung - intensiv in Haus und Garten tätig sind.

Dies unter anderem als Hobby-Schreiner, Hobby-Gipser und -Tapezierer, Hobby-Installateure, Hobby-Gärtner und -Kleintierzüchter - wobei sie jedoch von der Qualität und der Perfektion ihrer Arbeit her eindeutig näher beim Profi liegen als beim Bastler.

Konsequenterweise sind Homeworker sehr qualitätsbewusst: Was sie kaufen, muss ein gutes Verhältnis von Preis und Leistung aufweisen. Insbesondere bei den dauerhaften Konsumgütern, wie beispielsweise Haushalt-, Heimwerker- und Gartengeräten, legen sie ähnliche Massstäbe an Material- und Verarbeitungsqualität, Gebrauchsnutzen und Dauerhaftigkeit, wie sie sich diese auch für ihre eigene Arbeit setzen.

Im Qualitätsbewusstsein der Homeworker kommt nicht zuletzt auch ihr Sicherheitsbedürfnis zum Ausdruck. Dieses ist sehr ausgeprägt und drückt sich unter anderem darin aus, dass sie in der Regel sehr gut versichert sind. Das Bedürfnis nach Wohn- und Grundeigentum - Homeworker sind mehrheitlich Hausbesitzer - und ihre Zurückgezogenheit auf die eigene Liegenschaft, den angestammten Bekanntenkreis, die eigene Region sind weitere Aspekte mit wichtiger sicherheitsspezifischer Komponente.

Homeworker sind denn auch stark nach innen orientiert und auf sich selbst bezogen. Diese Haltung kommt nicht zuletzt in ihrem signifikant geringeren Interesse an Reisen und Ferienaufenthalten zum Ausdruck. Soweit sie sich solche leisten, stehen für sie Ferien in der Schweiz und kürzere Ausflüge mit dem eigenen Wagen im Vordergrund.

Die konsumhistorischen Wurzeln reichen bei den Homeworkern zurück in die Generation des Zweiten Weltkriegs und in die «Vorwohlstandszeit» der fünfziger Jahre. Die Bereitschaft, für den Erwerb und Besitz von Wohneigentum Entbehrungen auf sich zu nehmen, zählt zu den Charakteristiken dieses Segments, das - ähnlich wie jenes der Selfpromoter - durch eine kritische, gelegentlich bis ins Pessimistische reichende Haltung zum Älterwerden gekennzeichnet ist.

Die finanzielle Situation der Homeworker ist in der Regel recht gut, doch sind die Mittel häufig und zu einem grossen Teil in der eigenen Liegenschaft gebunden. Ihre Ausgabenfreudigkeit hält sich in Grenzen, was ihnen angesichts ihres mittleren Anspruchsniveaus nicht unbedingt schwerfällt. Ausnahmen bilden indessen Mehrkosten, die durch eine höhere Qualität gerechtfertigt sind, sowie Investitionen, die der Werterhaltung ihrer Liegenschaft dienen.

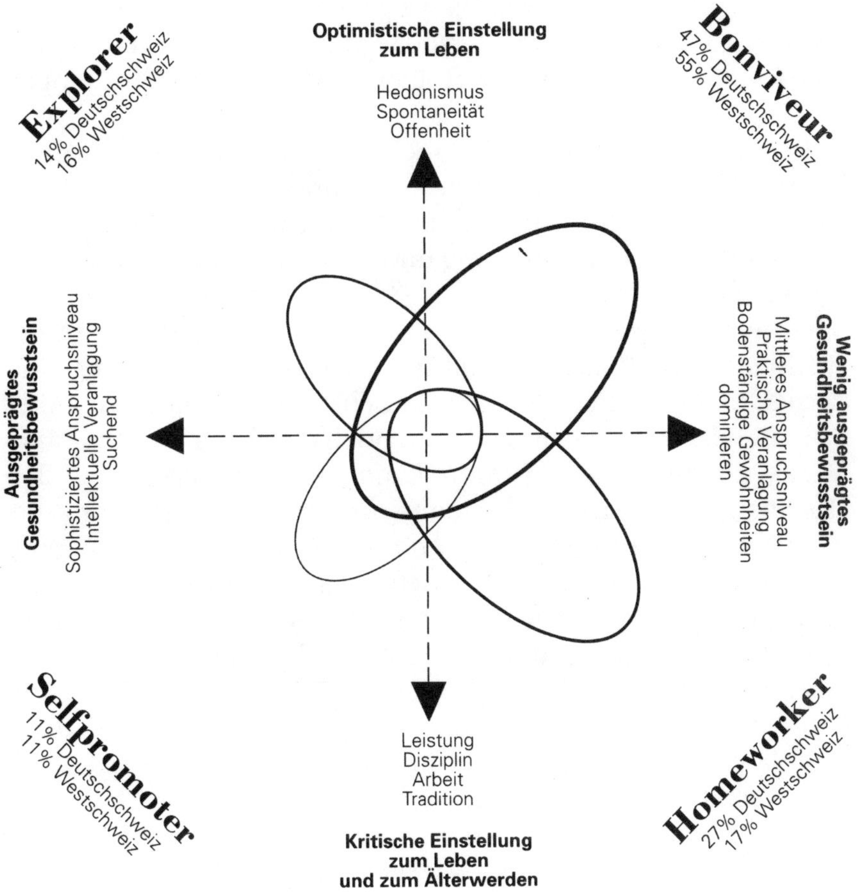

Typologien, Typologisierungen, also Festlegungen auf bestimmten Typen, können zu Stereotypien führen. Typologien sind nichts anderes als Vorstufen gesellschaftlicher Vorurteile und Erwartungen, die in Altersstereotypien münden können. Wenn Typologisierungen über einen längeren Zeitraum Gültigkeit haben und in bestimmten Situationen immer wiederkehren, grenzen sie sich zum Begriff der Stereotypie nur noch wenig ab. Dabei ist zu bedenken, dass der Mensch und auch die Gesellschaft, die Kultur und die Religion usw. sich in einem steten Wandel befinden. Die heutigen Alten werden nicht dieselben sein wie die Alten in 10 Jahren. Es ist leider allzu menschlich, dass auch in 10 Jahren wieder Versuche unternommen werden, die Menschen in Schemen, Typologien und Stereotypien drängen wollen.

Es entspricht andererseits auch einem tiefen menschlichen Bedürfnis, die Welt und deren Äusserungen zu ordnen und zu katalogisieren. Das entspricht unserem Sicherheitsbedürfnis und hat zu tun mit der Verarbeitung und Erklärung der Realitäten dieser Welt.

Übrigens beziehen sich diese 4 Seniorentypen nicht auf die Hochbetagten, denen ein Eintritt in ein Altersheim droht, sondern es handelt sich vielmehr um noch jüngere Senioren im Alter zwischen 55 und 80 Jahren, denen noch ein hoher Grad an Autonomie zugeschrieben werden kann. In aller Regel fehlt den Hochbetagten, chronischkranken und dauernd betreuungsbedürftigen älteren Leuten diese Autonomie. Da aber die Mehrheit der Schweizer Senioren nicht hochbetagt und auch nicht pflege- und betreuungsbedürftig ist und nicht in Altersheimen lebt, trifft diese Typologisierung dennoch auf die überwiegende Mehrheit der älteren Schweizer Bevölkerung zu. Im Zusammenhang mit dem eigentlichen Thema dieses Kapitels «Altersstereotypien» sind diese Ausführungen daher hochaktuell, handelt es sich doch bei diesen typologisierten, aktiven Senioren um unsere zukünftigen Hochbetagten, Pflege- und Betreuungsbedürftigen in den Heimen. Es ist ein Verdienst dieser Untersuchung, Indizien für die Befindlichkeit und die Einstellungen der Mehrheit unserer 55- bis 80jährigen geliefert zu haben. Die Untersuchung erhebt denn auch Anspruch auf Authentizität, d.h. Anspruch auf realitätsnahe Interpretation des Befindens und der Bedürfnisse der älteren Leute.

Sexualität im Alter: Ab 60 sofort keinen Sex mehr

Alter und Sexualität passen nicht zusammen. Sexualität sei eine Angelegenheit der Jugend. Und wenn Sexualität mit dem Alter in Verbindung gebracht wird, dann eher noch mit Männern, denen Sexualität grundsätzlich länger zugestanden wird als Frauen. Männer mit graumelierten Haaren, in gutsituierten wirtschaftlichen Verhältnissen gelten noch durchaus als attraktiv. Ihnen wird, in etwas abgeschwächter Bedeutung, Sexualität auszuüben noch zugestanden. Die graumelierten Haare, vor allem aber die guten wirtschaftlichen Verhältnisse dieser alten Männer macht sie attraktiv auch für jüngere Frauen und Töchter. Bekleideten oder bekleiden diese Männer Amt und Würde, haben sie ein gutes Ansehen (nicht zu verwechseln mit Aussehen) und Karriere gemacht, dürfen sie sich auch in Gesellschaft noch in höherem Alter mit jungen, attraktiven und erotisch wirkenden Frauen sehen lassen. Fehlt den Männern im Alter aber Attraktivität in Ansehen und Aussehen, so gleiten sie schnell ab in die Lächerlichkeit und Lüsternheit und werden zum alten, geilen Bock.

Frauen haben es hier schwieriger. Unattraktiven, alten Frauen wird sexuelle Potenz eher abgesprochen als Männern. Die Werbung suggeriert ja ohnehin nur junge Frauen ohne Falten und Runzeln im Gesicht als schön und attraktiv. Alte Frauen werden als unschön und vor allem unattraktiv betrachtet. Gerade Sexualität verbindet sich bei den Frauen mit Attraktivität in einem viel stärkeren Masse als beim Mann. Eine unattraktive und alte Frau hat demnach kaum mehr ein gesellschaftliches, stereotypes Recht auf Sexualität. Auch die Menopause drängt die Sexualität der betroffenen Frauen zusätzlich ins Abseits. Oft gilt die Meinung, dass Frauen nach der Menopause wenig bis keine Lust mehr auf Sexualität hätten. Allerdings ändert sich auch hier ein langjähriges Stereotyp. Die Frau über 50, im Berufsleben stehend, erfolgreiche Vorzeigefrau einer modernen Firma, dynamisch, jugendlich gestylt, körperlich fit und durchtrainiert, modisch und durch Diät und Training schlank geformt, gebräunt, mit hochweissen, mehrheitlich aber bereits künstlichen, dritten Zähnen lächelnd, die Haare gefärbt mit dem Glanz der Jugend, ungebunden; auch diese Frau gibt es schon heute, und sie zeigt sich, ganz dem Trend der Emanzipation folgend, häufig in einschlägigen Frauenzeitschriften, Diskussionen im Fernsehen und Veranstaltungen, Filmen etc. Als erfolgreiche Managerin einer Firma, Schauspielerin und Theaterfrau, Künstlerin, Mutter von erwachsenen Kindern, Buchautorin, Politikerin, Journalistin verkörpert dieser moderne Frauentyp die sogenannte Erfolgsfrau, die, dem althergebrachten Stereotyp dieses Jahrganges widersprechend, der Karriere verpflichtet, die alten Konventionen mit Füssen tritt und ihren eigenen «Mann» steht und nicht mehr das biedere, religiös tief gläubige brave Eheweib, das dem Mann dienende, sein will. Mit 50 und älter steht sie, sexuell noch aktiv, sozusagen mitten im Leben.

Die Weisheit des Alters

Alter und Weisheit werden schon seit Tausenden von Jahren miteinander in Verbindung gebracht. In den alten griechischen und auch römischen Staatsformen kannte man die sogenannte Gerontokratie, also die Altenherrschaft, die durch den Ältestenrat repräsentiert wurde. Man zeigte einen gewissen Respekt vor den Alten, wenn auch vorwiegend nur vor Begüterten oder solchen, die während ihres Lebens sich Ruhm, Ehre und Ansehen verschaffen konnten. Künstler, Staatsreformer, Ärzte, Philosophen,

Kriegsherren, Politiker, Wissenschaftler galten oft im Alter als weise, hingegen brachte man den armen, schwachen und gewöhnlichen Alten kaum Respekt entgegen und erklärte sie auch nicht als weise. Obwohl viele Alte ein grosses Ansehen und politisches Gewicht besassen, kann man sich heute natürlich fragen, ob Ansehen, Ruhm, Ehre und Reichtum dasselbe meint wie Weisheit. Zumindest hielt man sie für Merkmale.

Weisheit im Alter meint: einsichtige Klugheit, Lebenserfahrung, geistige und innere Reife, Abgeklärtheit, überlegenes Wissen. Gemeint ist der abgeklärte Denker und Philosoph, der die Geschicke des Staates oder einer Gruppe oder Gemeinschaft zwar nicht mehr als gewählter Staatschef, Führer, Anwalt oder Vorstand zu lenken und zu leiten hat, dessen Rat die gewichtigen Entscheide, die Gesetze und Beschlüsse der Führenden dieses Staates aber stark beeinflusst und dessen Warnung nicht einfach ignoriert werden kann.

Auch heute noch schwebt uns das Bild des weisen alten Mannes (und wie ist das mit dem Bild der weisen alten Frau und Hexe?!) vor. Als eine Form der idealisierten Altenverehrung wird uns dieses Bild auch ins nächste Jahrtausend begleiten. Weisheit im Alter paart sich mit der gemachten Lebenserfahrung und der damit verbundenen tiefen Einsicht und Weitsicht, deren es der Jugend und Jugendlichkeit angeblich mangelt. Aber so pauschal stimmt das nicht. Auch ältere Leute sind vor Fehlentscheidungen nicht geschützt, und nicht jeder Alte verfügt über jene Abgeklärtheit, die man von ihm erwarten könnte.

Frauen gelten als weniger weise denn Männer. Hier handelt es sich aber nicht um ein biologisches oder psychologisches Manko der Frau, sondern um die jahrhundertealte Unterdrückung und Zurückstellung der Frau gegenüber dem Mann. Weise Frauen im Alter haben etwas hexenähnliches. Bei ihnen sind offenbar Mächte im Spiel, deren Herkunft eher aus der Magie und dem Aberglauben stammen.

Weisen alten Menschen wird ein hohes Mass an Kompetenz und Leistungsfähigkeit zugesprochen. Sie sind innerlich ruhig und gelassen, wissen auf alle Fragen intelligente Antworten, sind nicht streitsüchtig, formulieren nicht nur kluge Antworten, sondern analysieren sogar noch die Fragen des Ratsuchenden. Weisheit ist an privilegierte Menschen gebunden, meist reichere, angesehene Intellektuelle mit Einfluss. Dem Armen und dem abhängigen Arbeitnehmer wird dagegen kaum Weisheit zugesprochen, schliesslich zeugt seine Abhängigkeit von Arbeitgebern nicht gerade von Klugheit. Besitzlosigkeit, Pflegebedürftigkeit und Krankheit schliessen Weisheit eher aus.

Alter und Armut

Seltsam ist auch die vorherrschende Meinung, alte Menschen seien arm. Dabei gibt es gerade bei dieser Altersstufe eklatante Unterschiede. Als arm und mittellos werden die Pensionäre und Patienten der Altersheime dargestellt. Sie seien armengenössig und bedürften der Hilfe. Heime werden noch immer als Siechenhäuser und Armenasyle tituliert. Für viele sind die Insassen der Altersheime das einfache Fussvolk, das von Rotary-, Golden Age-, und anderen Clubs sowie Kirchen und religiösen Vereinigungen unterstützt werden müsse. Dabei vergisst man, dass es sowohl auf dem Lande wie in der Stadt viele Alte gibt, die sich privates Pflegepersonal halten. Gerade die privaten Pflege- und Betreuungsdienste offerieren ihre Dienste den reichen Alten und verlangen für eine Arbeitsstunde bereits zwischen 50 und 60 Franken. Und es gibt sie, diese sehr reichen Alten, die diese Beträge ohne weiteres zahlen.

Ein völliger Gegensatz zu diesem Altersstereotyp ist das im Aufbau begriffene Bild der junggebliebenen, dynamisch-vitalen Senioren. Angesprochen sind die jüngeren Alten, die mit ihrem Aktivismus ihre noch ungebrochene Lebensfreude zum Ausdruck bringen. Dynamisch, voller Lebensenergie, mit sprühender Vitalität und optimistisch findet man sie in der Werbung genauso wie in der Seniorenuniversität, auf Reisen in aller Herren Ländern, vereint und versammelt in Golden Age Clubs oder anderen Altenvereinigungen. Sie haben viel Geld auf die Seite gebracht, und deshalb werden sie vom Markt hart umworben, von Banken, Versicherungen, Reiseveranstaltern und Seniorenresidenzen, ja sogar vom Arbeitsmarkt.

Sie stehen, im Gegensatz zum Bild «Alter und Gebrechlichkeit» nicht im Herbst des Lebens, sondern sozusagen im Frühling. Es scheint nun nebst dem Frühling der Jugend und dem zweiten Frühling der Mittvierziger noch den Frühling für Jungsenioren zu geben, die die Welt neu entdecken, andere Länder bereisen, Ferien in Spanien oder in der Karibik verbringen und sich nochmals eine Partnerin oder einen Partner für das bisher offenbar langweilig erlebte Alltagsleben zulegen. Sie finden Lebenssinn, Lebensfreude und Erfüllung sowie Rolle und Funktion in dieser jugendorientierten Gesellschaft. Das bis anhin langweilig empfundene Arbeits- und Familienleben wird nun, manchmal mit einem neuen Partner, genusssüchtig und voller Tatendrang in vollen Zügen genossen. Es sind diejenigen, die sich nicht scheuen, sich auch noch mit 70 Jahren oder später von ihrem Ehepartner zu trennen, auch wenn jene Ehe bereits über 30 oder 40 Jahre lang gedauert hat.

Teure Seniorenresidenzen umwerben diese junggebliebenen, gutsituierten (sprich: vermögenden) Senioren mit vierfarbigen Grossprospekten, laden sie ein, sich in ihren Residenzen durch Massagen, Saunen, Hallenbäder und physiotherapeutische Massnahmen gesund und fit zu erhalten. Sie werben mit dem Lusthaben, in ihren Gärten zu lustwandeln und in ihren Fünf-Stern-Restaurants gepflegt zu dinieren. Mit «traumhaft schönen Lagen direkt am See», mit «perfektem Residenzservice» und «einem Wohnangebot für Senioren, das alle Wünsche erfüllt», mit «speziellen Dienstleistungen, die den Wohnkomfort erhöhen», mit «Conciergediensten rund um die Uhr», mit «Extra-Annehmlichkeiten wie einer Bank, Arztpraxis, Apotheke, Modeboutique, Kunstgalerie und einem Reisebüro» sowie «allem für Fitness und Gesundheit», locken sie die jung und aktiv gebliebenen, lebenslustigen Senioren an. Das Altersstereotyp vom armen Alten wird mehr und mehr abgelöst vom Altersstereotyp des aktiven, unternehmungslustigen und vitalen, jungen Alten. Deutlich kann man bei diesem Wandel nachvollziehen, dass die alte Generation zu mehr Geld gekommen ist, um das zu werben es sich für die Wirtschaft lohnt. Dabei vollzieht sich der Wandel auch innerhalb der Bestimmung des alten Menschen: der einstige genügsame, auf den Tod wartende, religiöse, zurückgezogene und ins Altersheim abgeschobene alte Mensch wird mehr und mehr zum konsumorientierten, bedürfnis- und lustorientierten, rentierlichen, das Leben bis zum bitteren Ende in vollen Zügen geniessenden Alterssegment.

Altersstereotypien im Wandel

Die Frage ist, wie lange sich diese Altersstereotypien halten können. Mit der in naher Zukunft drohenden Kürzung der Altersrente und der zu erwartenden Verschlechterung der Wirtschaft, der Überalterung der Gesellschaft usw. wird sich dieses Bild vom aktiven, unternehmungslustigen und vitalen Alten wohl bald schon von selbst wieder zum Verschwinden bringen. Bei diesem Aktivismus-Streben werden die Hochbetagten immer mehr ins Abseits gedrängt. Wie lange wird es noch dauern, bis die einstigen Fragen um die Endlösung und um das Recht des unwerten Lebens in unserer aufgeklärten Gesellschaft wieder neu auftauchen? Wann wird der besondere Stellenwert des Alters sich in sein Gegenteil verkehren?

In den 80er Jahren sind die verschiedenen Altersstereotypien unter Druck geraten. Druck gemacht haben in erster Linie Wissenschaft und Forschung, Geriatrie und Gerontologie, in vorderster Front Universitäten, die das Thema «Alter» aus einer wissenschaftlichen Perspektive betrachten und beforschen. Heute wird bereits in grossem Umfang psychologische, biologische und soziologische Altersforschung betrieben. Es wurden an einigen

Universitäten Lehrstühle für diesen Altersbereich eingerichtet und Professoren aquiriert, die zu führenden Forschern geworden sind. Heute betrachtet man Geriatrie und Gerontologie mit ihren spezifizierten Forschungszweigen nicht weiter als Stiefkinder der Wissenschaft, vielmehr nehmen die Forschungsergebnisse bereits gewichtigen Einfluss z. B. auf die Politik und auf die Werbung (!). Das einstige vorherrschende sogenannte Defizitmodell wird mehr und mehr widerlegt.

Nebst der Wissenschaft und Forschung nehmen aber auch andere Institutionen und Vereinigungen den Kampf gegen die weitverbreiteten Altersstereotypien auf. Zu erwähnen sind alle Altenvereinigungen selbst, seien es Altenclubs, Alters- und Begegnungszentren, Wohnmodelle, Akademien, Altersdienste, Alters-Universitäten, Graue Panther etc. Sie alle beteiligen sich an der Ausdifferenzierung der Altersbilder, korrigieren überholte Bilder und stellen neue zur Diskussion. Zurzeit scheinen sich die negativen Altersstereotypien auf die körperlich und geistig gebrechlicheren Hochbetagten zu verschieben. Aber auch im sehr hohen Alter von 90 und mehr Jahren sind auffällige Unterschiede innerhalb der geistig-seelischen, körperlichen und sozialen Verfassung vorhanden.

Der Generationenkonflikt

Die verschiedenen Altersstufen des Menschen
halten einander für verschiedene Rassen:
Alte haben gewöhnlich vergessen,
dass sie jung gewesen sind,
oder sie vergessen,
dass sie alt sind,
und Junge begreifen nie,
dass sie alt werden können.

KURT TUCHOLSKY

Das Schwinden der Solidarität

Die gegenwärtige starke Überalterung der Bevölkerung scheint einen neuen Generationenkonflikt heraufzubeschwören. Betraf der Generationenkonflikt in den Jahren um 1968 die Auseinandersetzung zwischen der rebellierenden Jugend und der konservativen Erwachsenengeneration, so beinhaltet der heutige Generationenkonflikt die Entsolidarisierung zwischen der erwerbstätigen Bevölkerungsgruppe und den Rentnern. So gesehen stehen sich heute zwei Gesellschaftsgruppen gegenüber, deren Solidarität untereinander in Frage gestellt ist. Die massive Überalterung ist Ausdruck und Folge unserer hochentwickelten Wohlstandsgesellschaft. Noch nie in der Geschichte aller westlichen Nationen sind die Menschen so alt geworden wie in der heutigen Zeit. Wohlstand, ärztliche Kunst und gesunde und reichliche Ernährungslage, soziale Sicherheit und Fakten wie: Zunahme der Einpersonenhaushalte, Zerfall der Familie, Geburtenrückgang, Mobilitätsgrad der Gesellschaft, Auswirkungen der Wanderungsbilanz führen einerseits zu einer Überalterung der Bevölkerung und andererseits zu einer Verlängerung der Lebensdauer. Diese Überalterung hat soziale, wirtschaftliche und sozialpolitische Konsequenzen.

Besonders für die Altersversorgung resp. für das Gesundheitswesen hat diese Tatsache bedeutsame Folgen. Auch die Beziehung zwischen den Generationen wird sich verändern. Zudem musste sich die Gesellschaft mit diesen neuen Fakten noch nie auseinandersetzen. Es fehlt an Erfahrung im Umgang mit Überalterung. Die genauen Auswirkungen der Greisengesellschaft auf das Verhältnis zwischen den Generationen, auf die Wirtschaft, auf die Altersrenten einerseits und die Sozialabgaben andererseits sind uns ebenfalls zuwenig bekannt. Sicher ist, dass die Zunahme der Rentenbezüger die schon heute arg defizitären Staatswesen der westlichen Welt in grosse finanzielle Schwierigkeiten führen wird. Im weiteren stellt sich die Frage, inwieweit die arbeitende Generation eine steigende steuerliche Belastung und höhere Sozialabgaben verkraften kann.

Es geht um Solidarität zwischen den Generationen vor allem im Bereich der Berentung und Altersvorsorge. Menschen haben grundsätzlich ein Anrecht auf Rente, wenn sie einen Teil ihres erarbeiteten Vermögens, sei es Eigentum oder Rentenkapital, während ihrer Erwerbstätigkeit für die Zeit nach der Pensionierung zur Seite gelegt haben. Solidarität hat aber zum Ziel, auch Ausgleich zu schaffen zwischen einkommensstarken und -schwachen Bevölkerungsgruppen. Eine solche Solidarität kann bis heute, leider in immer geringerem Masse, bei den Krankenkassenprämien und -leistungen beobachtet werden. Allerdings schränkt sich diese Solidarität bei den Mitgliederbeiträgen auch ein, wenn diese nach Eintrittsalter, Geschlecht (!) und nach örtlich bedingten Kostenunterschieden abgestuft werden können. Die Entsolidarisierung hält sich aber insofern in Grenzen, als die Beiträge der Frauen höchstens 10% höher sein dürfen als jene der Männer (Art. 6bis, Bundesgesetz über die Krankenversicherung). Dem Solidaritätsgedanken kommt eine sehr wichtige Aufgabe zu. Dieser Solidaritätsgedanke der AHV/IV zeigt sich darin:

- indem die Beiträge auf dem gesamten und unbegrenzten Erwerbseinkommen geleistet werden und
- indem andererseits die Leistungen (Renten) sowohl nach

oben wie auch nach unten begrenzt sind. (Höchst- resp. Mindestrenten)

- indem die AHV obligatorisch erklärt wurde
- indem auf Leistungen ein gesetzlich klagbarer Anspruch (Rechtsanspruch) besteht, die AHV auf einem Bundesgesetz basiert und damit die gesamte Schweizer Bevölkerung den gleichen Bestimmungen und Rechten unterzogen ist.

Bei der heutigen und zukünftigen massiven Überalterung der Bevölkerung wird es sich jedoch erst bestätigen müssen, ob der Solidaritätsgedanke sich weiterhin durchsetzt. Mit der starken Zunahme der Soziallasten für die erwerbstätige Bevölkerung gelangt die jüngere, arbeitende Generation schnell einmal an eine Schmerzgrenze. Zudem muss jüngeren Ehepaaren die Gründung einer Familie mit wenigstens 1–2 Kindern wirtschaftlich möglich sein. Die drückenden Soziallasten «Dauerarbeitslosigkeit» und «Drogenabhängigkeit», aber auch Ausgaben für Forschung und Bildung können die Staatsfinanzen innert weniger Jahre in massive Defizite stürzen. Schon heute befinden sich alle mitteleuropäischen Staaten in jährlichen Defiziten in Milliardenhöhe. Die Tatsache der Entsolidarisierung zwischen den Generationen ist leider heute schon mancherorts spürbar.

Aber Entsolidarisierung spitzt sich in verschiedenen Bereichen unserer Gesellschaft zu, nicht nur in den finanziellen. Die modernen Arbeits- und Freizeitbedingungen, die stark aufkommenden Einpersonenhaushalte, die Entfremdung zwischen Jung und Alt in den Bereichen der Tradition, der Lebensgestaltung, der Kultur und der Technik schieben immer häufiger unüberwindbare Keile zwischen die Generationen. Das Solidaritätsprinzip erwartet eine Lastenaufteilung in dem Sinne, als Alt und Jung sowohl Aufgaben als auch Verantwortung für beide Teile des Generationenvertrages übernehmen müssen.

Die zunehmende Überalterung

1990 betrug die Lebenserwartung für Männer 74,0 Jahre, für Frauen 80,8 Jahre. Die Lebenserwartung betrug 1871, also vor rund 120 Jahren, bei der männlichen Bevölkerung 35,5 Jahre, bei der weiblichen Bevölkerung 38,5 Jahre. Dies entspricht also rund einer Verdoppelung der durchschnittlichen Lebensalter von Mann und Frau. Somit konnte es um die Jahre von 1870 nur sehr wenige ältere Menschen im Pensionsalter geben. Ihr Anteil war verschwindend klein. Von einer Alterslast konnte man damals nicht reden. Bezüglich des Durchschnittsalters zählt bei der heutigen Problematik der leeren Altersversicherungskassen jedes einzelne Altersjahr, welches über das Pensionsalter hinaus reicht. Wenn in einigen Jahren die durchschnittliche Lebenserwartung auch nur um 1 Jahr gestiegen sein wird, müssen von der Altersversicherung für das eine Jahr Hunderte von Millionen Franken mehr aufgewendet und von der arbeitenden Bevölkerung einbezahlt werden. Kann eine Gesellschaft mit einer hohen Arbeitslosigkeit dies noch bezahlen?

Die Eidgenössische AHV hatte im Jahr 1990 Einnahmen von rund 20 Milliarden 354 Millionen Franken.

Die Ausgaben für das gleiche Jahr beliefen sich auf rund 18 Milliarden 327 Millionen Franken.

Die jüngere Generation äussert heute Angst vor einer zukünftigen Rentenlast, die sie für die vielen Alten wird tragen müssen. Die ältere Generation ängstigt sich vor Armut und Verelendung im höheren Alter. Der Konflikt zwischen älteren Menschen und der Jugend ist kein zwischenmenschlicher Konflikt. Wenn alte Menschen ihrem Unmut über die heutige Jugend freien Lauf lassen, kann es zwar um die andersgeartete Moral und neue, moderne Lebensvorstellungen der Jugend gehen, doch es handelt sich um mehr als sich ändernde moralische Vorstellungen.

Sexualität und religiöses Empfinden haben sich zwar stark verändert, doch gerade in sexuellen Belangen waren damals die heutigen Alten nicht «moralischer», wenn man die versteckte Sexualität mit ihrem Doppelgesicht der Moral der Zeit der Jahrhundertwende mit der heutigen Zeit vergleicht. Das unkluge Wort «Rentnerschwemme» ist in aller Munde und bezeichnet auch die negative Haltung zum Thema der Überalterung. Bei diesem Modewort geht es offenbar nicht mehr in erster Linie um Menschen, sondern um ein Schlagwort mit Durchsetzungskraft zur Beeindruckung und Untermauerung politischer resp. sozialer Forderungen von Politikern und Medienleuten.

Die Volkszählung von 1990 ergab, dass in der Schweiz zu diesem Zeitpunkt über 6'873'000 Menschen (Schweizer und Ausländer) lebten. Es waren ca. 3'390'000 Männer und 3'483'000 Frauen, also etwas mehr Frauen als Männer. Der Frauenanteil steigt mit dem Alter stetig an. Wenn man die beiden Zahlen miteinander vergleicht, ergibt sich etwa ein Verhältnis von 50%. Diesen je hälftigen Anteil der Geschlechter findet man bis zum Durchschnittsalter von ungefähr 50 Jahren. Im Durchschnittsalter von 80 Jahren jedoch beträgt der Frauenanteil bereits rund 70% zu 30% Männer. Der Anteil der 65 Jahre alten Menschen beträgt für 1990 rund 14,5%. Gemäss Bundesamt für Sozialversicherungen wird er sich im Jahre 2030, also in rund 36 Jahren, nahezu verdoppelt haben, d.h. es wird dannzumal etwa 28–30% über 65 Jahre alte Menschen geben. Am Anfang dieses Jahrhunderts waren erst rund 6% über 65 Jahre alt.

Die Ursachen der Überalterung

- **Geringere Geburtenhäufigkeit,** welche das Verhältnis zugunsten der Alten verschiebt. Ursache der geringen Geburtenhäufigkeit ist der Fruchtbarkeitsrückgang (Stichworte: Rückgang der Kindersterblichkeit, Verbesserung der Lebensbedingungen, Anspruch der Frauen auf Berufstätigkeit neben der Mutterrolle, Zunahme der Ausbildungs- und Unterhaltskosten der Kinder, Verhütungsmittel, Familie ist nicht mehr «in»).

- **Hohe Lebenserwartung** der Bevölkerung, bedingt durch die enormen medizinischen Fortschritte, aber auch bedingt durch Gesundheitsaufklärung und -bewusstsein, Hygieneverhältnisse, Ernährungslage sowie andere Faktoren.
- **Wanderungsbilanz** (Verhältnis von Auswanderung zu Einwanderung). Die Einwanderung jüngerer Ausländer verlangsamt die Überalterung.

Vor allem der Anteil der Hochbetagten wird massiv zunehmen. Es sind die Hochbetagten, welche unsere Spitexdienste und Heime beanspruchen werden. Ebenso werden sie einen gewichtigen Anteil an den Spital- und Krankenkassenkosten verursachen.

Aber die Überalterung der Gesellschaft beinhaltet auch andere Aspekte des Generationenkonfliktes. Die Heerscharen der Alten bilden auch eine Altenmacht. Mit ihrer grossen Stimmkraft können die Alten der Demokratie eine besondere Prägung aufdrücken. Ob Volksentscheide dann immer auch im Sinne der Ideen der jüngeren Generation fallen, ist mehr als fraglich. Der Theologe und Pädagoge Friedrich Ernst Schleiermacher zeigt das Problem der Altenmacht auf, indem er fragt, was denn eigentlich die ältere Generation mit der jüngeren vorhat, wenn sie erzieht. Übertragen stellt sich die Frage, ob die Ideen der Jungen den Alten genehm sein werden. Er stellt weiterhin die Frage, ob man die jüngere Generation mehr an das «Ganze», also an die bestehende Ordnung und Tradition binden will, oder ob man die jüngere Generation freilassen soll. Das «Freilassen» animiere aber die jüngere Generation dazu, Traditionen und Ordnungen in Frage zu stellen resp. sie zu verändern. Ob das die alte Generation zulassen wird? Man darf es bezweifeln! Je mehr die ältere, herrschende Generation die Tradition und die Ordnung mit ihrer Stimmkraft beschützt und neue Ideen und Freiheit blockiert, umso mehr wird die junge Generation nach dieser «Freiheit» streben und Unruhe stiften. Diese Unruhe wird Ausdruck der Entsolidarisierung sein.

Ein Modell für die Zukunft

Bereits spielen einige (populistische?) Politiker sowie auch Politikwissenschaftler mit gefährlichen Gedanken. Ein Vorschlag war, die Verteilung der Stimmkraft zuungunsten der älteren Generation neu zu gewichten. Ältere Leute, deren Wählerpotential in naher Zukunft anzahlmässig stetig zunehmen wird, sollten weniger Stimmkraft erhalten als ein jüngerer Wähler, um eine ausgeglichenere Parität zwischen den Generationen (Wählergruppen) zu erhalten. Die Idee stiess allerdings auf eher taube Ohren, denn sie beinhaltet auch einen Abbau bisheriger sozialer Leistungen und demokratischer Grundrechte.

Aber auch der Sozialpolitiker und FDP-Ständerat Otto Schoch überlegt sich, wie die Solidarität zwischen den Generationen neu zu definieren wäre. Mit einer Herauslösung von über 65- bis 70jährigen aus der Krankenversicherung sänken die Prämien auf einen Bruchteil. Nach ihm sei es für die Zukunft je länger, je weniger zumutbar, dass die Gesundheitskosten des Alters von den Prämienzahlungen junger Familien berappt werden müssten. Auch Peter Binswanger, früher Präsident der Pro Senectute Schweiz, meint, dass es heute vielen Jungen schlechter geht als vielen Alten. Die Solidarität müsse deshalb auch von den Älteren zu den Jüngeren spielen. In der Tat gibt es heute viele AHV-Bezüger, deren Einkommen (AHV, Pensionskasse, Zinsen) pro Monat höher ist, als ein 25jähriger, einfacher Berufsmann mit Frau und zwei Kindern verdient. Manche älteren Ehepaare erhalten pro Monat mehr als Fr. 5'000.– Rente.

Viele AHV-Bezüger erhalten Privilegien (Steuerabzug, billigere Reisen, vergünstigte AHV-Altersabonnements, Ermässigungen bei öffentlichen Verkehrsmitteln und kulturellen Anlässen etc.).

Der jüngere, arbeitende Berufsmann jedoch nicht. Die Privilegierung der Alten um des Alters willen ergibt keinen Sinn. Gutsituierten alten Menschen sollten diese Verbilligungen und Ermässigungen nicht gewährt werden. Der Solidaritätsgedanke muss detaillierter durchdacht werden und auf die einkommensschwächeren Bevölkerungsschichten abgestimmt werden.

Es gibt wohl viele Modelle für die Zukunft. Ein solches Modell wäre, die AHV-Rente für sehr reiche Alte zu streichen. Ein Vorschlag bestünde darin, bei ungenügenden Einnahmen der AHV die Altersrenten soweit zu kürzen, bis die jährlichen Ausgaben gleich hoch wären wie die Einnahmen. Damit würde ein Grossteil der Rentenbezüger einen Beitrag im Verhältnis seiner Leistungskraft erbringen. Diese Rentenreduktion könnte beispielsweise gemäss dem wehrsteuerpflichtigen Einkommen wie folgt gestaffelt werden:

Rentenreduktion (gemäss Modell):

Einkommen gemäss Wehrsteuer:	Rentenreduktion pro Monat:
Fr. 30'000.-	Fr. 10.-
Fr. 40'000.-	Fr. 100.-
Fr. 50'000.-	Fr. 200.-
Fr. 60'000.-	Fr. 400.-
Fr. 70'000.-	Fr. 600.-
Fr. 80'000.-	Fr. 800.-
Fr. 90'000.-	Fr. 1000.-
Fr. 100'000.-	Fr. 1200.-
Fr. 120'000.-	Fr. 1500.-
Fr. 150'000.-	Fr. 2500.-

Bei höheren Einkommen erfolgt keine AHV-Auszahlung mehr. Eine Lösung gemäss diesem Modell hätte den Vorteil, dass diejenigen, die auf die Rente angewiesen sind, praktisch keine Kürzung erfahren würden. Andrerseits ist, wer über ein Einkommen von jährlich mehr als 150'000 Franken verfügt, auf die zur Sicherung der Lebenshaltung im Alter eingeführte Altersrente sowieso kaum mehr angewiesen.

Gemäss diesem Modell müssten die AHV-Beiträge der Erwerbenden auch nicht oder nur minimal erhöht werden. Praktiziert würde eine direkte Solidarität zwischen armen und reichen Bevölkerungsschichten. Solche und ähnliche Modelle werden die Politiker sich in Zukunft wohl gut durchdenken müssen. Parallel dazu müsste auf breiter Basis in der Öffentlichkeit der Solidaritätsgedanke zwischen armen und reichen Menschen neu diskutiert werden. Auch Peter Binswanger trägt gute Gedanken zur Solidarität bei. In einem Artikel der Schweizer Familie vom 18. November 1993 meint er, es sei falsch zu glauben, dass die Betreuung und Pflege von kranken Alten nur von den Jungen zu erwarten sei. «Alte Menschen dürfen die ihren Fähigkeiten und Kräften noch angemessenen Aufgaben nicht einfach auf die Jungen abwälzen.» Viele jüngere Alte (die 65- bis 75jährigen) sind noch durchaus in der Lage, die noch ältere und pflegebedürftige Generation zu pflegen und zu betreuen. Auch alte Menschen müssen soziale Aufgaben übernehmen. Man könnte etwa die Auszahlung der Rente koppeln an die Übernahme einer sozialen Tätigkeit, die alten, behinderten und kranken Menschen unserer Gesellschaft zugute käme. Dies wäre möglich über die Einführung eines sozialen Pflichtjahres. Der Generationenkonflikt unserer Zeit ist vielmehr ein Solidaritätskonflikt!

Die Dreigenerationengesellschaft

Definiert man eine Generation als eine zeitliche Dauer von rund 25 bis 30 Jahren, so leben in unserer Gesellschaft drei Generationen zusammen. Wir wissen, dass jeder Mensch und jede Generation ihre eigene soziokulturelle Biographie erfährt und ihre Lebenshaltungen, ihre Ideen und Ansichten aus dieser bezieht.

Mit den ungeheuren technischen, sozialen, kulturellen und auch religiösen Umwälzungen der letzten hundert Jahre verwundert es nicht, dass diese drei Generationen völlig unterschiedliche Lebensperspektiven leben, und es verwundert nicht, wenn daraus zwischenmenschliche Probleme entstehen. Wilhelm Dilthey, Historiker und Philosoph, antwortete auf die Frage, was seiner Meinung nach der Kern des Generationenkonfliktes sei, das Problem sei das «Verhältnis der Gleichzeitigkeit von Individuen». Menschen der gleichen Generation und desselben Kulturkreises, die miteinander leben, machen dieselben Erfahrungen, haben dieselben Erlebnisse und haben ein eigenes Verständnis von «ihrer» Zeit. Berücksichtigt man die Tatsache, dass heute drei Generationen miteinander leben und dass jede einerseits dieselbe und gleichzeitige Erfahrung der Gegenwart macht, aber andererseits auch ihre lebenszeitlich ganz persönliche Erfahrung gemacht hat und noch machen wird, so wird klar, wie schwierig ein solches Dreigenerationenverhältnis eigentlich ist. Lösungsansätze des Generationenkonflikts sollten diese Tatsache unbedingt berücksichtigen, und nur durch gebührende Rücksichtnahme aller Sichtweisen wird unsere Gesellschaft fähig sein, die brennenden gegenwärtigen und zukünftigen Probleme zu lösen. Die unterschiedlichen Erfahrungen, Erlebnisse und Sozialisationsbedingungen der Dreigenerationengesellschaft aber scheinen zurzeit eher dazu zu führen, dass sie sich aus den genannten Gründen gar nicht verstehen können und wollen. In unserer raschlebigen Zeit dauern Epochen immer weniger lang, Traditionen, moralische und ethische Übereinkünfte ändern schnell. Die drei Generationen gehören verschiedenen Epochen an. Es stellt sich schon die Frage, welche der Generationen den Kampf um die gesellschaftliche Herrschaft in Zukunft gewinnen wird: Sind es die Alten, mit ihrer zahlenmässig sich steigernden Macht, mit ihren grossen Erfahrungen; oder sind es die Jungen, mit ihrer Vitalität und Arbeitskraft? Ist die alte Generation gefährdet, weil sie mit keiner wichtigen gesellschaftlichen Rolle sich identifizieren kann? Werden die Alten dadurch randständig?

Stimmt es, dass der Mensch in Generationen lebt? Ist der Begriff der Generation nicht ein künstliches Konstrukt? Tatsache ist doch, dass die drei Generationen in stetem Geborenwerden und Sterben vermischt ineinander leben. Sind die täglichen Geburten und Todesfälle unserer Gesellschaft nicht Brücken, die das künstliche Konstrukt des Generationenbegriffes durchbrechen und die Gesellschaft in eine Art Generationenverbindung bringen? Aber die Rolle der Alten in unserer Dreigenerationengesellschaft ist wenig systemkonform. Durch diese Rollenlosigkeit der Alten verliert Altsein seinen Sinn. Die Dreigenerationengesellschaft lebt immer im Spannungsfeld zwischen Tradition und Fortschritt. Jugend darf nicht Tradition verhindern und Alter nicht Fortschritt.

Das Problem der Dreigenerationengesellschaft besteht darin, dass die «schwächste» Generation (es ist diejenige, die die Wirtschaft nicht mehr zu stützen scheint, die der Gesellschaft nicht mehr als Arbeitskraft zur Verfügung steht und in einigen Jahren auch nicht mehr zur Verfügung stehen wird) an den Rand gedrängt wird und in Zukunft für die Sicherung des Überlebens am unnötigsten scheint. Und dies wird die Masse der Alten sein, wenn wir nicht begreifen, dass die Alten für den Staat nicht nur Belastung, Problem und Aufwand darstellen, sondern eine immense Ressource. Deshalb müssen wir einerseits die Alten neu in die gesellschaftliche Verantwortung einbinden und andererseits dem Alter Sinn und Aufgabe (Rolle!) ermöglichen.

Die Gefährdung des Sozialstaates

Angesichts der zukünftigen Überalterung der Bevölkerung mit einem hohen Anteil an Hochbetagten erhalten Ängste ihre Nahrung. Ist in einigen Jahren unsere Alterssicherung in Gefahr? Steigen die Sozialabgaben der Erwerbstätigen ins Unermessliche? Wie weit werden diese bereit sein, die Finanzierung der Überalterung der Bevölkerung mitzutragen? Wird es für die Familie noch attraktiv sein, Kinder aufzuziehen, wenn die Soziallast der erwerbstätigen Eltern derart gross sein wird, dass sie als Familie kaum mehr lebenswürdig existieren können? Ist der Sozialstaat gefährdet? Bleiben dem Staat, den Kantonen und den Gemeinden noch genügend finanzielle Mittel für Ausgaben für die soziale Wohlfahrt, für die Landesverteidigung, für Verkehr und Energie, für die Landwirtschaft sowie für Unterricht und Forschung etc.?

Mit der zukünftigen, drohenden Sockelarbeitslosigkeit von vielleicht 5 bis 8% (geschätzt!) der erwerbstätigen Bevölkerung wird sich die Armut und damit die Soziallast des Staates, der Kantone und Gemeinden weiterhin erhöhen. Die Arbeitslosen zahlen zudem auch keine Sozialabgaben, so dass sich das einstige gesunde Verhältnis von Erwerbstätigen zu Rentnern in Zukunft weiterhin verschlechtern dürfte. Tägliche Meldungen von Entlassungen, Schliessungen von Betrieben, Restrukturierungsmassnahmen zeugen zwar nicht von einer Produktionskrise, sondern vielmehr von einer Beschäftigungskrise. Unser Wirtschaftssystem steckt zurzeit in einem massiven Verteilproblem, und nach dem Zusammenbruch der kommunistisch-sozialistischen Oststaaten erhebt niemand Anklage oder findet Gehör. Die zunehmende Industrialisierung und Automatisierung schafft weniger neue Arbeitsplätze als sie wegrationalisiert. Computer, Automaten und Produktionsmaschinen zahlen keine Sozialabgaben. Die bis anhin gesund scheinende AHV funktionierte während der Phasen der Hochkonjunktur gut, einer Hochkonjunktur mit anteilmässig starken jüngeren und reduzierten älteren Jahrgängen. Was aber geschieht bei permanenter und höherer Arbeitslosigkeit? Was passiert bei einer konjunkturellen Abschwächung unserer Wirtschaft? Was passiert bei Wirtschaftswachstum Null?

Die Altersschwemme der Zukunft wird über Lohnprozente nicht vollumfänglich zu finanzieren sein, daher werden heute von staatlichen, aber auch privaten Stellen mehr freiwillige Leistungen gefordert. Die Reprivatisierung sozialer Leistungen wird forciert. Aber Reprivatisierung bedeutet oft Entlassungen sowie

Verteuerung (des Produktes, der Dienstleistung etc.). Der Staat soll durch freiwillige Leistungen der Menschen, mit Nachbarschaftshilfe, mit Laienarbeit und mit der Mobilisierung von Selbsthilfe entlastet werden. Dadurch entstünde ein Generationenvertrag immaterieller Art, mit wechselseitigem Austausch von Dienstleistungen und Arbeiten. Gefordert ist eine Neuorientierung des Verhaltens zwischen den Generationen. So können die entsprechenden Leistungen, die die ältere Generation benötigen wird, freiwillig, ehrenamtlich und immateriell gesichert werden. Diese könnte etwa so aussehen, dass die jüngere Generation Dienstleistungen anbietet innerhalb der Pflege und Betreuung und die ältere Generation ihrerseits Wohnraum mitfinanziert, die Betreuung von kleineren Kindern übernimmt, den Garten pflegt, mit Beratung beisteht, wo dies noch möglich ist.

Alle reden von «Alterslast», von «Rentenlast», von «Generationenlast». Warum spricht niemand von «Alterskapital» oder von «Erfahrungsressourcen»!

Zahlreiche Institutionen und Selbsthilfegruppen in Deutschland, Österreich und in der Schweiz bieten alten Menschen Hilfe an. Die Adressen der wichtigsten Organisationen sind im Anhang aufgeführt.

Die alte Frau

Neulich stand ich in meinem Garten,
hatte ein Feuer brennen
und speiste es mit Laub und dürren Zweigen.
Da kam eine alte Frau,
wohl gegen achtzig Jahre alt,
an der Weissdornhecke vorbei,
blieb stehen und sah mir zu.

Ich grüsste,
da lachte sie und sagte:
«Sie haben ganz recht mit Ihrem Feuerchen.
Man muss sich in unserem Alter so allmählich
mit der Hölle anfreunden.»

Hermann Hesse

Frauen leben zurzeit (1994) durchschnittlich etwa 6 Jahre länger als Männer. Frauen überleben sehr oft ihre Ehemänner um etliche Jahre. Es war schon früher häufig anzutreffen, dass Frauen früher als Männer heiraten, d.h. ihre Männer sind schon bei der Heirat oft um 2 bis 3 Jahre älter. Man findet diese noch heute vorherrschende Meinung, Frauen sollten bei der Heirat jünger als ihre Männer resp. Männer sollten älter als ihre Frauen sein, oft in Heiratsinseraten umschrieben. Das durchschnittliche Heiratsalter von Frauen liegt zurzeit bei etwa 23 Jahren (eher im Steigen begriffen) und das Heiratsalter von Männern liegt etwa bei 25 bis 26 Jahren (eher im Sinken begriffen). Der Altersunterschied der Heiratenden nimmt offenbar ab.

Bei der heute lebenden alten Frau war dieser Altersunterschied bei der Heirat aber noch um 1 oder 2 Jahre höher, so dass sich ein (sicherlich unwissenschaftlich errechneter) Durchschnitt von etwa 10 Jahren vermuten lässt, um den Frauen ihre Ehemänner überleben. Die alte Frau wird häufiger Witwe als der alte Mann Witwer.

Die einsame Witwe

Auch wenn es nicht in jedem Fall für die Frau eine Tragödie ist, wenn ihr langjähriger Partner stirbt - etliche alte Ehepaare haben sich schon seit Jahren herzlich wenig zu sagen, haben sich auseinandergelebt und sich nicht sonderlich stark aufeinander bezogen, vielleicht sogar in langjährigem Streit und Hader mehr schlecht als recht nebeneinander gelebt -, so sind doch viele verwitwete Frauen einsam und allein nach dem Tod ihres Lebenspartners.

Zwar kann man der Einsamkeit auch Vorzüge abgewinnen, wie einem Gedicht von Wilhelm Busch zu entnehmen ist:

«Wer einsam ist, der hat es gut,
Weil keiner da, der ihm was tut.
Ihn stört in seinem Lustrevier
Kein Tier, kein Mensch und kein Klavier,
Und niemand gibt ihm weise Lehren,
Die gut gemeint und bös zu hören.»

Es mag wohl sein, dass viele ältere Menschen gerne allein sind, aber dies ist auch nicht dasselbe wie einsam sein. Alleinsein bezieht sich hier auf die äussere (soziale) Situation, Einsamkeit aber meint eine innere, psychologische Befindlichkeit. Der Verlust des Partners führt oft zu Einsamkeit, Verzweiflung und Unsicherheit. Gerade jene Ehepaare, die eine gute Zweierbeziehung in ihren Ehejahren aufbauen konnten, fehlen dann einander um so mehr, wenn ein Ehepartner wegstirbt. Es ist niemand mehr da, der einen stört, einem liebe Worte sagt, keiner, der auf einen wartet. Gerade symbiotisch strukturierte und funktionierende Ehen hinterlassen dem überlebenden Ehepartner (eben häufig der alten Witwe) das Gefühl von Verlassensein, von Einsamkeit und Isolation. Dies kann sogar zur totalen Vereinsamung führen.

Ältere Menschen leiden mehr unter Einsamkeit als jüngere. So schnell finden ältere Frauen auch nicht einen neuen Partner. Es ist nicht leicht, einen neuen Partner für sich zu finden, auch wenn man dies noch möchte. Aber welche ältere Frau (welcher ältere Mann) möchte im höheren Alter auch wirklich nochmals eine neue Partnerschaft beginnen? Schliesslich hat die durch den Tod des Partners erloschene Ehe gut und gern 40 Jahre lang gedauert, und diese lange Zeit hat geprägt. Konnte sich in der Ehe Intimität entwickeln, so wird sich diese auch nach dem Tod des Partners innerpsychisch nicht so schnell wieder lösen, um einer neuen Partnerschaft Platz zu machen.

Eheleute sollten sich schon zur Zeit des Verheiratetseins auch mit schwierigen Themen wie Verlust, Trennung und Einsamkeit nach dem Tod eines Partners auseinandersetzen. Leben wird tangiert von Verlust und Trennung, Leben kennt auch viele Schattenseiten. In der Regel aber diskutieren Eheleute die Zeit ihres eigenen verwitweten Daseins nicht oder nicht in dem Masse, das für ein Weiterleben nach dem Tode des Ehepartners notwendig wäre. So stehen viele ältere Frauen plötzlich auf schrecklich brutale Art allein da, beklagen ihren verstorbenen Ehemann und können sich ein Leben nach dessen Tod auch kaum mehr vorstellen, werden depressiv und vereinsamen.

Eine dialogfähige, intime Ehe aber ist wohl die beste Grundlage, auch äusserst schwierige Themen wie Tod, Sterben, Weiterleben nach dem Tod des Partners etc. zu besprechen. Sie bietet gute Voraussetzungen, dem Partner mitzuteilen, wie man selber gedenkt, mit der Verwitwung resp. mit dem Leben danach umzugehen. Ein liebenswürdiger und verständnisvoller Ehepartner kann die Vorstellungen, Wünsche, Ängste und Probleme des Ehegatten gut verstehen und diesem helfen, moralische Bedenken und Schuldgefühle beim Partner bezüglich einer allfälligen Wiederverheiratung oder neuen Freundschaft erst gar nicht aufkommen zu lassen.

Bei älteren Menschen besteht die Gefahr, nicht über ausreichende körperliche, geistige oder psychische Kräfte zu verfügen, um den Tod des Ehepartners und die beginnende Witwenschaft bewältigen zu können. Auch aus diesem Grunde scheint es sinnvoll, schon zu früheren Zeiten, also während der Ehe, diese Probleme eingehend zu diskutieren. Selbstverständlich haben sich frisch verheiratete Ehepartner nicht unverzüglich mit ihrer baldigen Verwitwung zu befassen. Die Ehe muss sich ja erst aufbauen und konsolidieren, doch irgendwann, und nicht erst im hohen Alter, kommt die Frage der Verwitwung auf jedes Paar zu, und dann kann die Besprechung dieser Probleme mitunter sehr vorteilhaft auch für die weiterdauernde Ehe sein.

Die chronische Erkrankung und die Pflege bei älteren Ehepartnern

Ebenso scheint es sinnvoll, auch den Umgang mit einer möglichen chronischen Krankheit schon zu «gesunden» Zeiten zu besprechen. Dazu gehört das Thema der psychischen und physischen Belastung, die es für beide Teile des Ehepaares geben wird, wenn der eine chronisch erkrankt. Nicht nur der erkrankte Ehepartner unterliegt einer enormen psychischen und physischen Belastung, sondern vor allem der pflegende Ehepartner und Angehörige. Weitere Themen sind: Klagen und Trauer des Partners, die Veränderung der Beziehung und Sexualität aufgrund der gesundheitlichen Einschränkungen, Schuldgefühle, Belastungen durch die aufopfernde Pflege, Unterbringung (Abschiebung oder Entlastung?) des chronisch Erkrankten in ein Heim, Persönlichkeitsveränderungen z. B. bei einer dementiellen Erkrankung, Schmerzen und Einsatz von Analgetika, lebensverlängernde Therapien, Sterbehilfe.

Fragen im Zusammenhang mit chronischer Erkrankung eines Ehepartners könnten folgendermassen formuliert sein:

Möchte ich im Falle einer schweren chronischen Erkrankung, dass ich zu Hause vom Ehepartner gepflegt werde? Wenn ich in jedem Fall zu Hause vom Ehepartner gepflegt und betreut werden möchte, sind genügend Ressourcen vorhanden? Gemeint sind folgende Ressourcen: Ist der Ehepartner kräftemässig in der

Lage, die aufopfernde und körperlich anstrengende Pflege und Betreuung sicherzustellen? Überfordert sich der Ehepartner dabei? Müssen weitere Hilfen wie Freunde, Verwandte oder Angestellte bei der täglichen Arbeit herangezogen werden, oder ist das für eine gute Pflege notwendige soziale Netzwerk nicht vorhanden? Besteht für den pflegenden Ehepartner die Möglichkeit, einmal auszuspannen und einige Wochen Ferien zu machen? Kenne ich auch institutionelle Hilfen aus dem Bereich des Spitex? Wo kann ich Beratung einholen? Sind die finanziellen Ressourcen genügend vorhanden?

Wie ist die Wohnqualität im eigenen Haushalt? Müssen bauliche Massnahmen ins Auge gefasst werden, um die Pflege und Betreuung zu ermöglichen (Badezimmer, Türschwellen, Türbreiten, Haltegriffe, Rollstuhlgängigkeit, Schlafzimmer ebenerdig!)? Und wenn eine Pflege des chronisch Erkrankten zu Hause nicht in Frage kommt, wie sieht es mit einem Heimeintritt aus? Welches Heim käme dazu in Frage? Wurden schon früher Kontakte mit verschiedenen Heimen geknüpft, um diese etwas eingehender zu studieren? Wie ist die Atmosphäre im Heim? Welche Pflegemöglichkeiten bestehen in diesen Heimen?

Eine weitere wichtige Frage, die bei einer chronischen Erkrankung und der Pflege durch den Ehepartner erwächst, ist die nach der Qualität der bisherigen Ehe der beiden Ehepartner. Gab es innerhalb des Ehelebens des öfteren Streitigkeiten, Meinungsverschiedenheiten, Konflikte, die bei der schwierigen und aufopfernden Pflege neu und unter Umständen sogar verstärkt zu Tage treten? Wie reagieren beide auf die Pflege, wenn die Qualität der Ehe gering war, wenn Zuneigung fehlte, die Konfliktfähigkeit gering war, gegenseitiges Vertrauen und Offenheit fehlte? Innerhalb konfliktträchtiger Ehen kann bei der vermehrten Pflegebedürftigkeit des einen Partners eine Zunahme der Konflikthäufigkeit und Konfliktintensität beobachtet werden. Gerade bei einem Anstieg der psychischen Anspannung kann man eine erhöhte Konfliktreaktion innerhalb solcher Ehen immer wieder beobachten.

Und wie steht es mit den Schamgefühlen oder dem Gefühl der Unsicherheit dem Ehepartner gegenüber, wenn dieser inkontinent wird und intim öfters gepflegt werden muss? Wie steht es mit der Sorge des chronisch Erkrankten, den pflegenden Ehepartner seelisch und körperlich zu sehr zu belasten? Besteht Ekel vor der Inkontinenz resp. vor den Exkrementen des Partners? Nehmen die Hemmungen des chronisch Erkrankten zu, den Ehepartner um die Erfüllung von Wünschen zu bitten, weil dieser schon seit Monaten und Jahren stark körperlich und seelisch gefordert wird? Lassen sich Konflikte, die früher schon innerhalb der Ehe bestanden, aber durch beide Ehepartner verdrängt und zugedeckt wurden, unter der chronischen Belastung noch weiterhin verbergen? Treten diese Konflikte nicht gerade bei der sich verändernden Rollenbeziehung auf und wirken sich belastend auf die Partnerschaft aus?

Da der chronisch Erkrankte, sei es aus körperlichen oder intellektuellen Gründen (z.B. Demenz), an bisheriger Kompetenz innerhalb des Ehevollzuges verliert und vermehrt auf die Unterstützung des pflegenden Partners angewiesen ist, verändert sich der Alltag, verändert sich die Rolle des Gebens und Nehmens in der Ehe. Die Aufgabenverteilung innerhalb der Ehe verändert sich, wobei die erste Phase dieser Neuverteilung auch Verunsicherung sowie Aggressionen und Überforderung auslösen kann. Ein eigentlicher Wandel innerhalb der Beziehung tritt in Gang. Dieser Wandel kann sogar so weit gehen, dass sich Gefühle der Entfremdung gegenüber dem pflegebedürftigen Partner einstellen.

Dann wäre da noch das weite Feld der zahlreichen Schuldgefühle zu erwähnen. Schuldgefühle können sich sowohl auf seiten des Pflegenden als auch des Gepflegten entwickeln und ihrerseits massiv zu Überforderungen führen. Die Pflege eines chronisch erkrankten Ehepartners kann also wie beschrieben zu einer hohen psychischen Belastung führen, denn innerhalb der täglichen Arbeit können sich Gefühle der Entfremdung sowie Schuldgefühle gegenüber dem Partner einstellen wie auch

Gefühle der Aggression und des Ekels. Die Veränderung der Kompetenz des chronisch kranken Ehepartners sowie die Veränderung seiner Persönlichkeit und seines Verhaltens sind Probleme aus den zentralsten Bereichen des Lebens und treffen in den weitaus meisten Fällen die Ehefrau.

Chronische Erkrankung, Sterben und Tod sind Grenzerfahrungen des menschlichen Lebens. Diese Grenzen lassen sich auch mit bester medizinischer Versorgung nicht unendlich erweitern oder aufheben. Die Krise, die den Menschen während diesen Grenzerfahrungen begleitet, beschreibt auch einen Prozess der Auseinandersetzung und ermöglicht oft auch eine Antwort auf diese Krise resp. auf die gemachte Grenzerfahrung. Der Mensch erfährt geistiges Wachsen, erlangt Erfahrung und gelangt durch sie in ein höheres Lebensbewusstsein. Der Mensch wächst nicht bloss durch positive Erfahrungen.

Zwei Entwicklungsprozesse, in denen solche positive Erfahrungen erlebt und Wachstum erfahren werden können, sind die Erfahrungen des gegenseitigen Stützens innerhalb der Partnerschaft sowie die Erfahrung der Vertiefung dieser Partnerschaft.

Die Erfahrung des gegenseitigen Stützens

Trotz der starken Belastungen und Einschränkungen machen die Ehepartner die überaus positive und menschenbildende Erfahrung, dass sie den Blick auf die Situation des Partners richten können, und zwar sowohl der chronisch erkrankte Ehepartner als auch der ihn pflegende. Sie erkennen oder lernen zu erkennen, wenn der eine Partner mehr Unterstützung geben kann resp. wenn der andere mehr Unterstützung benötigt. Sie erfahren aneinander, wann der eine Partner mehr Kraft und auch innere Gestimmtheit hat, dem anderen einen Dienst zu erweisen. Dies hat z. B. die Auswirkung, dass der Erkrankte erst dann um Hilfestellung bittet, wenn er erkennt, wann der helfende Ehepartner in der Lage ist, ihm diese Unterstützung zu geben.

Zur Erfahrung des gegenseitigen Stützens gehört auch die Erkenntnis, dass die eingetretene Krise, dass die chronische Erkrankung nur gemeinsam bewältigt werden kann. Das Ehepaar lernt, sich gegenseitig zu stützen und sich gemeinsam auf die herangetretene Aufgabe einzustellen. Gegenseitiges Eintreten auf die Probleme des anderen Ehepartners macht diese solidarisch. Allerdings ist dieses sich gegenseitige Stützen in jenen Ehen nicht möglich, in denen ein Ehepartner an einer Demenz leidet. Die Demenz als Einbusse der intellektuellen und emotionellen Leistungsfähigkeit verhindert das gegenseitige Auf-sich-Eingehen und somit auch die gegenseitige Stützung.

Die Erfahrung der Vertiefung der Partnerschaft

Partnerschaft erlebt Vertiefung weniger in Zeiten von Zufriedenheit und Glück als in der Krise. Haben sich die Ehepartner auf die Krise eingestellt und sich geeinigt, diese gemeinsam tragen und bewältigen zu können, so fördert dies den Entwicklungsprozess der Vertiefung. Beide Ehepartner erfahren so zunehmende Nähe zum anderen. Krankheit kann die Partnerschaft wieder enger schmieden.

Die alte Frau überlebt den Mann um etwa 6 Jahre. Dies bedeutet auch, dass die Pflege und Betreuung des Ehegatten vielfach der alten Frau obliegt, auf jeden Fall in weit höherem Masse als dem Ehemann. Vielen Ehepaaren ist dies viel zuwenig bewusst. Hier ist die alte Frau in einem weit höheren Masse körperlich und seelisch belastet als der alte Mann. Dieser Umstand sollte daher dringend auch vermehrt in der Sozialversicherungsgesetzgebung und Finanzpolitik der Regierungen berücksichtigt werden. Die Frau benötigt hier auch einen vermehrten finanziellen sowie versicherungsmässigen Schutz. Konkret darf in Zukunft die Frau bei der Berentung nicht mehr benachteiligt werden.

Die Armut der alten Frau

Im Auftrag des Ministeriums für Arbeit, Gesundheit und Soziales des Landes Nordrhein-Westfalen untersucht eine Studie unter der Leitung des an der Universität Dortmund lehrenden Professors Dr. Gerhard Naegele die Armut im Alter (1986). Die Studie zeigt ein hohes Mass an Armut der älteren Bevölkerung, im besonderen eine erhöhte Armut der älteren, insbesondere der alleinstehenden Frau. (Alleinstehend im Sinne von ledig, geschieden oder verwitwet.)

Die Zahlen sind alarmierend: über 40% aller ledigen resp. geschiedenen Frauen und knapp 20% der Witwen verfügen über ein monatliches Netto-Einkommen von unter DM 1000.-. Rund 9% der ledigen/geschiedenen Frauen verfügen nur über ein Nettoeinkommen von unter 500 DM. Gemäss einer Empfehlung der Europäischen Gemeinschaft (EG) gilt ein Haushalt als arm, wenn dessen äquivalentes (gleichwertiges), verfügbares Einkommen weniger als 50% des durchschnittlich verfügbaren Einkommens im eigenen Land beträgt.

Armutsgrenzen (für Deutschland, 1986):

- für Einpersonenhaushalte DM 935.- pro Monat
- für Zweipersonenhaushalte DM 1589.- pro Monat

Gemäss dieser Studie gelten in Deutschland als arm:

ca. 10% der Ehepaare
12% der alleinstehenden Männer
43% der geschiedenen/ledigen Frauen
18% der Witwen

Dies sind zusammen rund 450'000 Haushalte. Seit 1986 hat sich die finanzielle Lage dieser Bevölkerungsgruppen eher noch zusätzlich verschlechtert.

Mit 43% Anteil der geschiedenen resp. ledigen Frauen sowie 18% der Witwen lässt sich leicht erkennen, dass rund 60% der von der Armut betroffenen Menschen weiblichen Geschlechts sind. Obwohl Prozentzahlen immer in Relation zum Gesamten stehen und daher bloss relative Aussagekraft haben, kann trotzdem von diesen Zahlen abgeleitet werden, dass Frauen von der Altersarmut besonders stark betroffen sind. Warum das?

1. Das Risiko für Frauen, in Armut zu geraten, ist einmal bedingt durch die ungenügende (versicherungs- und lohnmässige) Würdigung der Erziehungsarbeit, die sie als Mütter von Kindern leisten. Der Staat honoriert das Mutterdasein nicht. Zu würdigende Arbeit ist noch immer viel zu einseitig an Lohn und Verdienst gebunden. Haushaltarbeit und Mutterpflichten sind keine verdienstpflichtigen Arbeiten.

2. Die Alterssicherung der Frau orientierte sich viel zu lange und zu einseitig am Ehestatus. Die lebenslange Ehe brachte zwar die Witwe in den Genuss einer Altersversicherung (via Ehemann), aber diese Altersversicherung durch den Mann war abhängig von Risikofaktoren wie:

- frühzeitige Berufsaufgabe des Mannes
- schlechter Verdienst
- Tod des Ehepartners
- Scheidung oder Trennung.

Unverheiratete Frauen, die in eheähnlicher Familie Kinder aufzogen, waren überhaupt nicht altersversichert.

3. Die Alterssicherung orientiert sich noch immer am Modell der lückenlosen Erwerbsbiographie. Gut versichert war, wer während etwa 40 Jahren lückenlos einem Verdienst nachgehen konnte. Auch wenn die Frau wieder berufstätig wurde, nachdem die Kindern aus dem elterlichen Haus ausgeflogen waren, verzeichnete sie etliche sogenannte verdienst- und erwerbsfreie Jahre, während der sie keine AHV- und Pensionskassenbeiträge

leistete und somit während dieser Zeit nicht versichert war. Nebst der lückenlosen Erwerbsbiographie orientiert sich die Alterssicherung auch an der Vollzeittätigkeit (100%). Wenn die Frau nur teilzeitlich arbeitete, so minderte sich das zu erwartende Rentenguthaben zusätzlich.

4. Frauen leben durchschnittlich länger und sind daher in allen teuren Heimen in der Überzahl. Das Armutsrisiko steigt auch bei Hilfs- und Pflegebedürftigkeit und beim Heimeintritt.

> Biologisch und gesellschaftlich bedingt, leben Frauen durchschnittlich 6 Jahre länger als Männer. Die alte Frau ist daher im höheren Alter meistens alleinstehend. Oft begleiten sie Gefühle des Verlassenseins, der Einsamkeit und Isolation. Gegenspieler der Vereinsamung ist die Geselligkeit. Alte Frauen und Männer sollten sich daher in Gesellschaft begeben. Altenclubs, Reiseveranstalter, Seniorenuniversitäten, Altenzentren stehen heute in genügender Anzahl zur Verfügung.

Ehe im hohen Alter

Noch nie in der Geschichte der Menschheit wurden die Menschen so alt wie in unserem Jahrhundert. Eine Frau wird heute durchschnittlich etwa 80/81 Jahre alt, der Mann etwa 74/75. Noch vor rund hundert Jahren starben die meisten Menschen im durchschnittlichen Alter von 45–50 Jahren, je nach Geschlecht und dem Land, in dem sie wohnten. Dies hat auch Wirkung auf die Ehe. Wenn wir uns vorstellen, dass die Ehe von damals nicht nur eine Liebesehe, sondern in vielen Fällen ein Zweckehe war – man tat sich im Ehebund zusammen, um die Schwierigkeiten der Zeit (wirtschaftlicher Art) besser überstehen zu können –, so dürfen wir annehmen, dass die Menschen mit gewissen Erwartungen geheiratet haben. Heiraten bedeutete also noch um die Jahrhundertwende ein Sichzusammentun mit der Absicht, sich eine Zuflucht zu schaffen innerhalb der damaligen schwierigen Welt. Der Ehemann hatte demnach arbeitsam zu sein, einen guten Verdienst heimzubringen, solid und treu und auch häuslich zu sein.

Das Bild der guten Ehefrau glich der häuslichen, anspruchslosen, sparsamen, ordentlichen und sauberen Frau, die imstande war, die heranwachsenden Kinder zu ordentlichen und rechtschaffenen Bürgern zu erziehen. Die Ehe hatte damals nicht nur die Aufgabe der Kindererzeugung und Kindererziehung, sondern war in einem viel stärkeren Masse als heute ein wirtschaftliches Bündnis, eine gemeinschaftliche Stärke des Überlebens. Die Ehe wurde vollzogen viel eher auf Grund eines äusseren wirtschaftlichen Druckes als auf Grund innerer Gemeinsamkeit. Sicher schaute man schon damals auch auf den Partner, auf Aussehen und Attraktivität, und natürlich bewegten sich auch die Gefühle der Verliebtheit und des Hingezogenseins. Aber der wirtschaftliche Aspekt der Ehe hatte damals doch ein viel grösseres Gewicht als in den heutigen Ehen.

In der Zeit Ende des ausgehenden 19. und zu Beginn des 20. Jahrhunderts breitete sich die Industrialisierung weiter aus. Es war eine Zeit, die unter grossem naturwissenschaftlichem und technischem Fortschritt stand. Die Produktionsbetriebe änderten ihr Erscheinungsbild stark. Im Jahre 1914 brach der Erste Weltkrieg aus, in den praktisch ganz Europa verwickelt war. Die wirtschaftliche Lage der europäischen Länder litt enorm unter den kriegsbedingten politischen Wirrungen. Unmittelbar nach dem ersten Weltkrieg folgten Inflation und Krisenjahre mit einer schweren, breite Bevölkerungsschichten treffenden Arbeitslosigkeit. Armut und Entbehrungen kennzeichneten das eheliche Leben. Die wirtschaftliche Lage war während diesen Zeiten ausgesprochen schlecht, und man heiratete, um besser zu überleben. In vielen Ehen bedeuteten Kinder weitere Belastung und Entbehrungen. Die nationalsozialistischen Bewegungen erstarkten und mündeten in den Zweiten Weltkrieg. Auch diese Zeit war für die Bevölkerung eine äusserst schwierige Zeit. Erst in den 50er Jahren begann allmählich die Zeit des Wirtschaftsaufschwungs. Sie mündete in einen eigentlichen Boom, der, noch nie dagewesen, dazu führte, dass breite Bevölkerungsschichten sich allmählich auch etwas leisten konnten.

Während, wie beschrieben, die Menschen vor rund 100 Jahren 45 bis 50 Jahre alt wurden, werden sie heutzutage um Jahrzehnte älter. Die etwa 30 Jahre längeren Leben sind also die Jahre des höheren Lebensalters zwischen 50 und 80 Jahren. Während früher der eine oder andere Ehepartner mit ungefähr 45 Jahren verwitwet wurde und durchschnittlich nur noch wenige Jahre zu leben hatte, wird die nachfolgende Generation nun durchschnittlich 75 bis 80 Jahre alt und lebt immer noch in ehelicher Gemeinschaft.

Wie wir sehen, gab es die Altersehe vor rund 100 Jahren nur sehr selten, und damit gab es diese spezifischen Probleme innerhalb der alt gewordenen Ehe auch kaum. Der Anteil der Ehedauer im Gesamtleben einer Frau betrug damals ungefähr 50%. Die Zeit zwischen Heirat und Geburt des letzten Kindes betrug ungefähr 20% der gesamten Lebensdauer dieser Frau. Die Zeit zwischen Weggang des letzten Kindes und Witwenschaft schmolz zusammen auf wenige 1 oder 2%. Dies bedeutet, dass dieser Frau im Durchschnitt nur etwa ein halbes bis ein Jahr Zeit verblieb nach dem Weggang des letzten Kindes bis zur Witwenschaft. Durch die frühe Witwenschaft entfielen die Probleme der Alterschc. Hcutc nimmt die Ehedauer zwar nur leicht mehr als 50% der Gesamtlebensdauer ein, aber die Zeit nach dem Weggang des letzten Kindes bis zum Tod erhöhte sich von den 1 bis 2% auf nahezu 30%. Diese 30%, knapp ein Drittel der gesamten Lebenszeit, also die Zeit zwischen dem Weggang des letzten Kindes bis zum Eintreten der Witwenschaft, nennt man auch die nachelterliche Gefährtenschaft.

Die nachelterliche Gefährtenschaft

Diese Zeit der nachelterlichen Gefährtenschaft beginnt etwa zwischen dem 45. und 60. Altersjahr. Während dieser Zeit ziehen die Kinder aus dem Elternhaus aus und werden von den Eltern unabhängig. Diese Zeit ist für die alternden Eltern ohnehin eine schwierig empfundene Periode, fällt die Zeit doch für die Frau in ihre Menopause, und die Männer überschreiten ihre maximale Leistungsfähigkeit. Mit 60 biegt man in die Zielgerade der Pensionierung ein, die Pensionierung kommt in Sicht und mit ihr dann in vielen Fällen ein Verlust an erfüllender Arbeit und Aufgaben, ein Verlust an Ansehen, Sozialprestige und Einkommen.

In dieser Zeit nun beginnen bei vielen Ehepaaren die Eheschwierigkeiten. Die Zeit der nachelterlichen Gefährtenschaft, gut und gerne 30 Jahre, verbringen die Ehepartner allein zusammen und ohne Kinder. Während früher noch die Zeit der Witwenschaft angesagt war, kommt heute auf die älteren Ehepaare noch eine Ehedauer von 20 bis 30 Jahren zu. Man kann sich grundsätzlich fragen, ob die Institution «Ehe» dazu taugt, so lange zu dauern.

Die Ehen dauern länger

Altwerden war nicht vorausgeplant. Es gab auch wenig gute Vorbilder einer langjährigen und alten Ehe. Die letzten 20–30 Jahre, innerhalb deren beide Partner beinahe unendlich viel Zeit zur Verfügung haben, verbringen die Verheirateten heute zusammen. Dies schafft mitunter Probleme. Begleiterscheinungen langjähriger Ehen sind folgende:

Die Partner von Altersehen hatten Jahre, ja Jahrzehnte Gelegenheit, sich gegenseitig gut kennenzulernen. Die Ehepartner beobachteten an sich selber und am Partner die Persönlichkeitsentwicklung, bemerkten vielleicht eine Veränderung der Interessen und Einstellungen sowie den langsamen Ab- und Umbau der körperlichen und geistigen Funktionen. Der gemeinsame Alltag ist zur Routine geworden. Die Ehe machte vielleicht instabile Phasen durch oder wurde von Uneinigkeit in der Anschauung und Auslegung der Lebensaufgaben begleitet. Vielleicht leidet ein Ehepartner unter innerhalb der ehelichen Beziehung gemachten Fehlern.

Wenn die Ehe zum Problem wird

Probleme und Konflikte können aufbrechen. Was sich in den letzten Jahren an Problemen ansammelte, bricht nun über der Ehe zusammen. Die Ehe hat den einstigen Sinn verloren. Die Ehepartner beginnen sich untereinander heftig zu streiten, überhäufen sich gegenseitig mit Vorwürfen, Anschuldigungen und Hassgefühlen. Hochbetagte werden gegen einander tätlich und können sich kaum mehr aushalten.

Entweder wird lautstark miteinander abgerechnet oder ein Ehepartner beginnt ein hartnäckiges Schweigen.

Die Frau war lange Jahre tagsüber mit ihren Kindern allein zu Hause, der Mann arbeitete im Betrieb oder im Büro. Die Frau erfuhr so eine weitgehende Eigenständigkeit, konnte sich den

Tag so gestalten, wie sie es wollte, und richtete sich auf das abendliche Wiedersehen mit ihrem Mann ein. Selbstverständlich nahm die Haushaltarbeit einen grossen Teil der Freizeit weg, die Frau war gebunden, aber nicht nur an ihren Mann, sondern an die Essenszeiten für die Kinder, die Zeiten zur Benützung der Waschküche, die Zeit des Einkaufes, also an ihre vielfältigen Aufgaben und Funktionen der Mutterschaft und Hausfrau.

Aber nun lebt ihr Mann auch tagsüber im gleichen Haushalt, ist pensioniert und zu Hause und vermag vielleicht mit der vielen freien Zeit kaum etwas Vernünftiges und Erfüllendes anzufangen. Zudem entspricht sein Verhalten nicht den Wünschen der Ehefrau, die mit ihrem Mann gerne etwas unternehmen würde, da sie nun doch beide über diesen Zeitüberfluss verfügen. Der Mann aber sieht sich seiner ihn definierenden und bestimmenden Arbeit beraubt. Der eine mag dabei zwar sehr glücklich und froh sein, da die Arbeit ihn gesundheitlich womöglich sehr gefordert und auch geschädigt hat. Es mag auch sein, dass der Mann nun Ideen und Vorstellungen über das Pensionszeitalter hat, gerne andere Länder bereisen möchte, aber seine Frau fühlt sich wohler innerhalb der gewohnten vier Wände. Die bisher gewohnte Tagesstruktur, über Jahrzehnte eingeübt, bricht für beide zusammen. Die neue Herausforderung im Leben dieser Ehepaare heisst: «Ehe – wie weiter?»

Alter und Pensionierung als Aufforderung zur Neugestaltung der Ehe? In etlichen Fällen geht die Ehe eben nicht einfach so weiter, sondern ein tiefer Einschnitt macht sich bemerkbar. Der Druck der Probleme nimmt stark zu. Die einstigen Ziele und Zwecke des Ehebündnisses sind verlorengegangen und noch durch keine neuen ersetzt. Nun benötigt die alte Beziehung Erneuerung, Bearbeitung und Unterhaltung. Die wenigsten Menschen der älteren Generation haben aber ihre Beziehung bearbeiten gelernt.

Das ursprüngliche Bild vom Ehegatten ist nicht mehr das gleiche, es hat sich verändert. Auch die Rolle ist mitunter nicht mehr dieselbe oder ist daran, sich zu verändern. Früher war der Mann vielleicht der stärkere, bestimmendere. Nun aber ist er eventuell körperlich oder geistig erkrankt, abgebaut und schwächer geworden und hat das Heft nicht mehr so sicher in der Hand. Die Frau bemerkt diesen Rollentausch vielleicht zuwenig deutlich und klammert sich innerlich noch immer an die alte, hergebrachte Rollenverteilung. Ihr (oder ihm) wird nicht klar, dass der Ehepartner nicht mehr derselbe ist wie noch vor 10, 20 Jahren. Der Schwache wird zum Starken, der Starke zum Schwachen. Hier brechen alte Modalitäten und Gewohnheiten auf beziehungsweise zusammen und müssen neu formuliert werden. Viele ältere Ehepartner werfen dem anderen vor, das eigene Leben verpasst, nicht gelebt zu haben. Die Entbehrungen der letzten Jahrzehnte gelten nicht mehr für das heutige Jahrzehnt, und man möchte nun etwas nachholen, was früher unmöglich schien.

Wer seine Ehe nicht ständig aufgebaut, angepasst, neu formuliert und unterhalten hat, muss feststellen, dass er dem Ehepartner schon seit einiger Zeit entfremdet ist. Eine gute Kommunikation beherrschten beide Ehepartner vielleicht nie gut genug, um die anstehenden Probleme zu klären, und die Gespräche über die bisherigen Probleme sind vielleicht nie richtig und vertieft in Gang gekommen.

Glücklich können jene alten Ehepaare sein, die sich gut verstehen und die Zeit bis anhin genutzt haben, sich zu finden und auf den Ehepartner einzugehen. Aber viele alte Paare sind in ihren Rollen und Modalitäten erstarrt und verklammert. Neues macht Angst. Ein erstes Mal in ihrem Eheleben sind die beiden Ehepartner ganz allein auf sich gestellt, auf sich bezogen, und dies gleich 24 Stunden lang. Wenn jetzt keine Gemeinsamkeiten verbindend wirken, brechen starke Aggressionen, Frustrationen, Enttäuschungen und gegenseitige Vorwürfe aus. Die Ehe wird zum Inferno. Ehen plagen sich über lange Jahre. Gegenseitiges Verständnis und sich Einfühlen fehlt.

Scheidung liegt nicht drin. Oder doch? Aber welcher Richter würde sich hergeben, zwei 70, 80 Jahre alte, seit 50 oder noch mehr Jahre zusammenlebende Ehepaare gesetzlich zu trennen?

Dagegen spricht auch der Frauen benachteiligende Aufbau unserer Altersversorgung. Also Ehetherapie mit Betagten? Warum eigentlich nicht. Auch alte Menschen sind lern- und entwicklungsfähig. Die weitläufige Meinung, alte Menschen seien nicht mehr lernfähig, stimmt keineswegs. Psychotherapie ist nicht nur für die Jungen gut, aber sie ist eindeutig auf jüngere Menschen bezogen. Die Therapie und Beratung von alten Ehepaaren sollte in die Ausbildung der Psychotherapeuten einbezogen werden.

Der Individuationsprozess innerhalb der Ehe

Der Individuationsprozess (ein Begriff der Psychologie C.G. Jungs) ist ein Reifungs-, Wandlungs- und Differenzierungsprozess des Selbst. Gemeint ist die individuelle Entwicklung der Seele, der eigenen Persönlichkeit zu dem, was sie eigentlich ist.

Individuation (Entwicklung) wird als Folge innerer Auseinandersetzungen mit typischen Aufgaben verstanden. Das menschliche Leben erzeugt zu gewissen Zeiten oder Lebensperioden die verschiedensten Lebenssituationen resp. Aufgabenstellungen, die eine Auseinandersetzung herausfordern. Werden diese Lebenssituationen resp. Aufgaben richtig und erfolgreich gelöst, dann tragen sie entscheidend zur Zufriedenheit der Ehepartner und zum erfolgreichen Lösen späterer Aufgaben bei. Falsche Lösungen führen demnach zur Unzufriedenheit der Person und zu Spannungen innerhalb der Ehe.

Aufgaben- und Problembereiche, die bei den meisten Menschen im Leben vorkommen, sind:

1. Problembereich Eltern: besonders all jene Spannungssituationen, die sich aus dem Zusammenleben mit resp. aus der Loslösung von den Eltern ergeben. In manche Ehen reicht der lange Arm der Eltern eines oder beider Ehepartner noch lange Jahre nachhaltig hinein, sei es, dass die Eltern mit dem «eingeheirateten» Ehepartner nicht einverstanden sind, sei es, dass das «einstige Kind» sich noch nicht hat genügend von den Eltern loslösen können.

2. Problembereich Kinder: Kinder kommen nicht immer nach Wunsch, manche sind gewünscht und werden nicht geboren, andere werden geboren, aber waren vielleicht nicht so sehr erwünscht. Kinder werden erwachsen und erleben so viele kritische Phasen (z. B. Pubertät), um sich irgendwann einmal vom Elternhaus zu lösen.

3. Problembereich Verwandte (z. B. Geschwisterstreit)

4. Problembereich Nachbarn, Freunde, Kameraden etc.

5. Probleme innerhalb der Ehe: z. B. Meinungsverschiedenheiten, Fragen des alltäglichen Lebens, Abkühlung der Verliebtheit, Konflikte der mittleren Lebensjahre (Midlife-Crisis), Eifersucht, Sexualität, Trennung und Scheidung etc.

6. Problembereich Arbeit und Existenz: Über- und Unterforderung, Eintönigkeit der Arbeit, zuwenig Sozialprestige und materielle Sicherheit, körperliche Beanspruchung, fehlende Aufstiegsmöglichkeiten, Probleme im Verhältnis mit Arbeitskollegen und Vorgesetzten. Unsichere Zukunftsaussichten, wirtschaftliche Krisen. Die ältere Generation hat Arbeitslosigkeit und die damit verbundenen wirtschaftlichen Probleme in einem ganz besonderen Masse am eigenen Leib und Leben kennengelernt.

7. Problembereich Politik: hier sind die verschiedenen Probleme der politischen Situation wie politische Spannungen und Kriege zu erwähnen.

8. Problembereich Religion: Auseinandersetzung mit kirchlichen moralisch-sittlichen Geboten und Vorschriften, aber auch Glaubenszweifel, Konfessionswechsel bei Heirat, Kirchenaustritt. Ganz allgemein kann gesagt werden, dass die religiöse Überzeugung und Einstellung der Religion und dem Glauben gegenüber sich im Laufe der Jahre gemäss dem inneren persönlichen Reifeprozess unter Umständen stark wandelt.

9. Problembereich der eigenen Persönlichkeit: Persönlichkeit ist nicht von allem Anfang an, sondern entwickelt sich, wird durch Erfahrung und Reife geformt und gefestigt. Manche Seele (Persönlichkeit) ist schon in frühen Jahren deformiert worden (z. B. neurotisiert).

10. Problembereich Altern: Abnahme der Leistungsfähigkeit, körperliche Erkrankung, Veränderung des Aussehens und der Vitalität, Verlust des Sozialprestiges, materielle Einbussen, Pensionierung, Tod und Sterben. Aber auch neue Freiheit, gesichertes, wenn auch kleines Einkommen. Selbstverständlich geschieht Individuation auch in einem ganz besonderen Masse innerhalb der Ehegemeinschaft. Die wohl entscheidenste Wichtigkeit im lebenslangen Prozess der Individuation ist die Auseinandersetzung des Ehemannes mit seiner Frau resp. dem Weiblichen sowie die Auseinandersetzung der Ehefrau mit ihrem Mann resp. dem Männlichen. Carl Gustav Jung beschreibt dieses Weibliche resp. Männliche im Menschen mit den Begriffen Anima und Animus.

Persönlichkeitsentwicklung versteht sich als ein weit in das Erwachsenenalter hinein sich erstreckender Prozess der Selbstverwirklichung und Selbstwerdung.

Der wohl wichtigste Individuationsfaktor aber ist und bleibt für verheiratete und in einer ehelichen Beziehung lebende Paare der Ehepartner. Individuation geschieht durch das Gegenüber, das Du. Durch die Auseinandersetzung mit dem Partner, durch das seelische Eindringen in den in engster Verbindung lebenden Ehepartner erfährt die eigene Persönlichkeit fruchtbare Entwicklungsanstösse, Korrekturen, Motivation und innere Festigkeit. Durch die Auseinandersetzung mit der Persönlichkeit, der Psyche des anderen wird das eigene Selbst sichtbar, erfahrbar. Je nach der Stärke der Persönlichkeit des Ehepartners wird die eigene Persönlichkeit, das eigene Selbst entweder nach dem Bild des Ehepartners verformt oder kann zu einem grossen Teil ganz sich selbst verwirklichen und sich selbst werden. Innerhalb des ehelichen Individuationsprozesses kann man werden, was man eigentlich ist.

Dürstet es das eigene Selbst aber nach wie vor nach Individuation, kann sich eine Entfremdung der Ehepartner untereinander bemerkbar machen. Es kann eine innerliche Loslösung voneinander stattfinden. Durch die gesellschaftlichen Sitten und Bräuche, die eine Ehescheidung im höheren Alter eher ausschliessen, kommt es möglicherweise zu Reibereien und Gifteleien innerhalb der Ehe. Da eine Trennung auch aus moralisch-sittlichen Werten nicht in Frage kommt, bleibt man zwangsläufig zusammen und beginnt mit gegenseitigen Vorwürfen und Vorhaltungen. Eine solche Ehe kann das Individuationsstreben eines Ehepartners vehement verunmöglichen.

Die Ehe im Alter vollenden

Wie weiter oben ausgeführt wurde, ist die Ehe im Alter keineswegs unbelastet. Zänkereien und Vorwürfe sind genauso möglich wie rohe, körperliche Gewalt. Altersscheidungen werden vermutlich an Anzahl zunehmen. Umgekehrt streben auch Menschen im vorgerückten Alter von 60, ja 70 Jahren noch eine Ehe an, sei es nach der Scheidung oder aus der Überzeugung, in diesem Alter noch lange nicht zum alten Eisen zu gehören und wohl auch aus der Sehnsucht nach Liebe, Zärtlichkeit oder ganz einfach deshalb, um einen Lebenspartner bis zum Lebensende neben sich zu wissen.

Im günstigsten Fall ist natürlich schon in den mittleren Ehejahren zwischen beiden Ehepartnern eine innige Freundschaft entstanden, die tragfähig sich bis ins höhere Alter gehalten hat. Im weniger günstigen Fall haben sich beide Ehepartner jahrelang auseinandergelebt und raufen sich, wortwörtlich, im höheren Alter noch einmal zusammen. Ohne fremde Hilfe wird dies, in der Regel, kaum allein gelingen. Eine jahrelange, zu zweit begangene Lebensstrecke lässt beide Ehepartner zu sogenannten «Lebensgefährten» werden. Man hat eine gemeinsame Lebensgeschichte, gemeinsame Erfahrungen und Erinnerungen und hat sich sowohl in Hochs als auch Tiefs enger aneinander binden können.

Jetzt besteht das Ziel, den gemeinsam beschrittenen Weg noch bis zu Ende zu gehen, bis zum Tod des einen Ehepartners. In den meisten Fällen wird der Mann vor der Frau aus der Ehe herausgerissen, und daher scheint es wichtig, dass sich hier insbesondere die Frau nicht nur Gedanken macht, was nach dem Tod des Mannes weiter geschieht, wie es allein weitergehen könnte. Selbstverständlich sollte sich der Mann diesbezüglich genauso Gedanken machen, wie es denn ihm ginge, da ein kleinerer Prozentsatz Männer die Ehefrau überleben wird.

Wie eine positive Beziehung eines alten Ehepaares etwa aussieht:

- Die Altersehe ist gekennzeichnet durch Aufmerksamkeit und Mühe füreinander.
- Die Liebe in der Altersehe zeichnet sich durch Personalität und Innerlichkeit aus.
- Die Altersehe kennt kein Konkurrenzdenken, keine Eifersucht und Missgunst und keinen Neid.
- Die Altersehe kennt aber die Annahme des Ehepartners in Güte und empfindet Dankbarkeit füreinander und dafür, dass beide noch zusammen sein dürfen.
- Die Ehepartner sind für den Rest des gemeinsamen Lebens einander treue Helfer in allen Lebenslagen.
- Die Ehepartner lassen einander jenes Mass an persönlicher Freiheit, die sie sich voneinander wünschen und verlangen.
- Die Altersehe soll nicht dann als gut gelten, wenn in ihr keine Eifersucht, kein Streit und keine Meinungsverschiedenheiten mehr vorkommen.

Sexualität und Partnerschaft im höheren Alter

Über Sexualität im Alter zu sprechen heisst, vor allem über Partnerschaft und speziell über Intimität, Zärtlichkeit, Vertrautheit, Beziehung, emotionale Nähe zu sprechen. Sexualität loszulösen von Begriffen wie Liebe, Zuneigung, Verantwortung zueinander, Liebkosung, gemeinsames Begehen des Lebensweges, aber auch Kommunikation, Interaktion und gefühlsmässiger Beziehung wäre grundsätzlich falsch. Erotik, Scham, intime Vereinigung sowie Befriedigung, Entspannung und Einswerden sind weitere Begriffe, die zur Sexualität gehören.

Im höheren Alter muss neu definiert werden, was als sexuell attraktiv, was als erotisch, schön, reizvoll zu verstehen ist. Die Straffheit der Haut, des Fettgewebes, der Muskeln sowie der Glanz und die Farbe der Augen und Haare erfährt im Alter unweigerlich Einbusse, besonders im Vergleich der Jahre der Jugend. Was können alternde Ehepaare aneinander sexuell attraktiv finden?

Anstelle der Erotik des wohlgeformten, straffen Körpers werden im Alter vielmehr Charakter, Persönlichkeit, Auftreten, Zärtlichkeit, Sensibilität, Einfühlungsvermögen des Partners bedeutsam. Man könnte sagen, Intimität tritt an die Stelle körperlicher Sexualität. Die allmählich nachlassende körperliche Fitness, die nachlassenden körperlichen Funktionen zwingen die Liebenden, von der genital- und leistungsorientierten Sexualität wegzukommen zugunsten einer Sexualität von Zärtlichkeit und Intimität.

Allgemein können vier Gesichtspunkte der Sexualität im höheren Alter genannt werden:

1. Man kann feststellen, dass das sexuelle Interesse und das offen geführte Gespräch über Sexualität bei älteren Menschen geringer ist als bei jüngeren. Die Sexualität als solche verliert also etwas an Stellenwert im Alter. Allerdings sind dies bloss allgemeine Beobachtungen. Je nach bisher erfahrener (befriedigend resp. eher unbefriedigend erlebter) Sexualität, Sozialisationsbedingungen und gesellschaftlichen Normen und Tabus kann das sexuelle Verhalten im höheren Alter stark unterschiedlich ausgeprägt sein.

2. Die Häufigkeit des eigentlichen sexuellen Verkehrs nimmt etwa ab dem 50. Lebensjahr ab, wobei festzustellen ist, dass die Verminderung bei den Frauen etwas früher einsetzt (Menopause?). Weitere Faktoren, die zur Abnahme der Häufigkeit des sexuellen Verkehrs führen, sind: Gesundheit, Schichtzugehörigkeit, Religiosität, Qualität der Partnerbeziehung, finanzieller Status.

3. Eine enge Auffassung von Sexualität als blosses Mittel zur Fortpflanzung ist eher bei religiös geprägten Menschen zu beobachten sowie bei Frauen. Aber auch hier spielen Erziehung und bisherige Erfahrung im Sexuellen eine entscheidende Rolle.

4. Das Alter ist von der organischen Seite her gesehen mit Sicherheit ein Abstieg, verbunden mit Verlusten. So reduzieren sich die Sexualfunktionen, und manchmal versiegen sie ganz. Physische Reaktionen werden seltener, langsamer und bleiben oft auch ganz aus, obwohl eine erotische Stimulation da wäre. Ein Orgasmus wird seltener erreicht. Männer haben mehr Probleme mit ihrer Erektionsfähigkeit. Frauen erfahren eine Reduzierung der Funktionen der Schleimhäute der Sexualorgane.

Ob Sexualität im höheren Alter noch praktiziert wird oder nicht, hängt stark davon ab, ob bisher ein befriedigendes resp. unbefriedigendes Sexualleben geführt worden ist. Bereits in der Phase der sexuellen «Initiation», gemeint ist die Einführung, Einweihung in etwas, auch zurückgehend auf die voreheliche Zeit und die Zeit der ersten Ehejahre, werden Vorbedingungen für die Möglichkeit und Gestaltung des sexuellen Erlebens geschaffen.

Die Einstellung zum Körper, unter anderem zur eigenen Nacktheit, zur eigenen Lustempfindung, zu den eigenen sexuellen Bedürfnissen prägt das Sexualverhalten schon in früher Jugend und wird bis ins hohe Alter mitgenommen.

Nebst funktionellen Störungen oder organischen Beschwerden ist demnach ein bisher als unbefriedigend erlebtes Sexualleben ein Hauptgrund zur Aufgabe der Sexualität. Witwen- resp. Witwerschaft ist sicherlich ein weiterer Grund zur sexuellen Enthaltsamkeit. Man will dem bisherigen Partner treu bleiben auch nach seinem Tod. Dieser innere Treueschwur verhindert aber vielfach auch eine neue, erotische, freundschaftliche Beziehung. Viele ältere Menschen trauen sich im Alter keine neue Freundschaft zu, vor allem solche mit dem anderen Geschlecht, da eine aufkeimende Intimität und enge Partnerschaft in der Vorstellung vieler Menschen auch sexuelle Aktivitäten beinhaltet. Dies muss aber bei weitem nicht sein.

Eine im höheren Alter erlebte platonische Liebe muss für die Betroffenen etwas Beflügelndes, stark Motivierendes, Lebensbejahendes sein. Leben beginnt sich wieder zu lohnen, Leben wird wieder lebenswert. Freude, Hoffnung und Lebensmut treten an die Stelle der bisherigen Apathie und Lebensunlust. Lebensüberdruss wird beiseite gespült. Altsein wird nicht mehr erlebt als Abbau, als Resignation, als Einbusse von bisherigen Funktionen, sondern als ein neuer Zustand des Glücks und des Sinnes.

Sexualität im Heim

Die sexuelle Erlebnisfähigkeit hört auch nicht auf, wenn man in einem hohen Alter ist und in einer Institution lebt. Im Heim leben viele alte Menschen unter einem Dach, und die Konzepte dieser Heime bestehen neben anderen Zielen darin, den Pensionären einen schönen, möglichst sorgenfreien Lebensabend zu ermöglichen. Die Pensionäre untereinander sollten sich mit möglichst viel Wertschätzung, Zuneigung und Kameradschaft begegnen. Eine verstärkte Anteilnahme an den gegenseitigen Interessen, Geborgenheit und auch emotionale Sicherheit sind möglich.

Gerade hier aber verschaffen die meisten Heime den liebebedürftigen, auf emotionale Kontakte angewiesenen Pensionären grosse Schwierigkeiten, sind diese Heime doch eher intolerant und unpraktisch der Liebe und Sexualität gegenüber eingestellt. Nur schon das (unbeschämende) Küsschengeben unter den Geschlechtern wird von den wenigsten offen toleriert. Pensionäre wie Angestellte und die Verwaltung des Hauses sind alles andere als geübt im Umgang mit den Problemen der Erotik unter den Pensionären. Körperliche Liebe im Heim wird nicht toleriert.

Das Wohnen in Heimen stellt eine besondere Erschwernis dar, die verschiedensten Bedürfnisse nach Partnerschaft und Intimität zu befriedigen. Selbstverständlich gibt es Heime, in denen solche Intimitäten vorkommen und auch mehr als nur toleriert werden. Es gibt sowohl Heimleiter als auch Heimbehörden, die die Sexualität als mögliche Ausdrucksform einer Freundschaft zwischen zwei Pensionären respektieren, die sich mitunter erst im Heim zusammengefunden haben. Aber die Regel ist dies nicht. Die grosse Mehrheit der Heime ist schon im räumlichen Sinne nicht auf Partnerschaft und Sexualität unter den Pensionären ausgerichtet, und in den Köpfen der Angestellten herrscht noch immer die Vorstellung, Liebe und Sexualität im Alter sei etwas Abartiges, Abweichendes und Ekliges, das es zu verhindern gelte. Das Spiegelbild einer prüden, moralisierenden und sexualfeindlichen Gesellschaft widerspiegelt sich exakt im gesellschaftlichen Subsystem «Heim».

Viele Menschen betätigen sich nicht sexuell, weil es ihnen an einem Partner mangelt. Vielen Heimbewohnern bleiben sexuelle Kontakte verwehrt. Da die Altersheime keine Intimsphäre erlauben, sind alte Menschen, sowohl Männer als auch Frauen, ohne Partner und finden keine Möglichkeit, ihre sexuellen Bedürfnisse auszuleben. Die Erfahrung zeigt, dass solche auch bei Heimbewohnern vorhanden sind.

Wohnformen im Alter

Unter allen für ältere Menschen möglichen Wohnformen zeigt sich keine als die geeignetste. Die meisten alten Menschen leben nach wie vor in ihren angestammten Wohnungen oder ihrem eigenen Haus. Der Mensch lebt gewohnheitsgemäss. Eine Veränderung des Lebensraumes, betreffe es die Wohnung oder die Wohnumgebung, erzeugt Ängste und Desorientierung. Einen alten Baum verpflanzt man nicht.

Zu Hause sein, ein Dach über dem Kopf haben, Wohnung haben gehört zu den Grundbedürfnissen des Menschen wie Nahrung, Kleidung, Arbeit, Atmung und Fortpflanzung. Heimat haben bedeutet zugehörig sein zu einer bekannten Gruppe von Menschen, bedeutet, dieselbe Sprache zu sprechen wie sie und zu verstehen wie sie. Heimat ist an die Sprache gebunden. Das Gefühl, zu einer Gesellschaft (mit gleicher Sprache) zu gehören, hat etwas Verbindendes. Heimat ist an die Gesellschaft gebunden. Heimat zu haben bedeutet auch ein bestimmtes Zuhause haben, ein Haus oder eine Wohnung in einem bekannten Quartier mit bekannten Häusern, Plätzen, Parks, Verkehrsmitteln. Heimat ist an eine Wohnung gebunden. Heimat ist an Menschen gebunden, an Verwandte, Freunde, Nachbarn. Heimat ist an eine Tätigkeit, an Arbeit gebunden. Ebenso ist Heimat auch an eine Landschaft gebunden. An eine Landschaft mit Hügeln und Bergen, Flüssen, Seen, Feldern und Wäldern. Heimat ist an Kultur gebunden, an Technik, an Gesetze, an Traditionen. Heimat ist unerlässlich. Aber Heimat ist auch verletzlich.

Heimat zerbricht, Traditionen ändern, Kulturen ändern, die Technik ändert sich, ganze Stadtteile ändern ihr Gesicht. Angehörige sterben, verlassen uns, auch Nachbarn, Freunde, Arbeitskollegen, Kinder. Nichts bleibt so, wie es einmal war.

Die Wohnung liegt vielleicht im 4. Stock, wo früher, in jüngeren Jahren, das Treppensteigen unbeschwerlich war. Das Haus, der Garten bereitet viel Arbeit. Die grosse Wohnung, ursprünglich gross genug, um der Familie mit zwei oder mehr Kindern Heimat und ein Zuhause zu bieten, wird dem alleinstehenden alten Menschen nun zu gross. Er braucht seine Vier- oder Fünfzimmerwohnung nicht mehr. Ohne Lift wird die Wohnung in naher Zukunft zur Falle, zum Verlies. Die Kinder ausgeflogen, der Ehepartner gestorben, die Freunde nicht mehr so zahlreich wie einst, lebt der immer hilfebedürftiger werdende ältere Mensch einsam in seiner zu gross gewordenen Wohnung. Grosse Wohnungen aber sind gesucht. Junge Familien mit Kindern wären froh um günstigen Wohnraum. Der Staat braucht Familien mit Kindern. Jung und Alt verbindet ein Generationenvertrag. Heimat zerbricht und die Frage stellt sich: «Wie weiter?»

Die Wohnform «Altersheim» wird hier nicht näher erläutert. Grundsätzlich ist diese Wohnform gut, wenn auch manche Heime sowohl baulich als auch strukturell den Bedürfnissen der älteren Generation angepasst werden müssten. Altersheime müssen lernen, mit der Zeit zu gehen. Trotzdem bleibt die Alternative «Altersheim» eine der guten Lösungen, dagegen gibt es keine gewichtigen Einwände. Nicht die Wohnform an sich ist kritisch zu betrachten, sondern die Betriebsführung und die baulichen Gegebenheiten. Die Rechte der Alten in den Heimen ist das Thema, nicht die Heime an sich. Über das Wohnen im Altersheim mehr im Kapitel «Leben im Altersheim».

Bevor wir aber unsere angestammte Wohnung sozusagen verlassen, um unser Glück und unsere neue Heimat innerhalb einer anderen Wohnform zu suchen, will ich kurz über ein Modellprojekt «Hilfen beim Wohnungstausch» der deutschen Gesellschaft Mülheimer Wohnungsbau, Mülheim an der Ruhr, berichten.

Modellprojekt «Hilfen beim Wohnungstausch»

Die Mülheimer Wohnungsbau e.G. startete im Jahre 1991 den Modellversuch «Hilfen beim Wohnungstausch».

Das Projekt verfolgt folgendes Ziel:

Wie können die nach Personenzahl fehlbelegten Wohnungen wieder dem Personenkreis nutzbar gemacht werden, für den diese Wohnungen ursprünglich gebaut wurden?

Betroffen sind in der Regel meist ältere, alleinstehende Menschen, die diese Wohnungen einstmals als Familie mit Kindern bezogen haben. Nun, da die Kinder ausgeflogen sind und der Ehepartner vielleicht bereits gestorben ist, benötigt der alleinstehende Alte diese grosse Wohnung nicht mehr. Vielleicht wird die Grösse ihm sogar zur Last.

Andererseits sind viele junge Ehepaare mit Kindern auf der anstrengenden Suche nach einer der Kinderzahl angepassten Wohnung. Die Wohnungssituation ist sowohl in Deutschland als auch in der Schweiz seit längerer Zeit angespannt. Wohnungen sind einerseits rar, andererseits sind grössere Wohnungen in der Regel sehr teuer. Trotz Bausparen und Wohnbauförderung hat sich die Situation nie entspannt. Vom Gesichtspunkt der Verteilungsgerechtigkeit kann die Frage schon gestellt werden, ob es gerecht ist, dass alte und alleinstehende Menschen eine grosse (und billige) Wohnung bewohnen, die sie gar nicht mehr in dieser Grösse benötigen, und andererseits Familien mit Kindern eine kleine und teure Wohnung bewohnen müssen, deren Raumangebot nicht der notwendigen Grösse, die einer Familie gebührt, entspricht. Schliesslich braucht der Staat auch junge Menschen, junge Arbeitskräfte, die, ebenso in den Generationenvertrag eingebunden, die soziale Rente der alten Generation sichern. Hier führt nicht Egoismus zum gerechten Ausgleich, sondern Solidarität.

Wie also können familiengerechte Wohnungen, von älteren Menschen belegt, wieder ihrem ursprünglichen Sinn zugeführt werden? Das Mülheimer Modellprojekt «Hilfen beim Wohnungstausch» will dieses Problem lösen durch gezielte individuelle Beratung und Hilfestellung, um die Bereitschaft für einen Umzug in eine kleinere Wohnung zu fördern. Auf keinen Fall wollen die Initianten, dass auf ältere Mieter irgendein Druck ausgeübt wird, die Wohnung zu wechseln. Grundsätzlich kann jeder Mieter in seiner bisherigen Wohnung bleiben, wenn er dies will. Aber die beratende Unterstützung soll die Entscheidung für einen Wohnungswechsel erleichtern. Falls es zu einem Wechsel der Wohnung kommt, wird die Hilfe dahin gehen, dass der Wechsel für den älteren Menschen nicht zu einer grossen Belastung wird. Die Genossenschaft bietet auch eine alternative Wohnung in dem bisherigen sozialen Umfeld an. Dabei wird sehr darauf geachtet, dass sowohl die Wohnung als auch die Wohnlage mithilft, eine selbständige Lebensführung zu erhalten. Grundsätzlich wird bei der neuen Wohnung darauf geachtet, dass sie verkehrsmässig gut erschlossen ist (Einkaufsmöglichkeiten, Nähe zu öffentlichen Verkehrsmitteln, zu Arzt, Apotheke, Kirche etc.) und dass sowohl die näheren Angehörigen als auch die freiwilligen Helfer weiterhin in der näheren Umgebung wohnen. Wohnungen in unteren Stockwerken in Häusern mit einem Aufzug werden bei der Auswahl bevorzugt. Weiter soll die neue Wohnung ebenfalls günstig sein und auch altengerecht.

Die Hilfestellung resp. das Angebot des Projektes «Hilfen beim Wohnungstausch» umfasst (gemäss Presse- und Informationsdienst, KDA):

- individuelle Beratung über alternative Wohnmöglichkeiten und alle mit einem Umzug verbundenen Fragen.
- Beratung über praktische und finanzielle Hilfeangebote.
- Beratung über Altenwohnungen, Anmeldungsmodalitäten, Mithilfe bei der Anmeldung.
- Angebote von alternativen Wohnungen entsprechend den geäusserten Wünschen zu Wohnung, Wohnlage, Miethöhe.
- Organisation des Umzugs, Beauftragung des Umzugsunternehmens.

- Vermittlung von Hilfe beim Packen, Entrümpeln, bei der Entsorgung von überzähligen Möbeln und Hausrat.
- Übernahme handwerklicher Arbeiten (Anschluss von Elektroherd, Waschmaschine, Lampen etc.).
- Soziale Betreuung in der neuen Wohnung für die erste Zeit nach dem Umzug.

Das grosse Plus dieser Angebotspalette ist die Vertrauen schaffende, individuelle Beratung, die eine weit höhere Bereitschaft zum Umzug schafft als ein finanzieller Anreiz (wie z. B. eine Umzugsprämie bei Umzugswilligen). Die Mobilitätsbereitschaft steigt vor allem durch die Beratung. Ein finanzieller Anreiz, allerdings nicht in Form einer Prämie, entsteht dadurch, dass in der Regel die kleineren Wohnungen billiger sind und sich so bei einem Wohnungswechsel Mietausgaben z. T. in erheblichem Masse senken. Zusätzlich zeigt sich eine «Umzugsprämie» darin, dass in der neuen Wohnung (auch) ein Lift vorhanden ist und weniger Treppen hinaufgestiegen werden müssen. Zudem belastet eine kleinere Wohnung den alten Menschen weniger durch anstrengende Reinigungsarbeiten.

Neben den Wohnformen «Verbleiben in der eigenen Wohnung» und «Altersheim» gibt es nennenswerte Alternativen. Erwähnenswert sind die betreuten Alterswohngemeinschaften sowie die Pflegegruppen. Bereits existieren solche Pflegegruppen in Zürich-Albisrieden, in Winterthur, in Luzern und auch im Bieler Seeland. Auf den nächsten Seiten gehe ich nun etwas näher auf diese zwei zukunftsorientierten Wohnformen für Betagte ein:

1. Die betreute Alterswohngemeinschaft
2. Die Pflegegruppe.

Die betreute Alterswohngemeinschaft

Die Konzeption der betreuten Alterswohngemeinschaft besteht im wesentlichen aus der Wohn- und Lebensgemeinschaft einiger älterer Menschen (Anzahl: etwa 6–10, manche Autoren nennen mehr), deren Konzeption sich durchgängig am Prinzip der Hilfe zur Selbsthilfe und der gegenseitigen Hilfe orientiert. Zweck ist auch die Kostengünstigkeit pro Bewohner.

Die Betreuung, die durch die Bevölkerung resp. eine Sozialstation, Gemeindekrankenpflege, Nachbarschaftshilfe, Institution oder einen Verein sichergestellt wird (Krankenpflege, Haushalthilfe etc.), beschränkt sich auf das notwendige Minimum. Sie dient keinesfalls der Bequemlichkeit oder dem Komfort der Wohngemeinschaft, sondern hat zum Ziel, mit minimalem und notwendigem Aufwand das Fortbestehen der Wohngemeinschaft zu sichern, indem sie ihr Pflege und Haushalthilfe zur Verfügung stellt, damit der einzelne Bewohner auch bei leichterer Hilfs- und Pflegebedürftigkeit in der Wohngemeinschaft verbleiben kann.

Die Wohnform der Wohngemeinschaft hat ihren berechtigten Stellenwert innerhalb der möglichen Wohnformen für ältere Menschen. Sie stellt eine gute und praktikable Alternative zum herkömmlichen Heim dar.

Fünf wichtige Merkmale einer betreuten Wohngemeinschaft:

1. Privatheit der Wohnung und des Wohnens

Betreute Wohngemeinschaften bieten pflegerische Unterstützung und Hilfe im Haushalt, ermöglichen Schutz, vermitteln Geborgenheit, stellen Freiraum für die Entfaltung der persönlichen Entwicklung durch die gemeinsame Wohn-, Lebens- und Wirtschaftsform zur Verfügung. Einen grossen Vorteil sehe ich persönlich in der Chance, innerhalb der Wohngemeinschaft jenes individuell angepasste Mass an Anonymität und Kollektivität zu finden, das jeder Bewohner aufgrund seiner inneren Gestimmtheit (innere Befindlichkeit) wünscht und nötig hat. Es ist jederzeit Rückzug in die privaten vier Wände möglich, wenn Gemeinschaft nicht gewünscht wird.

2. Integration in eine Gemeinschaft

Die Gemeinschaft steht immer (Tag und Nacht) in einer freundschaftlich-kameradschaftlichen Verbindung zur Verfügung. Dies bedingt aber, dass jeder einzelne Bewohner gruppenfähig ist, das Zusammenleben grundsätzlich willentlich bejaht, kommunikations- und beziehungsfähig ist. Denn genau diese Anforderungen muss jeder einzelne Bewohner der betreuten Wohngemeinschaft (übrigens in einem etwas verminderten Masse auch der Heimbewohner) in einem überdurchschnittlichen Masse mit sich bringen. Allerdings nicht unter allen Umständen von Anfang an, da in unserer Gesellschaftsordnung seit langem eine sogenannte Vereinzelung der Menschen (Schwinden der Solidarität) festzustellen ist. Aber betreute Wohn- und Lebensgemeinschaften bieten sich als interessantes Übungsfeld an, so dass sich auch die des gemeinschaftlichen Zusammenlebens unerfahrenen Pensionäre in der Regel integrieren können. Dieses soziale Übungsfeld ist an sich schon äusserst positiv anzusehen, stellt es doch einen möglichen Sinn des Lebens dar, regt die Lebensgeister an, erhält als Lernfeld dynamisch und jung.

3. Eigenständigkeit der Lebensgestaltung

Ein anderer grösserer Vorteil der betreuten Wohngemeinschaft ist die durch die Betreuung ermöglichte Weiterführung eines selbständigen Lebens der Bewohner, wobei die Betreuungsintensität genau dem Manko entspricht, das zur vollen Erlangung der Selbständigkeit gefehlt hat. Ein allergrösster Wunsch der Betagten und Hochbetagten ist die Erhaltung von Selbständigkeit, was ihr tägliches Leben und Wohnen anbelangt. Der Verlust von Selbständigkeit resp. die Angst davor ist eine der grossen Sorgen jedes älterwerdenden Menschen. Die Wohngemeinschaft stellt daher diesbezüglich ein Lernfeld dar. Dies sollte im Konzept dieser Wohngemeinschaften als Sinn und Zweck unbedingt vermerkt sein. Die Betreuungsintensität richtet sich daher nach dem (minimalen) Aufwand, der zur Erhaltung der bisherigen und zukünftigen Selbständigkeit erforderlich ist, und sollte keinesfalls höher sein, da sonst die Gefahr einer Überversorgung und damit einer Verunselbständigung droht. Zudem steigen bei einer erhöhten Betreuungsintensität die kostenmässigen Aufwendungen.

4. Selbstfinanzierung der Kosten

Die betreute Wohngemeinschaft finanziert sich grundsätzlich selbst, d. h. sie sollte nicht auf Gelder der öffentlichen Hand angewiesen sein. Die Selbstfinanzierung bezieht sich sowohl auf die Mietkosten als auch auf die Lebenshaltungskosten.

5. Überschaubarkeit der Bezugsgruppe

Die Anzahl der Wohngemeinschaftsmitglieder liegt optimal bei 6–10, allerdings üben hier Konzept wie auch bauliche Begebenheiten auf die Bewohneranzahl direkten Einfluss aus. Aus Gründen der Überschaubarkeit und der persönlichen Beziehungen sollte eine solche Wohngemeinschaft nicht mehr als 10 Bewohner beherbergen.

Aufnahmekriterien

Im Gegensatz zum Pflegeheim, in das pflegebedürftige Pensionäre gegen oder ohne ihren eigenen Willen und unter dem Zwang der Abhängigkeit und Hilflosigkeit eingeliefert werden, ist der Eintritt in eine (betreute) Wohngemeinschaft immer freiwillig. Der freiwillig Eintretende unterordnet sich auch freiwillig den jeweiligen Zielvorstellungen (Konzept) der betreuten Wohngemeinschaft, er sollte grundsätzlich in der Lage sein, diese Wohn- und Lebensform aus eigenen Mitteln zu finanzieren.

Alterswohngemeinschaften nehmen in der Regel nicht gerne Hochbetagte auf. Wer über 80 Jahre alt ist, hat kaum mehr Chancen. Ideal sind Alterswohngemeinschaften, deren Bewohner ein Durchschnittsalter von ca. 65–70 Jahren haben und ein oder auch mehrere Bewohner unter 60 sind, so dass altersmässig eine Durchmischung vorhanden ist.

Selbstbestimmtes, würdiges Altern erfordert Konfliktfähigkeit

Viele Pensionäre einer Alterswohngemeinschaft bestimmen ihr Zusammenleben selbst, entscheiden also selbst, was gekocht wird, wer einkaufen muss, wer was wann und wie zu reinigen hat etc. Man kann sich gut vorstellen, dass, bei aller Verschiedenheit der Persönlichkeit und des Charakters, es für die Bewohner der WG nicht immer leicht ist, konfliktfrei zusammenzuleben. Dazu kommt, dass manche ältere Menschen ihr Leben jahrelang allein als sogenannter Single verbracht haben. Sie sind möglicherweise auch unter Bedingungen sozialisiert worden, die zu neurotischen Verhaltensweisen geführt haben. Und nun sollen die WG-Bewohner von heute auf morgen konfliktfrei in einer engen Gemeinschaft mit vielfältigen Beziehungen zusammenleben können?

Voraussetzung für ein möglichst konfliktfreies Zusammenleben ist daher eine gewisse Gruppenfähigkeit resp. Konfliktfähigkeit jedes einzelnen Bewohners der Alterswohngemeinschaft. Der Bedarf an solchen betreuten Wohngemeinschaften ist zurzeit unbegreiflicherweise noch immer sehr gering, handelt es sich hier doch um eine aktivierende und sehr selbständige Art des Wohnens.

Vorteile einer betreuten Alterswohngemeinschaft

Alterswohngemeinschaften weisen aus der Sicht von Senioren mindestens vier grosse Vorteile vor:

1. Sie ermöglichen, ja verlangen geradezu die Erhaltung und Förderung einer eigenständigen, Aktivität fördernden Lebensführung.

2. Sie organisieren Selbsthilfe oder Hilfe zur Selbsthilfe zur Bewältigung des Lebensalltages (Haushalt, Pflege etc.).

3. Sie vermitteln und ermöglichen Kommunikation, Interaktion, Beziehung und gemeinsame Unternehmungen zwischen den Mitbewohnern.

4. Sie sind kostengünstig.

Was kostet ein Platz in einer Wohngemeinschaft?
Anteil an Wohnung, Heizung, Wasser, Elektrizität sowie Anteil Nahrungsmittel ab ca. Fr. 900.–. Zuzüglich fallen noch Aufwendungen für Versicherungen, Steuern, Gesundheit, Telefon, TV, Zeitungen und Zeitschriften etc. an, deren Höhe sich individuell ergibt. Alles in allem ist ein Platz in einer Wohngemeinschaft im Vergleich mit einem Heimplatz äusserst günstig.

Die Pflegegruppe

Bei der Pflegegruppe handelt es sich um ein dezentrales Wohn- und Pflegeangebot für Betagte. Immer mehr Betagte werden in den nächsten Jahren Hilfe und Pflege benötigen. Pflegebedürftigkeit bedeutete bis heute, den angestammten Wohnort und das Quartier zu verlassen und in ein Pflegeheim überzusiedeln. Nicht jedes Quartier, nicht jedes Dorf betreibt ein eigenes Alters- und Pflegeheim. Das hat zur Konsequenz, dass pflegebedürftige Betagte das ihnen vertraute Quartier verlassen müssen und in ein Pflegeheim ziehen fernab ihres Wohnortes. Mit der Pflegegruppe ist eine neue Möglichkeit entstanden, ein Kleinstheim innerhalb des Wohnortes einzurichten und zu betreiben, so dass pflegebedürftige Menschen heute nicht mehr aus ihrem Quartier oder Stadtteil wegzuziehen brauchen.

Auszug aus einer Broschüre des Vereins Koordinierte Pflegegruppen, Luzern: «In einer Pflegegruppe werden betagte Menschen aufgenommen, auch wenn sie sehr pflegebedürftig sind. So erhalten sie die Möglichkeit, in der Nähe ihrer Angehörigen und Freunde zu bleiben. Der Verein für koordinierte Pflegegruppen mietet gewöhnliche Wohnungen in jenen Quartieren, wo viele pflegebedürftige Menschen auf einen Heimplatz warten, und richtet diese Wohnungen als Pflegegruppe ein.»

Auszug aus einer Broschüre des Betagtenpflegevereins Biel-Seeland: «Pflegegruppen sind Wohngemeinschaften von wenigen pflegebedürftigen älteren Menschen, die von ausgebildetem Pflegepersonal rund um die Uhr betreut werden. Der Betagtenpflegeverein entwickelte 1987 diese neue Wohnform, in der die kleine Anzahl von nur fünf bis sieben pflegebedürftigen älteren Menschen in gemieteten Wohnungen mit fünf bis sieben Zimmern in einem Umfeld lebt, das relativ nahe an die Verhältnisse einer Familie herankommt.»

Die Vorteile solcher Pflegegruppen sind offensichtlich: sie können bei Bedarf in kurzer Zeit eingerichtet werden. Sie erfordern in der Regel keine Bauinvestitionen. Sie können den Pflegebedarf auch kleiner Gemeinden oder Quartiere befriedigen, so dass die Bewohner in ihrer vertrauten Umwelt verbleiben können. Besteht kein Bedarf mehr, können diese Pflegewohnungen rasch wieder aufgelöst werden.

Da diese Pflegegruppen in der angestammten bisherigen Wohngegend der Pensionäre liegen, entfällt für diese somit ein Ortswechsel in eine ihnen völlig neue und fremde Gegend. Somit können bisherige soziale Kontakte zu Verwandten, Angehörigen, Nachbarn und Freunden weiterhin gepflegt werden. Die Bewohner dieser Pflegegruppen bilden ebenfalls eine soziale Gemeinschaft, so dass gerade die zwischenmenschlichen Kontakte auch während der Phase der Pflege- und Betreuungsbedürftigkeit weiterhin wahrgenommen werden können. Kleinere Pflegegruppen bilden eine familienähnliche Gemeinschaft, in denen sich manigfaltige soziale Beziehung, Kommunikation, Aktivierung und Freizeitgestaltung anbietet. Bei den Pflegegruppen handelt es sich also um dezentrale Einrichtungen zur Betreuung und Pflege von pflegebedürftigen Betagten einer Gemeinde, eines Stadtteiles oder einer Stadt.

Der lokale Bedarf (Nachfrage) bestimmt die Anzahl solcher Wohnungen. Sinkt die Nachfrage (demographische, medizinische, soziale Gründe), so werden bestehende Pflegegruppen resp. Wohnungen schnell und unbürokratisch und via freien Wohnungsmarkt weiter vermietet. Da die Wohnungen mit 3–6 Zimmern nur gemietet werden, fallen hohe Baukosten für die Betreiber solcher Pflegegruppen weg. Das Risiko, zwar ein teures Alters- und Pflegeheim gebaut zu haben, die Plätze aber nicht alle füllen zu können und das Heim somit betriebswirtschaftlich unökonomisch führen zu müssen, fällt weg. Dies ist von den Investitionskosten her einer der ganz grossen Pluspunkte dieses Wohnmodells.

Sehr geeignet für die Einrichtung solcher Pflegegruppen sind Wohnungen in grösseren Überbauungen, in denen sich bereits ein hoher Anteil älterer Mieter befindet. Jedes Zimmer wird mit einem elektrisch verstellbaren, modernen Pflegebett ausgestattet. Die übrige Möblierung und Einrichtung der Zimmer erfolgt durch die pflegebedürftigen Bewohner selbst. Damit ist garantiert, dass jeder Bewohner sich innerhalb seiner eigenen und vertrauten vier Wände wohl fühlen kann. Die für diesen Zweck eingerichteten Wohnungen liegen vorzugsweise im Parterregeschoss. Es sollte darauf geachtet werden, dass für Rollstühle keine unüberwindbaren Barrieren bestehen.

Pflegegruppen beherbergen etwa 4–6 pflegebedürftige Pensionäre, je nach Raumangebot der Wohnung. Aus betriebswirtschaftlichen Gründen eignen sich sogenannte durchmischte Betriebe mit schwer- und leichtpflegebedürftigen Pensionären besonders gut. Ebenso betriebswirtschaftlich vorteilhaft ist der örtliche Zusammenzug von mehreren Pflegegruppen innerhalb einer grösseren Überbauung zu einer Betriebseinheit. Eine schon recht optimale Grösse einer solchen Betriebseinheit liegt bei 10–15 Pflegeplätzen. Die Arztwahl ist frei, so dass der bisherige persönliche Hausarzt die Bewohner weiterhin medizinisch betreuen kann.

Verpflegung: Die Art der Verpflegung muss auf die bestehende(n) Betriebseinheit(en) ausgerichtet sein. Möglich ist der Einsatz von Mahlzeitendiensten, Verpflegung aus Grossküchen, Restaurants, Volksküchen wie auch eigenes Kochen in der Küche der Pflegegruppen zusammen mit den Pensionären. Die Mithilfe der Pensionäre hat aktivierenden Sinn und unterstützt die Erhaltung ihrer Selbständigkeit.

Betreuung: Die Pensionäre erhalten das ihrer Pflegebedürftigkeit gemässe notwendige Mass an qualifizierter Pflege, Tag und Nacht. Sie sollten bis zu ihrem Tod in der Pflegewohnung verbleiben können.

Da sich das Modell der Pflegegruppe eher an die Charakteristika der offenen Altershilfe anlehnt, obwohl es sich ja um stationäre Einrichtungen handelt, ist auch die Nachbarschaftshilfe, bestehend aus Laienhelfern, Nachbarn, Bekannten und Angehörigen, als tragendes Element in die Pflege und Betreuung der Pensionäre einbezogen. Die Betreuung gewährleisten Krankenschwestern oder Pflegerinnen, eine Nachtwache, Laien und Angehörige sowie die verschiedensten externen Dienste wie medizinische Zentren, Ärzte, Sozialdienste. Von den etwa 9 Vollzeitstellen, die eine Betriebseinheit mit 10–12 Pflegeplätzen während eines 24-Stunden-Betriebes erfordert, sollten etwa 4–5 qualifizierte Angestellte mit guten, fundierten beruflichen Ausbildungen sein (gemäss obenerwähntem Prospekt!). Pflegewohnungen können unter Umständen attraktive Arbeitsplätze für das Personal sein, da die familiäre Atmosphäre mehr Spielraum für eine ganzheitliche Betreuung bietet. Andererseits schafft das enge Aufeinanderleben in den Lebens- und Wohngemeinschaften genügend Konfliktstoff, welcher aufgearbeitet werden kann und so das Leben interessant gestaltet. Der Mensch muss ja nicht nur zerbrechen an den Konflikten, er kann daran auch wachsen.

Aufnahmekriterien: Pensionäre der Wohngegend (des Einzugsgebietes) werden vorrangig aufgenommen. Von solchen Bewerbern erhält wiederum den Vorzug, wer sowohl medizinisch-pflegerisch als auch sozial als dringlich eingestuft wird. Einschränkungen bilden Fremd- und Selbstgefährdung (Suizidalität, kritische psychiatrische Krankheitsbilder) und Störung der Nachtruhe.

Kosten: Ein Pflegetag kostet zwischen Fr. 200.– und rund Fr. 300.– pro Tag. Somit sind Pflegegruppen in etwa gleich teuer wie Alters- und Pflegeheime. In der Regel aber werden von den Trägern resp. Betreibern solcher Wohnmöglichkeiten gewisse Defizite übernommen, so dass sich der tatsächliche Pensionspreis auf etwa Fr. 150.– bis Fr. 200.– belaufen wird. Die Krankenkassen leisten bis heute einen Beitrag von Fr. 9.– bis Fr. 40.– pro Tag.

Das Wohnen in einer Wohngemeinschaft erfordert soziale und kommunikative Fähigkeiten. Bequem, aber vielleicht auch etwas gefahrvoll ist der Rückzug in die privaten Gemächer der eigenen Wohnung. Wer wenig Drang zur Geselligkeit hat, unterliegt der Gefahr des sozialen Rückzugs. Ein Eintritt ins Altersheim sollte vorgängig geübt werden. Die meisten Altersheime bieten Ferienbetten für zeitlich begrenzte Aufenthalte an.

Alter und Krankheiten

Schlafstörungen im Alter

Die Schlafdauer beim Menschen ist an sein Alter gebunden. Der Säugling und auch das Kleinkind benötigen noch um einiges mehr an Schlaf als der Erwachsene. Der ältere Mensch wiederum kommt mit weniger Schlaf aus als der Erwachsene. Schlaf ist etwas Individuelles. Manche Menschen haben einen durchschnittlichen Schlafbedarf von 6 bis 7 Stunden, andere benötigen mehr, z.B. 8 bis 10 Stunden. Ein täglicher Schlafbedarf von über 13 oder 14 Stunden pro Tag beim Erwachsenen ist sehr selten anzutreffen und meistens Ausdruck irgendeiner seelischen oder körperlichen Unstimmigkeit. Psychische Probleme sowie körperliche Krankheitsgeschehen wirken sich ganzheitlich aus, finden ihren Niederschlag also auch im Schlafgeschehen.

In unserem Zusammenhang verstehen wir unter Schlafstörungen solche, die nicht bloss einmalig vorkommen, etwa als Antwort auf einen vorangegangenen heftigen Streit oder als Folge eines Todesfalls innerhalb der Familie oder des Bekanntenkreises. Denn Trauer und psychische Traumen drücken sich auch durch schlaflose Nächte aus. Schlaflosigkeit, die durch einen einfühlbaren, äusseren Anlass auftritt, zählen wir hier nicht zu den Schlafstörungen, da der Schlaf nicht grundsätzlich gestört, sondern nur einer kurzzeitigen Unregelmässigkeit unterworfen ist. Oft sind die Ursachen von Schlaflosigkeit «einfacher» Art und werden von Zahnschmerzen, psychischer Erregung, Konsum von Alkohol, Rauchen, Durst, Übersättigung, Angst, Lärm, Hitze und Mücken begünstigt. Schlafstörungen sind oft Ausdruck von massiven körperlichen oder seelischen Störungen resp. krankhaften Prozessen. Sie können Zeichen einer beginnenden neurologischen, psychischen oder physischen Erkrankung sein. Besonders häufig treten sie in Verbindung mit arteriosklerotischen Durchblutungsstörungen des Hirns, mit einer dekompensierten Herzinsuffizienz, mit Depressionen oder mit seelischen sowie organischen Erkrankungen auf. Die Schlafstörung ist deshalb nicht eine eigentliche Krankheit, sondern nur begleitendes Symptom einer anderen ursächlichen Erkrankung.

Ursachen von Schlafstörungen

Psychische Ursachen

- Depressionen
- Angstzustände
- Stresszustände (u. a. psychische Spannungszustände)
- Paranoide Erkrankungen (Wahnidee, Halluzination)

Oft wird die Auswirkung seelischen Geschehens auf den Schlaf und andere Lebensaktivitäten heruntergespielt, verharmlost oder gar nicht in den näheren Zusammenhang gebracht. Dies hängt einerseits sicherlich mit dem Bewusstsein der Bevölkerung über das seelische Geschehen an sich zusammen, andererseits werden seelische Störungen nicht immer als solche erkannt, weil sie sich oft maskieren, sich also hinter einer Fassade verstecken und verstellen.

Neurologische Ursachen

- Verwirrtheitszustände, bedingt durch arteriosklerotische Durchblutungsstörungen des Gehirns
- Demenzerkrankungen
- Epilepsien
- Morbus Alzheimer

Somatische Ursachen

- Herzinsuffizienz (kardiovaskuläre Störungen)
- Bluthochdruck
- Hyperthyreose (Schilddrüsenüberfunktion)
- Asthma
- Schmerzzustände
- Wadenkrämpfe

Toxische Ursachen

- Übermässiger Kaffeegenuss (wobei Kaffee auch eine paradoxe, also schlaffördernde, Wirkung haben kann. Dies ist erklärbar durch dic Aktivierung der Herz- und Kreislauftätigkeit durch Koffein und die damit zusammenhängende bessere Durchblutung des Gehirns.)
- Nikotin
- Medikamentenabusus
- Entzugserscheinungen (Alkohol, Nikotin, Tabletten)

Es gibt grundsätzlich drei zeitliche Symptomtypen der Schlafstörung:

1. Einschlafstörungen

Das Problem ist das Einschlafen. Befindet sich ein Mensch mit Einschlafstörungen einmal im Schlaf, so ist der Schlaf grundsätzlich erholsam und genügend. Das Problem der Einschlafstörungen befindet sich oft im emotionellen Bereich. Aber auch Schmerzen, Hitze, Lärm, Durst, Übersättigung, Mücken etc. verhindern das Einschlafen.

2. Durchschlafstörungen

Durchschlafstörungen findet man häufiger bei älteren Menschen. Es scheint, als verändere sich der Schlafrhythmus im Alter insofern, als der Schlaf häufiger für kürzere Zeit unterbrochen wird, wobei Phasen des Wachseins wieder übergehen in eine Schlafphase. Der Schlaf ist oberflächlicher geworden, weniger tief. Oft verhindern auch banale Angelegenheiten das Durchschlafen: z.B. häufiges, nächtliches Wasserlösen, Stuhldrang, Durst und Hunger (Diabetes!), Hustenanfälle, Wadenkrämpfe.

3. Frühzeitiges Erwachen aus dem Schlaf

Viel stärker ins Gewicht fällt für ältere Menschen die Problematik des frühzeitigen Erwachens, da ein Wiedereinschlafen häufig nicht mehr möglich ist. Allerdings muss auch gesagt werden, dass viele ältere Menschen, die frühzeitig erwachen, abends sich auch früh zur Ruhe legen.

Schlaf – neuere Erkenntnisse

Der Schlaf wird im Alter subjektiv leichter, oberflächlicher erlebt und häufiger unterbrochen als in jüngeren Jahren. Ältere Menschen klagen, ihr Schlaf habe nicht mehr dieselbe Erholsamkeit wie in früheren Jahren. So konnte nachgewiesen werden, dass bei alten Menschen die Schlaftiefe abnimmt, dass der Schlaf häufiger kurzzeitig unterbrochen wird, so dass die Schlafdauer sich verlängern müsste, wollte man die gleiche gewohnte Schlafmenge und Erholung erreichen wie früher. Alte Menschen mit nächtlichen

Schlafphasen

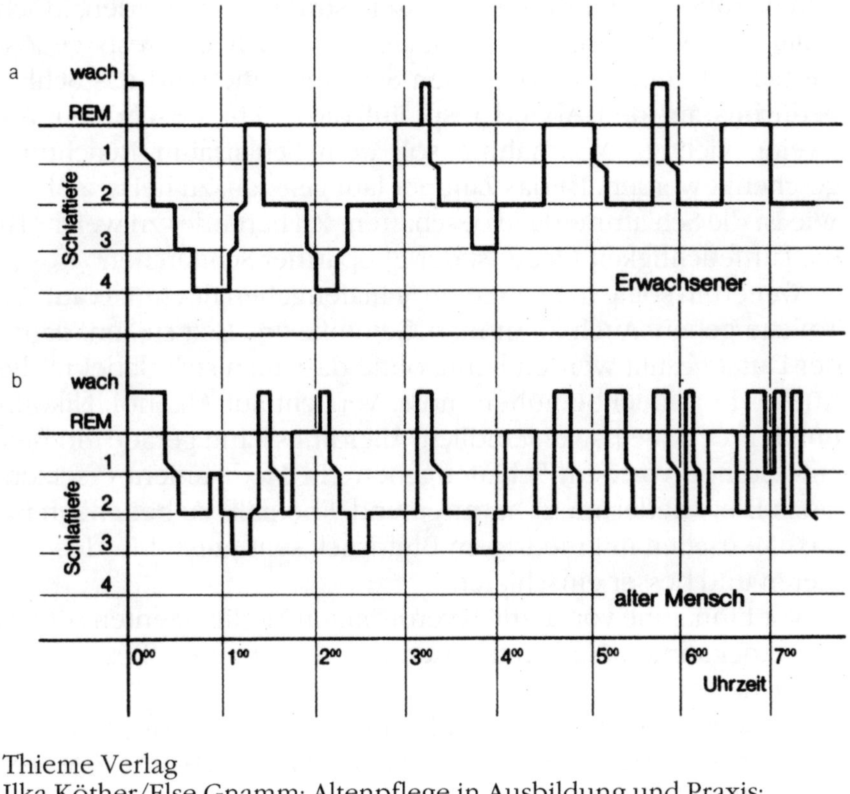

Thieme Verlag
Ilka Köther/Else Gnamm; Altenpflege in Ausbildung und Praxis;

Schlafstörungen nicken tagsüber öfters kurzzeitig ein und erhalten so die für sie nötige Erholung. So kann zwar das Schlafmanko gemildert werden, der Grundstein für die Umkehr des Schlaf-Wach-Rhythmus (Tag-Nacht-Umkehr) jedoch ist bereits gelegt.

Schlafunterstützende Massnahmen

Vor der Einnahme von Medikamenten sollte der bisherigen resp. der zukünftigen Schlafhygiene Beachtung geschenkt werden. Falls nötig, ist zuerst der Schlaf-Wach-Rhythmus zu regulieren. Dabei ist strikte darauf zu achten, dass der Tag Tag bleibt und grundsätzlich im Wachzustand erlebt wird. Zwar darf der Tag durch Ruhe- und Erholungspausen strukturiert werden, doch sollte während dieser Zeit nicht allzutief geschlafen resp. gedöst werden. Mit einer vorsorglichen Schlafhygiene wird das Schlafbedürfnis auf den Abend resp. auf die Nacht verschoben. Als zweite wichtige Massnahme soll dem Schlafraum Beachtung geschenkt werden. Ist das Zimmer laut gelegen, zu heiss, zu hell? Wie ist die Schlafunterlage beschaffen? Zu hart oder zu weich? Ist die Luftfeuchtigkeit ideal? Ist der Ehepartner Schnarcher?

Weiterhin sollte man vor dem Schlafengehen nochmals auf die Toilette gehen. Auch kann man Getränke ans Bett stellen, damit der Durst gestillt werden kann, ohne dass man sich dabei in die Küche (hinunter) bemühen muss. Verzicht auf Alkohol, Nikotin und Kaffee ist selbstverständlich. Allerdings kann gerade ein Bier eine Stunde vor dem Schlafengehen ein Medikament ersetzen. Doch Bier wiederum ist harntreibend. Ebenfalls zu bedenken ist, dass Menschen mit niedrigem Blutdruck sehr gut auf Kaffee reagieren und besser einschlafen.

Vor Einnahme von ärztlich verordneten Medikamenten sollten die altbekannten Hausmittelchen aus Grossmutters Rezeptkiste versucht werden.

Ein warmes Bad / warme Milch und Honig / ein Hopfenbier / Baldrian / Melisse / Hopfen / Hafer / Passionsblume / Weissdorn / Mistel / Pfefferminz

Hören von ruhiger Musik / Mentales Durchgehen des Tagesablaufes / beten / lesen / frische Luft / Massage / Körperübungen wie z. B. Tai chi / Atemübungen.

Pharmakologische Behandlungsmöglichkeiten

Die Medikamentenabgabe berührt bei älteren Menschen ganz speziell die Frage der Dosis. In der Regel sind weniger Wirkstoffe nötig, je älter ein Mensch resp. je schlechter der Allgemeinzustand der betroffenen Person ist. Ebenfalls zu beachten ist das Körpergewicht. Im weiteren ist an die Potenzierung verschiedener Medikamente untereinander zu denken. Gerade Schlafmedikamente können so eine starke, manchmal bewusst in Kauf genommene Potenzierung erfahren.

Gut bewährt hat sich bei etlichen Fällen die Einnahme von Digitalis. Gerade älteren Menschen mit einer Herzinsuffizienz wird damit nicht nur ihre Schlafsituation verbessert, sondern man kann bei vielen sogar eine Verbesserung der Lebensqualität feststellen. Eine bessere Herz-Kreislauf-Situation fördert auch die Durchblutung des Gehirns und aller anderen Organe, da die Zirkulation durch Digitalis gesteigert wird.

Antidepressiva

Die Indikationen der Antidepressiva sind:

- verschiedene Depressionsarten
- affektive (gefühlsbetonte) Psychosen

Die Einnahme von Antidepressiva als Medikamente mit hypnotischer (einschläfernder) Wirkung ist oft wesentlich vorteilhafter als z. B. Barbiturate oder Tranquilizer. Bei den Barbituraten kann sich die Schlafapnoe (Schlafatemstillstand) situativ verschlechtern. Tranquilizer führen schnell in eine Abhängigkeit. Zudem behalten Antidepressiva ihre hypnotische Wirkung länger als Tranquilizer bei. Antidepressiva wirken in dem Sinne positiv auf den Schlaf, als sie Schwermut, Traurigkeit und Lebensüberdruss abschwächen, so dass die von Gedanken und Gefühlen geplagten Menschen besser schlafen können.

Neuroleptika

Die Indikationen der Neuroleptika sind:
- Erregungszustände (Aggressivität)
- Manien
- Verwirrungs- und Wahnzustände
- Schizophrene Psychosen
- POS (Psycho-Organisches Syndrom) mit wahnhaften und halluzinatorischen Symptomen

Neuroleptika sind eher dann indiziert, wenn auffällige Veränderungen des Verhaltens feststellbar sind. Alle psychotischen Störungen sind mit Neuroleptika zu behandeln. Einige davon wie etwa Melleril, Nozinan und auch Haldol werden in kleineren Dosierungen bei älteren Menschen mit Erfolg eingesetzt. Solange die Dosis niedrig gehalten werden kann, bleibt die Gefahr der Verwirrtheit, die durch solche stark dämpfenden Mittel ausgelöst werden kann, klein. Hin und wieder kann sogar beobachtet werden, dass das Ausmass der Verwirrtheit durch Einnahme schwacher Dosen eher reduziert wird, wohl deshalb, weil die Gehirnleistungen nach geruhsamer und durchschlafener Nacht während des Tages gesteigert werden. Neuroleptika weisen eine stärker sedierende (einschläfernde) Wirkung auf als Tranquilizer.

Tranquilizer

Die Indikationen der Tranquilizer sind:
- Angst und Spannungszustände
- Delirium (z. B. bei Alkoholvergiftung)
- Psychomotorische Erregungszustände (Unruhe, Angst)
- Schlafstörungen
- zur Anästhesiologie (Narkose)
- Status Epilepticus
- Epilepsieformen
- Muskelverkrampfungen

Tranquilizer beeinflussen vor allem Angst- und Spannungszustände positiv. Leider machen sie bei langedauerndem Gebrauch in der Regel süchtig. Neuroleptika dagegen nicht. Falls Neuroleptika nicht eingesetzt werden können, sollte verantwortungvoll abgeklärt werden, welches das kleinere der beiden Übel ist: Schlaflosigkeit oder Medikamentenabhängigkeit (durch Tranquilizer) in höherem Alter.

Oft bringt die Einnahme von gewissen Tranquilizern wie Distraneurin einen ausgesprochen guten Erfolg, da dieses Mittel eine besonders positive Wirkung auf Verwirrtheitszustände aufweist. Doch macht Distraneurin bei längerer Einnahme ebenfalls abhängig. Andere Tranquilizer haben nebst einer direkten auch eine indirekte schlafinduzierenden Wirkung, da sie Angst- und Spannungszustände mildern, die schlussendlich für die nächtliche Schlaflosigkeit verantwortlich waren.

Altersdepressionen

Depressive Erkrankungen jeden Alters sind schwere Leiden. Im höheren Alter äussern sich diese depressiven Zustände etwas anders als im jüngeren Alter. Das hängt unter anderem damit zusammen, dass die ältere Generation den Begriff «Depression» nicht in derselben Art und Weise kennengelernt hat, wie die jüngere Generation dies tut.

In den Sprachgebrauch ist die Depression und das Wissen über die Depression erst in den letzten 40–50 Jahren gelangt. Früher sprach man von «Schwermut», von «lange Zeit haben» und meinte damit auch etwas anderes. Mit den Fortschritten, welche die psychiatrische Wissenschaft in den letzten Jahrzehnten machte, rückte auch ein neues Verständnis und Wissen nach, welches die Depression als eine therapiebedürftige, psychische Krankheit darstellt.

Wenn man heute Betagte nach ihrem psychischen Befinden fragt und wissen will, ob sie sich deprimiert fühlen, so antworten sie oft mit einem bestimmten «Nein!». Erst wenn man etwas hartnäckig nachfragt und Begriffe wie: Interesselosigkeit, Freudlosigkeit und Hoffnungslosigkeit, mangelndes Selbstwertgefühl, Lebensüberdruss, Minderwertigkeitsgefühl, Schlafstörungen, Appetitlosigkeit, eingeengtes Denken zur Sprache bringt, kann man sich ein Bild vom Zustand machen und oft auf eine Depression schliessen. In der Regel bezeichnen sich jüngere Menschen schneller und offener als depressiv.

Beim älteren, depressiven Menschen stehen oft hypochondrische Körperbeschwerden im Vordergrund. Sie äussern Befürchtungen, körperlich krank zu sein. Vielfach gesellt sich auch eine wahnähnliche Stimmung dazu. Ideen wie, man werde beobachtet, geplagt, gelenkt, gesellen sich recht oft zur Depression und erschweren das Zustandsbild zusätzlich, so dass es für die Mitmenschen schwierig ist, normal mit Betroffenen umzugehen. Hypochondrische Beschwerden und Wahnideen, die der Tatsache, der äusserlich sicht- und nachvollziehbaren Umwelt nicht entsprechen, lösen bei den Mitmenschen oft Kopfschütteln, Ratlosigkeit, aber auch Aggressionen aus.

Interessant ist auch die Beobachtung des Phänomens der psychischen Ansteckung. Alte depressive Menschen strahlen eine Aura der grossen Hoffnungslosigkeit aus. Sie sehen überhaupt keine Möglichkeit zur Genesung mehr für sich, geben sich ihrem Schicksal hin, und jede menschliche Zuwendung und Wärme wird durch diese Ausweglosigkeit zunichte gemacht. Diese Hoffnungslosigkeit und Unmöglichkeit zu helfen kann sich leicht auf die Umgebung übertragen, so dass auch die betreuenden Angehörigen, die Pflegenden und die Mitpensionäre von dieser Hoffnungslosigkeit angesteckt werden.

Kommt noch ein sichtbarer und schleichender Zerfall des körperlichen Allgemeinzustandes hinzu, denkt man sogleich an den nahenden Tod. Dabei ist wichtig zu wissen, dass eine behandelte und gebesserte Depression auch den Zerfall der körperlichen Kräfte verringert. Körper und Seele bilden eine Einheit.

Es gibt grob gesagt drei Ursachenzweige:

1. körperliche, nichtcerebrale Ursachen
2. hirnorganische Ursachen
3. psychosoziale Ursachen

Die körperlichen, nichtcerebralen Ursachen

Im Prinzip können viele körperliche Krankheiten und Funktionseinbussen eine Depression verursachen. Zu erwähnen sind hier speziell die leichte Herzinsuffizienz resp. die depressionsähnlichen Nebenwirkungen der Digitalisbehandlung, Krebs, latenter Diabetes, Beinleiden, Atemschwierigkeiten und Verdauungsstörungen. Die erfolgreiche Behandlung dieser vielfältigen Körperkrankheiten führt oftmals zu einer Verbesserung des psychischen Zustandes und zum Abklingen der manifesten Depression.

Die hirnorganischen Ursachen

Depression und das psychoorganische Syndrom sind oft miteinander verwoben. Auch die Symptome gleichen sich stark, bestehen doch bei beiden Erkrankungen eine zu beobachtende Verlangsamung des Denkens und Handelns, Gedächtnisstörungen, Apathie sowie Vitalitätseinbussen. Solche hirnorganischen Krankheiten können sein: Arteriosklerose, Demenz, Morbus Alzheimer, Durchblutungsstörungen.

Die psychosozialen Ursachen

Psychosoziale Faktoren können auch mitverursachend sein, wenn sowohl körperliche als auch hirnorganische Ursachen den depressiven Zustand verursachen. Vereinsamung, Verluste, Konflikte mit näheren Angehörigen, finanzielle Sorgen, die Nähe des zu erwartenden Todes etc. können solche psychosozialen Ursachen sein. Vereinsamung stellt einen häufigen Begleitumstand der Depression dar.

Suizidalität

Depressive Menschen denken häufig an Selbsttötung. Die Äusserung, sich umzubringen, sollte in jedem Fall ernstgenommen werden. Man weiss, dass vollendete Suizide bei älteren Menschen mehr vorkommen als bei jüngeren, depressiven Menschen. Ältere Männer sind stärker gefährdet. Dies liegt darin, dass ältere Menschen ihre geäusserte Selbsttötungsabsicht sehr ernst nehmen und die Tat mit äusserst harten Mitteln auch wirklich durchführen. Viele alte Menschen haben mit ihrem Leben innerlich fest abgerechnet und sehen keine Hoffnung mehr, dass sich ihre Lebenssituation verbessern wird.

In diesen depressiven Phasen sind Suizide dann häufiger,

wenn sich die Betroffenen zum Entschluss, es zu tun, durchgerungen haben und die auf den Körper bezogene Vitalität sich steigert. Sobald man körperlich auch in der Lage ist, Hand an sich zu legen, unternehmen depressive Menschen häufiger Suizidversuche. Deshalb sind Äusserungen dieser Art ernst zu nehmen. Während diesen Zeiten brauchen die Gefährdeten vermehrt Hilfe und Beistand. Ein Arzt sollte unbedingt beigezogen werden.

Auf zwei Depressionsarten, die ausschliesslich im höheren Alter vorkommen, möchte ich hier speziell eingehen. Es sind die Involutionsdepression und die senile Depression.

Involutionsdepression

Involution = Rückbildung eines Organs resp. des ganzen Organismus im Alter

Die Involutionsdepression tritt erst nach dem 45. Lebensjahr auf. Diese Depressionsform ist sowohl bei Männern wie auch bei Frauen anzutreffen. Die Rückbildung der Empfängnismöglichkeit bei der Frau (Sistierung der Menstruation), aber auch die Rückbildung der sexuellen Potenz des Mannes kann zu einer depressiven Verstimmung führen. Es sind also Probleme der zweiten Lebenshälfte, die hier eine Rolle spielen. Der Verlust der Fortpflanzungsfähigkeit oder die Abnahme der Potenz und der körperlichen Attraktivität führt zu einem Angriff auf das Selbstkonzept dieser Menschen, die darauf depressiv reagieren. Es sind oft Menschen, die an sich einen hohen Anspruch an Pflicht, Leistung und Ordnung im Leben gestellt haben.

Die Symptome der Involutionsdepression sind:

Die depressive Symptomatik steht im Vordergrund. Die Suizidalität ist erhöht. Wahnideen in bezug auf Verarmung, Versündigung und Schuld sind häufig und auch ausgeprägt, ebenso ein hypochondrischer Wahn (wahnhafte Überzeugung, schwer und unheilbar krank zu sein). Hin und wieder bemerkt man leichte

Gedächtnis- und Konzentrationsstörungen, die aber nach dem Abklingen der eigentlichen Involutionsdepression wieder verschwinden.

Senile Depression

Zur depressiven Symptomatik der senilen Depression gesellen sich in häufigerem Masse als bei der Involutionsdepression gewisse cerebrale Symptome wie:

- gestörte Merk- und Konzentrationsfähigkeit
- Verlangsamung des Denkens
- Orientierungsstörungen
- Schwäche in Kritik und Urteilsgebung
- gelegentlich sogar leichte Bewusstseinstrübung
- Schläfrigkeit, Dösigkeit

Die Ursachen der senilen Depressionen lassen sich in drei Faktoren scheiden:

Organische Faktoren

Senile Depressionen treten häufig zusammen mit oder im Anschluss an körperliche Krankheiten auf. Das Bild der senilen Depression zeigt häufig ein Versagen der hirnorganischen Leistung (Gedächtnis-, Orientierungs-, Konzentrations- und Affektstörungen, Verlangsamung des Denkens). Damit rückt die senile Depression in die Nähe der Demenz im höheren Alter. Es scheint, als sei die senile Depression ein Vorbote der senilen Demenz.

Soziale Einflüsse (Umwelt)

Auslösende Faktoren sind oft: Tod des Ehepartners, Wohnortwechsel oder andere einschneidende Lebensveränderungen.

Geschlecht

Frauen sind viel häufiger betroffen als Männer. Bei Menschen, die an einer senilen Depression erkrankt sind, beobachtet man oft sogenannte ängstlich gefärbte Verstimmungszustände. Sie wirken ängstlich-unruhig, manche nörglerisch. Im weiteren leiden viele an Appetitlosigkeit. Auch Schlaflosigkeit ist oft zu beobachten. Halluzinationen und Wahnideen zeigen sich oft in grotesker, seltsamer Form, vermutlich, weil ältere Menschen der Realität nicht mehr so nahe stehen wie jüngere. Wahnideen beziehen sich einerseits auf hypochondrische Inhalte, also auf eingebildete körperliche Schwächen und Krankheiten, andererseits aber auch auf soziale Inhalte (Verfolgungsängste).

Therapie

Man kennt heute eine breite Palette von gut wirksamen Medikamenten, sogenannte Psychopharmaka. Zwar sollte die Verabreichung von Antidepressiva nicht persönliche Zuwendung und Anteilnahme oder sogar die genaue Analyse der Ursachen ersetzen. Aber während den schweren Zeiten der depressiven Erkrankung ist die (geistig-seelische) Einflussnahme von Arzneimitteln keine falsche Wahl. Die Dosierung sollte für ältere Menschen gering sein.

Die alleinige Abgabe von Medikamenten ohne flankierende körperliche und soziale Massnahmen ist heute nicht mehr vertretbar. Medikamente dürfen menschliche Zuwendung nicht ersetzen.

Suizidalität im Alter

Der du von dem Himmel bist,
alles Leid und Schmerzen stillest,
den, der doppelt elend ist,
doppelt mit Erquickung füllest,
Ach, ich bin des Treibens müde!

Was soll all der Schmerz und Lust?
Süsser Friede,
komm, ach komm in meine Brust!

Johann Wolfgang Goethe

Jede Stufe des menschlichen Lebens kann von Selbsttötungsgedanken begleitet sein, mit Ausnahme der Altersstufe der frühen Kindheit. Vermutlich gehört zur Suizidalität eine höhere Bewusstseins- und Sozialisationsstufe, die das Kind noch nicht erreicht hat und demnach die Selbsttötung als Mittel des bewussten Lebensvollzuges noch gar nicht kennen kann. Wie jede andere Lebensphase hat auch das Alter seine ganz spezifische Form der Suizidalität. Diese wird einerseits bedingt durch die Anzahl und die Qualität der Erfahrungen, die der alternde Mensch in seinem Leben machen konnte und andererseits durch die ihn speziell umgebende psychische, physische und soziale Situation.

Grundtendenzen der suizidalen Persönlichkeit

Der Suizidale erscheint als Persönlichkeit, dessen Selbstwertgefühl verunsichert ist. Die Suizidalität beruht häufig auf einer psychischen Dekompensation oder einer krisenhaften Zuspitzung aufgrund der besonderen Belastungen des vorgerückten Alters.

Diese besonderen Belastungen sind u.a.:

- körperliche Krankheiten
- soziale Funktionseinbussen
- Vereinsamung und Entwurzelung (Verlust nahestehender Personen und Verlust des gewohnten Wohnraumes) und
- Resignation.

Appellcharakter bei suizidaler Absicht

Der Suizidale möchte nicht eigentlich unter allen Umständen sein Leben wirklich beenden, wenn er einen Selbsttötungsversuch unternimmt, sondern vielmehr damit seine Krise und die dazugehörigen Leiden beenden. Mit dem Suizid resp. Suizidversuch möchte er der Umwelt seine Not auch mitteilen, in der er sich befindet. Daher haben die meisten (erstmaligen) Selbsttötungen starken Appellcharakter. Diese Hilferufe werden oftmals vorgängig mitgeteilt. Ein Suizid kommt für uns Mitmenschen demnach sehr selten völlig überraschend und unvorangekündigt vor. Überraschend ist ein Suizid vorwiegend für jene Mitmenschen, die den Appellcharakter nicht wahrhaben wollten oder ihn als solchen nicht ernst genommen haben.

Bilanzsuizide

Die allerwenigsten Suizide sind sogenannte Bilanzsuizide. Dies sind Suizide, die als letzter Ausweg angesehen werden und die erst nach einer gezogenen Lebensbilanz erfolgen. Bei der Lebensbilanz werden positive vergangene und noch zu erwartende Lebensinhalte den negativen gegenübergestellt. Eine solche wird dann gezogen, wenn die als schwierig empfundene Situation seit längerer Zeit besteht und kein Ausweg (ausser dem Suizid) mehr möglich scheint. Bilanzsuizide im Alter sind sehr selten. Zwar könnte man der Meinung verfallen, Bilanzsuizide begingen vorab ältere Menschen, da diese sich längere Zeit mit ihren Problemen befasst hätten, keinen Ausweg mehr aus ihrer hoffnungslosen Situation fänden und nur noch durch den Tod Erlösung von ihren Leiden sähen. Das vorgerückte Alter einerseits und das bisher bereits zurückgelegte Leben andererseits könnten denn solche Bilanzsuizide bei älteren Menschen wirklich auch unterstützen. Es mag also immerhin sein, dass bei älteren Menschen, die eine suizidale Absicht hegen, die Gewichtung der Lebensbilanz eine stärkere Bedeutung erfährt, als dies bei noch jungen Menschen der Fall sein kann.

Empathie für den lebensmüden Menschen

Menschen, die Umgang mit suizidalen Personen pflegen, sind in der Regel überfordert. Ihnen fehlt Einfühlungsvermögen, Verständnis und psychische Stärke, um die schwierige Situation zu meistern. Der Suizidale stört, ist unbeliebt und wird nicht ernst genommen. Viele Menschen drücken sich vor der mitmenschlichen Verantwortung und meiden daher jede Begegnung mit suizidgefährdeten Menschen. Oft stellt sich Hoffnungslosigkeit, Resignation und Überforderung auch bei den helfenden Personen ein, gerade dann, wenn solche Suiziddrohungen an sie gelangen, oder wenn über einen längeren Zeitraum und oft über den Suizid gesprochen wird. Suizidale Menschen treffen in der Gesellschaft in der Regel auf viel zuwenig Verständnis, ja sogar auf Ablehnung.

Suizidhäufigkeit im Alter

Die Suizidhäufigkeit ist allgemein bei Männern höher als bei Frauen. In der Schweiz sind die über 65 Jahre alten Menschen, die sich suizidieren, mit etwas über 20% aller Suizide eine respektabel grosse Gruppe. Die über 65 Jahre alte Frau ist mit einem

Anteil von rund 50% (!) aller sich selbst tötenden Frauen ungewöhnlich stark vertreten. Zwar töten sich insgesamt noch immer mehr alte Männer als alte Frauen im Pensionierungsalter. Aber die Frauen im Alter über 65 Jahre töten sich prozentual im Verhältnis zur gesamten Zahl sich suizidierender Frauen viel häufiger. Dies belegen auch Zahlen des statistischen Bundesamt der Bundesrepublik Deutschland für das Jahr 1990:

Geschlecht	Total	Unter 25 Jahre	Über 60 Jahre	Über 60 Jahre
	Anzahl	Anzahl	Anzahl	Prozent (*)
Männlich	9534	822	3028	31,8%
Weiblich	4390	237	2268	51,7%
Total	13924	1059	5296	38,0%

(*) bezogen auf die Gesamtzahl des gleichen Geschlechts.

Dabei ist ersichtlich, dass rund 38% aller Menschen, die sich selber töteten, über 60 Jahre alt waren. Der Anteil der über 60 Jahre alten Menschen an der deutschen Gesamtbevölkerung lag im Jahre 1990 jedoch nur bei 22,5%. Damit ist die Suizidalität im Alter überdurchschnittlich hoch, insbesondere bei den älteren Frauen (51,7%). Mit 2268 Suiziden erreichen sie zwar noch nicht die Gesamtzahl der über 60 Jahren alten Männer, aber verglichen mit der Gesamtzahl der Suizide bei Frauen (4390) ist das mehr als die Hälfte. Bei den Männern sind es knapp ein Drittel. Für die Schweiz dürften diese Zahlen verhältnismässig in etwa übertragbar sein.

Suizidversuch und Methoden

Suizidversuche sind viel häufiger als vollendete, also «gelungene», Suizide. Die Dunkelziffer ist gross. Das Thema Suizid ist noch immer tabuisiert. Häufig bleibt es beim ersten Suizidversuch, ein zweiter wird nicht unternommen. Auf der anderen Seite steigt die Gefahr einer weiteren und diesmal mit einer härteren Methode durchgeführten Selbsttötung an, da die Suizidhemmschwelle bereits einmal übertreten wurde. Das Verhältnis von Suizidversuch zum Suizid mit Todesfolge beträgt bei jüngeren etwa 10 : 1, bei älteren und alten Menschen vermindert sich dieses Verhältnis auf 1 : 1. Ist dies doch Ausdruck der gezogenen Lebensbilanz? Männer benutzen eher härtere Methoden wie Erhängen, Erschiessen, Vergiften und Sturz aus grosser Höhe. Frauen bevorzugen «weichere, unsichere» Methoden wie die Einnahme von Medikamentencocktails in Kombination mit Alkohol, aber auch Erhängen, Ertränken oder sich vor den Zug werfen. Generell führen härtere und vehementere Methoden bei älteren Menschen sicherer zum Tode.

Risikofaktoren für Suizidalität

- Veranlagung, Suizidvorbilder innerhalb der Familie.
- Isolation, Kontaktarmut, Vereinsamung, Beziehungsstörung.
- Krankheiten, körperliche und geistige (Depressionen).
- Alter, Rollenverlust, Sucht, Überforderungszustände.

Aus der Biographie des suizidalen, alten Menschen kann mitunter eine erhöhte Anfälligkeit für Suizidalität herausgelesen werden. Suizide innerhalb der Familie (Eltern, Geschwister, Kinder) steigern das Suizidrisiko genauso wie das Unvermögen, mit Problemen fertigwerden zu können. Viele Suizidgefährdete weisen in ihrer Biographie eine ungünstige Familienvorgeschichte auf mit häufigen Trennungen und vielen Problemen im psychosozialen (zwischenmenschlichen) Bereich. Beziehungsschwierigkeiten stehen bei suizidalen Personen häufig im Vordergrund und sind ein wichtiger Faktor bei der Auslösung der Suizidhandlung.

Thema Einsamkeit, Vereinsamung: Viele alte Menschen sind einsam. Teilweise durch körperliche Immobilität, aber auch durch den Verlust (Tod) von Familienmitgliedern, Freunden und Bekannten bedingt, werden alte Menschen in unserer Gesellschaft zunehmend isolierter, vegetieren beziehungslos in ihren Wohnungen und vereinsamen schliesslich seelisch.

Ein weiterer Risikofaktor ist die Unfähigkeit vieler alten Menschen, die Probleme des Alters und Alterns positiv zu bewältigen. In einer Gesellschaft, in der einerseits Jugendlichkeit gleichgesetzt wird mit Vitalität, Lebensbejahung, wirtschaftlicher Potenz, Arbeitskraft, Schönheit sowie Gesundheit und andererseits Alter gleichgesetzt wird mit Kräftezerfall, Hilfebedürftigkeit und sozialer Abhängigkeit, hat der Mensch nie gelernt, mit seinen Mängeln, mit dem Nachlassen seiner geistigen und körperlichen Kräfte, mit dem Verlust seiner Potenz, Vitalität und Schönheit fertigzuwerden. Die Folge (oder Ursache) davon ist eine neurotische Lebensverunstaltung. Auch sie ist Nährboden für Suizidalität.

Thema Rollenverlust: Unsere Gesellschaft fördert die Suizidalität der Alten. Alte Menschen wollen der Gesellschaft nicht zur Last fallen. Sie fühlen sich aufgefordert, ihrem Leben ein Ende zu setzen, wenn man ihnen tagtäglich mitteilt, wie die Kosten im Gesundheitswesen ihretwegen explodieren, wie die Spitäler wegen ihnen überfüllt seien, wie sie die Rentenkassen auslaugten usw. Der Rollen- und Statusverlust, den alte Menschen erleben, weil sie weder berufstätig sind noch der Gesellschaft mit freiwilliger Vereins- oder Fürsorgetätigkeit dienen können, sondern im Gegenteil Hilfeempfänger geworden sind, macht ihrem Selbstwertgefühl schwer zu schaffen. Verlust von Prestige und Rolle führt oft zu einem Identitätsverlust. Vielen suizidalen Menschen fehlt eine Aufgabe, ein Lebensziel. Ihr Leben scheint unnütz und für die Umwelt eine Belastung. Fragen nach dem Sinn (oder Unsinn) des Lebens werden häufiger gestellt. Vielen fehlt ein liebender Partner und eine tragfähige Beziehung.

Das präsuizidale Syndrom nach E. Ringel

In der Phase vor der Selbsttötung kann bei vielen Betroffenen ein stets gleiches Syndrom beobachtet werden:

- Einengung des Bewusstseins und des Denkens, der zwischenmenschlichen Beziehungen sowie eine Einengung der Wertwelt. Rückzug von anderen Menschen. Ablösung und Isolierung von der Umwelt. Gesteigertes Gefühl von Sinnlosigkeit und Ausweglosigkeit.
- Aggressionsstau oder -ausbruch mit Wendung der Aggressivität auf die eigene Person. Vorherrschen einer vorwurfsvollen Stimmung.
- Suizidphantasien und Phantasien, die um den Zustand des Sterbens und des Totseins und das Leben nach dem Tode kreisen.
- Phase der Ruhe vor dem Sturm. Der Suizidentschluss ist endgültig gefasst, die Suizidmethode ausgewählt, Ort und Zeit womöglich bestimmt. Während dieser Zeitspanne werden die vorher suizidal wirkenden Menschen plötzlich ruhig und innerlich entspannt.

Bei älteren Menschen mit diesen Symptomen kann eine erhöhte Suizidalität angenommen werden. Oft ist dann der vermeidbare Schritt zur verwirklichten Selbsttötung nur noch eine Frage der Zeit. Zu diesem Zeitpunkt ist eine ärztliche und seelsorgerische Intervention in höchstem Masse dringlich!

Demenzformen

Demenzkranke alte Menschen leben häufig in Institutionen. Die eindeutig grösste Gruppe von pflegebedürftigen alten Menschen in Heimen sind die Demenzkranken. Bei den Demenzformen handelt es sich um eine Rückbildung von vorhandenen, vor allem intellektuellen Fähigkeiten. Der Abbauprozess geschieht langsam.

Es gibt verschiedene Formen der Demenz. Je nach Ursache produziert die Demenz unterschiedliche Symptome. Beginnt die dementielle Entwicklung bereits im 5. und 6. Lebensjahrzehnt, so kann es sich um eine vaskulär bedingte Demenz handeln, beginnt sie erst ab dem 7. Lebensjahrzehnt, so spricht man von einer senilen Demenz. Die häufigste Demenzform ist die Alzheimer-Krankheit. Dieser Krankheit ist ein eigenes Kapitel gewidmet.

Die einfache senile Demenz

Als Ursachen der einfachen senilen Demenz vermutet man erbliche Einflüsse (Erbfaktoren). Es besteht ein enger Zusammenhang zwischen einer allgemein körperlichen Erkrankung und der Demenz in dem Sinne, dass körperliche Erkrankungen die Demenz begünstigen. Es ist deshalb erfolgversprechend und logisch, dass diesen körperlichen Erkrankungen bei der Demenzbekämpfung grosse Beachtung geschenkt wird.

Zu Beginn der Demenz steht das diffuse hirnorganische Psychosyndrom. Ein solches liegt dann vor, wenn eine Krankheit alle Teile des Hirns mehr oder weniger gleichmässig in Mitleidenschaft zieht. In den meisten Fällen handelt es sich um eine Hirnatrophie (Hirnsubstanzschwund) mit einer entsprechenden Vergrösserung der Hirninnenräume. Die Ursachen dieses diffusen hirnorganischen Psychosyndroms sind noch nicht geklärt. Man vermutet einen Zusammenhang mit angeborenen, degenerativen Prozessen sowie auch mit akuten oder auch chronischen Intoxikationen. Da das Geschehen sich langsam entwickelt und sich diffus darstellt, sind die entsprechenden Erscheinungsbilder auch auf die gesamte Persönlichkeit bezogen. Im Mittelpunkt stehen:

- Störungen des Gedächtnisses. Hier ist die Merkfähigkeitsschwäche zu erwähnen. Das Frischgedächtnis ist meistens stark gestört, das Altgedächtnis mehr oder weniger noch intakt. Hierunter fallen aber auch Störungen im Zeiterleben sowie die Orientierungsstörungen. Die Gedächtnisleistung sowie die Konzentrationsfähigkeit nehmen rasch ab.
- Störungen der Affektivität (Gefühlsleben). Viele Betroffene haben ihre Gefühle nicht mehr wie früher unter Kontrolle. Gefühle können auch sehr schwanken zwischen Aggressivität und Schmeicheleien. Man spricht von Affektlabilität und Affektinkontinenz.
- Störungen des Denkens. Die intellektuelle Leistungsfähigkeit nimmt ab. Der Denkablauf verlangsamt sich und wird schwerfällig. Der Demente wiederholt sich öfters. Der Überblick über komplexe Denkzusammenhänge fehlt. Die Interessen an geistigen, denkerischen Angelegenheiten werden immer geringer.

Im weiteren Verlauf der Demenz kann es zu epileptischen Anfällen kommen. Für die tägliche Pflege von Belang ist die Stuhl- und Urininkontinenz. Die Patienten werden mit der Zeit bettlägerig, müssen in einem späten Stadium sogar ernährt werden, können nicht mehr selber stehen und gehen. Auffällig werden in diesen letzten Lebensmonaten auch die sogenannten stereotypen Bewegungsabläufe wie Grimassen schneiden, nesteln, nach unsichtbaren Gegenständen greifen. Manche scheinen nur noch leer vor sich hinzuvegetieren. Der Saug- und Greifreflex kann festgestellt werden.

Die vaskulär bedingte Demenz

Folgende Ursachen der vaskulären Demenz führen zu Veränderungen der Hirngefässe :
- Einlagerung von fettartigen Substanzen
- Bluthochdruck (Verkalkung der arteriellen Gefässe wegen Cholesterin)

Diese Veränderungen der Hirngefässe durch Verkalkung führt zur Erstarrung der Gefässwände. Diese verlieren an Elastizität und werden im Lumen (Durchflussöffnung des Blutes) eingeengt. Gerade diese Erstarrung und Einengung der Blutgefässe ist ursächlich mitverantwortlich für die Blutdrucksteigerung.

Die Erscheinungsbilder der vaskulären Demenz und der einfachen senilen Demenz sind in der Praxis nicht einfach voneinander zu unterscheiden. Der Beginn der Erkrankung der vaskulär bedingten Demenz erfolgt früher als bei der einfachen senilen Demenz, nämlich bereits im 5. oder 6. Lebensjahrzehnt. Die Verschlechterung der Hirnleistungen verläuft schubweise und nicht gleichförmig. Die meisten an der vaskulären Demenz erkrankten Patienten leiden an den Folgen eines Bluthochdruckes und viele auch an einer chronischen Herzinsuffizienz. Die Gedächtnisausfälle treten partiell (isoliert) auf und sind nicht immer gleich stark, hin und wieder kommen sogar für einen begrenzten Zeitraum komplette Gedächtnisausfälle vor, die sich aber wieder erholen. Die Persönlichkeit bleibt länger intakt, da von der Krankheit nicht wie bei der einfachen senilen Demenz die gesamte Persönlichkeit betroffen wird. Dies wiederum führt aber dazu, dass die Betroffenen das Krankheitsgeschehen und den Leistungsausfall selber länger an sich erleben (Krankheitsbewusstsein). Viele reagieren darauf mit einer depressiven Verstimmung.

Bei dieser Demenzform findet man häufig Apoplexien (Hirnschlag mit teils tödlichem Ausgang) und intermittierende passagere Ischämien (zeitweiliger und vorübergehender Durchblutungsmangel). Diese Ischämien drücken sich aus durch vorübergehende Kopfschmerzen, Schwindel, Ohrensausen, Sprachstörungen, Lähmungen, Gedächtnisstörungen.

Demenzkranke in der Gesellschaft

Unsere leistungsorientierte Gesellschaft macht es den Demenzkranken sehr schwer. Schon leichtere intellektuelle Einbussen werden gnadenlos registriert und oft mit unverständlichem Kopfschütteln quittiert. Wer die geforderte Leistung nicht zu bringen vermag, wird schnell belächelt, bedauert und verspottet. Gerade gute Gedächtnisleistungen werden täglich von uns verlangt, sei es innerhalb der Berufstätigkeit oder im privaten Bereich. Das gesellschaftliche Ansehen eines Menschen steht und fällt auch mit seinen Gedächtnisleistungen, mit der Fähigkeit, etwas zu kombinieren, in Zusammenhängen zu denken und sich gefühlsmässig unter Kontrolle zu halten. Demenzkranke bringen diese Leistungen nicht mehr zustande.

Sehr eindrücklich sind auch die Persönlichkeitsveränderungen der Demenzkranken. Störungen im Gefühlsleben, etwa unkontrollierte Aggressionen, die plötzlich in Weinerlichkeit umschlagen können, werden von den Mitmenschen ebenso schnell registriert wie Gedächtnisstörungen. Diese Störungen im Gefühlsleben führen aber schnell zu Beziehungsproblemen, während eine herabgesetzte Gedächtnisleistung noch keine solche Beziehungsstörung verursachen wird.

Der Mini-Mental-Status (nach Folstein et al.)

Der Mini-Mental-Status nach Folstein ist ein in der Praxis bewährter Hirnleistungstest. Der Fragebogen befragt wichtige kognitive Fähigkeiten des an einer Demenz erkrankten Menschen. Ein Vorteil dieses Test liegt in seiner Einfachheit. Er ist so einfach gestaltet, dass ihn sogar nichtärztliches Personal anwenden kann. Privat sollte man aber diesen Test nicht gebrauchen, da ein Urteil, ob eine Demenz vorliegt oder nicht und in welchem Stadium sie sich befindet, nur von erfahrenen, geschulten Fachleuten gefällt werden sollte. Trotzdem habe ich diesen Test aus Informations- und Interessegründen aufgeführt.

Man beachte, dass dieser Test für frühe Demenzformen nicht empfindlich und exakt genug ist. Ein sogenannter normaler Wert (zwischen 24 und 30 Punkten) kann daher eine beginnende Demenz nicht sicher ausschliessen. Zudem können bei depressiven Menschen falsche Werte auftreten, da die Leistungserbringung durch die Depression behindert wird.

Mit nachfolgendem Fragekatalog, dem sogenannten Mini-Mental-Status nach Folstein et al., steht uns ein recht genaues Hilfsmittel zur Eruierung einer Demenz zur Verfügung, da Hirnleistungsfunktionen aus dem Bereich des Gedächtnisses, der Sprache, des visuell-räumlichen Vorstellungsvermögens sowie der Bewegungskoordination geprüft werden. Besonders aussagekräftig sind alle positiven Antworten, zeigen sie doch auf, in welchen Bereichen der Demente noch über intakte Ressourcen verfügt, mit denen man arbeiten, die man trainieren und damit länger erhalten kann.

Dabei ist aber zu beachten, dass gewisse Fehlleistungen und Verhaltensstörungen (die innerhalb des Untersuchungsvorganges mit berücksichtigt werden müssen) nicht eine direkte Folge der Demenz sein müssen, sondern eine Reaktion auf das dem Behinderungsgrad nicht angemessene Verhalten der Umwelt, der Angehörigen und des Pflegepersonals darstellen kann. Über- resp. Unterforderung löst im Dementen rasch einmal Aggression, Apathie, Resignation und Enttäuschung aus.

Mini-Mental-Status nach *Folstein et al. (7)*

Name: ____________	**Geb.:** ______	**Geschl.: m/w** ________	**Datum:** ______	**Datum:** ______	**Datum:** ______
1. Orientierung Welches Datum, Jahr, Jahreszeit, Tag, haben wir heute? (5 Punkte max.)			______	______	______
Wo sind wir? (Ortschaft, Land, Bundesland, Praxis, Stockwerk) (5 Punkte max.)			______	______	______
2. Aufnahmefähigkeit Nachsprechen: Zitrone, Schlüssel, Ball (im Rhythmus 1 Wort pro Sekunde, max. 3 Punkte, bis 5x vorsagen)			______	______	______
3. Aufmerksamkeit und Rechnen Von 100 jeweils 7 subtrahieren (jede richtige Subtraktion 1 Punkt, max. 5 Punkte)			______	______	______
4. Gedächtnis Frage nach den oben nachgesprochenen Wörtern (pro Wort ein Punkt, max. 3 Punkte)			______	______	______
5. Sprache Benennen: Was ist das? (Bleistift)			______	______	______
Was ist das? (Uhr)			______	______	______
Nachsprechen: «Keine Wenn und Aber» (3 Punkte, wenn alles befolgt)			______	______	______
6. Ausführen eines dreiteiligen Befehls Nehmen Sie ein Blatt Papier, falten Sie es in der Mitte und legen Sie es auf den Boden (max. 3 Punkte			______	______	______
7. Lesen (auf separatem Blatt) und Ausführen «Schliessen Sie beide Augen» (1 Punkt für beides)			______	______	______
8. Schreiben Einen Satz schreiben lassen (1 Punkt)			______	______	______
9. Konstruktive Praxis (kopieren) Sich überschneidende fünfeckige Figur nachzeichnen lassen (1 Punkt) (auf der Rückseite zeichnen lassen)			______	______	______
Gesamtpunkte			______	______	______
25–30 Punkte = keine Demenz < 22–24 Punkte = mässige Demenz < 10 Punkte ≠ erhebliche Demenz					

Mini-Mental-Status nach Folstein et al.
aus: Ingo Füsgen, Demenz
Schriftenreihe Geriatrie Praxis / MMV Medizin Verlag

Auswertung Mini-Mental-Status nach *Folstein et al.* (7)

1. Orientierung (0–10 Punkte)	Zeitliche und örtliche Orientierung
2. Aufnahmefähigkeit (0–3 Punkte)	Die zu benennenden Gegenstände sollen nicht zusammengehören. Die erste Wiederholung bestimmt den Punktwert des Patienten. Die Worte sollen bis 5x vorgesagt werden, damit der Patient diese lernt (Abruf bei übernächster Frage).
3. Aufmerksamkeit und Rechnen (0–5 Punkte)	Von 100 rückwärts laufend 7 abziehen (100, 93, 86, 79, 72, 65). Kann der Patient die Aufgabe nicht durchführen, das Wort Lampe rückwärts buchstabieren lassen. Punktzahl nach Zahl der Buchstaben, die in richtiger Reihenfolge genannt werden, z.B. epmal = 5, epaml = 2.
4. Gedächtnis (0–3 Punkte)	Siehe Aufnahmefähigkeit.
5. Sprache (0–3 Punkte)	Hier wird Benennung und Nachsprechen geprüft.
6. Ausführung eines Befehls (0–3 Punkte)	Prüfung von Aufmerksamkeit und Gedächtnis (Kurzzeit).
7. Lesen (1 Punkt, wenn beides aufgeführt)	Hierbei soll der Satz vorgelesen und befolgt werden.
8. Schreiben (0–1 Punkt)	Es soll ein vollständiger Satz aufgeschrieben werden (Subjekt und Prädikat). Nicht nötig: Korrekte Grammatik und Zeichensetzung.
9. Kopieren (konstruktive Praxis, 0–1 Punkt) 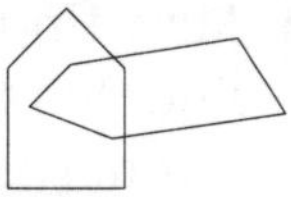	Auf separatem Blatt die angebene Figur (jede Seite der Fünfecke ca. 2,5 cm lang) exakt kopieren lassen (Vorlage nicht wegnehmen). Zittern und Verdrehen wird nicht gewertet. Alle 10 Winkel müssen vorhanden sein, und 2 Winkel müssen sich überschneiden.

Auswertungsbogen Mini-Mental-Status nach Folstein et al.

Die Alzheimer-Krankheit

Bei diesem Demenztyp im Senium handelt es sich um eine Rückbildung von vorhandenen, meist geistig-intellektuellen Fähigkeiten, die erst im fortgeschrittenen Alter beginnt. Der Endzustand der Demenz ist die völlige «Verblödung», die in den Tod mündet. Bei der Alzheimer-Demenz können die ersten Symptome allerdings schon recht früh, nämlich im 5. Lebensjahrzehnt, auftauchen, doch kann die Krankheit auch erst im 7. Lebensjahrzehnt manifest werden. Da die Krankheit schon im 5. Lebensjahrzehnt auftreten kann, wird sie in die Gruppe der präsenilen Demenzen eingereiht (präsenil = vor dem Alter). Die Alzheimer-Krankheit sowie die Pick-Krankheit sind die häufigsten Typen der präsenilen Demenz. Beiden Krankheiten liegen degenerativ hirnatrophische Veränderungen zugrunde, und bei beiden nimmt man an, dass Erbfaktoren eine erhebliche Rolle spielen.

Bei der Alzheimer-Krankheit sind auffällige Veränderungen im Bereich der Ganglienzellen des Hirns feststellbar. Markante Veränderungen findet man vorwiegend im Hinterhaupt- und Scheitellappen. So spricht man von der Alzheimer-Krankheit als einer fortschreitenden diffusen Hirnatrophie (Hirnmassenschwund) mit Nervenzellenausfällen und Alzheimerischen Fibrillenveränderungen, senilen Plaques und Drusen. Diese stellen mikroskopisch kleine, eher kugelförmige Anhäufungen noch nicht bekannter Substanzen dar. Bei den Fibrillen handelt es sich um sehr kleine Faserveränderungen. Man findet nämlich auch bei anderen Demenzerkrankungen eine Verschmälerung der Hirnwindungen mit gleichzeitiger Verbreiterung der Hirntäler. Die Liquorräume (mit Flüssigkeit gefüllte Hirnräume) sind meistens erweitert. Auch die Hirnsubstanz nimmt ab. Ein Schwund von Hirnmasse kommt aber generell bei alten Menschen vor und nicht nur bei Alzheimer-Patienten. So stellen gewisse Hirnforscher es in Frage, ob denn die Alzheimer-Krankheit ein eigenes Krankheitsbild darstelle oder ob das Krankheitsbild nicht eher einer massiven Steigerung normaler Altersveränderungen entspreche. Heute wird als Ursache gegenüber der Annahme eines degenerativen Hirnprozesses auch eine «slow virus»- Theorie diskutiert. Funde von Aluminium(-derivaten) in bestimmten Hirnregionen nähren zurzeit auch die Theorie, die Alzheimer-Krankheit sei das Resultat einer Vergiftung durch Aluminium. Weshalb aber nicht alle Menschen an dieser Aluvergiftung erkranken, entzieht sich noch heutiger Erkenntnis.

Betroffen ist die intellektuelle Leistungsfähigkeit, die Auffassungs- und Gedächtnisleistung, die kognitive (das Erkennen, die Erkenntnis betreffend) Erfassung der Umwelt und die handelnde Auseinandersetzung mit ihren Anforderungen. Die kognitiven Ausfälle sind Störungen eines beträchtlichen Teils der intellektuellen Fähigkeiten:

- Verminderungen der Lernfähigkeit und Merkfähigkeitsstörungen.
- Störungen der Aufmerksamkeit und der Konzentration.
- Mangel an Initiative und Spontanität.
- Verarmung des Denkens (Gedankenarmut).
- Unfähigkeit, Informationen zu überblicken, zu integrieren, zu differenzieren und zu analysieren.

Man beobachtet auch einen Zerfall der körperlichen Leistungsfähigheit. Bei rund 50% der Alzheimer-Krankheiten kann man Begleiterkrankungen feststellen. Da man den kognitiven Leistungsabbau auch heute kaum in der Lage ist zu verhindern, wird sich der behandelnde Arzt vor allem diesen Begleitkrankheiten widmen.

Begleiterkrankungen

Die Alzheimer-Erkrankung wird oft begleitet durch sekundäre Diagnosen. Es handelt sich um begleitende Krankheiten, die mindestens ebenso ernsthaft therapiert werden müssen wie die Alzheimer-Erkrankung selbst.

- das Parkinson-Syndrom
- Magen-Darm-Erkrankungen
- Visusstörungen (Sehstörungen)
- Harnwegserkrankungen
- orthopädische Krankheiten
- Depressionen

sowie

- Insomnie (Schlaflosigkeit/Tag-Nacht-Rhythmusstörungen)
- Inkontinenz
- Wahnideen, illusionäre Ideen
- Halluzinationen
- Explosiv-Reaktionen (verbal und physisch)
- Sexualstörungen
- Myoclonus (Muskelzuckungen, eine Epilepsieart)
- Epilepsie

Die mit der Alzheimer-Krankheit verknüpften psychischen Krankheiten sind:

Angst/Depressionen/Aggression/Wut/Irritierbarkeit

Durch die Störung der Erlebensverarbeitung sowie die mitunter nicht einfühlsamen und schroffen Reaktionen der Umwelt reagiert der Erkrankte ängstlich. Wenn der Alzheimer-Kranke realisiert, dass er einfache Arbeiten wie etwa das Ausfüllen eines Fragebogens oder das Lösen eines Billetts, nicht mehr fähig ist zu erledigen, wenn er sich dessen also bewusst wird, kann dies Angst, aber auch Resignation oder Wut auslösen. Das ständige Feststellen von Vergesslichkeit, das mühsame Ringen nach Sprache, nach zusammenhängenden Sätzen und richtigem Gebrauch von Worten lässt ihn spüren, dass etwas mit ihm nicht mehr stimmt. Er erfährt einen grossen Verlust von bisherigen Funktionen innerhalb des Denkens und des Gedächtnisses, der sprachlichen Ausdrucksfähigkeit, so dass er in eine schwere Lebenskrise geraten kann. Jeder Kranke reagiert auf seine ganz persönliche Art auf die festzustellenden Defizite. Angst und Unsicherheit, Depressionen, Resignation, aber auch nervöse Agitiertheit (hochgradige Erregtheit) und gereiztes, aggressives Verhalten sind mögliche Reaktionsweisen. In dieser Phase der Erkrankung sind auch viele Alzheimer-Kranke irritierbar.

Angst, Depressionen, Irritierbarkeit, sich wehrendes, aggressives Verhalten sind typische Zeichen einer beginnenden Demenz. Affektive und emotionale Störungen treten im Laufe des Demenzgeschehens praktisch bei allen Erkrankten auf.

Meines Erachtens sollten sich daher therapeutische Bemühungen nicht nur einseitig auf Gedächtnisstörungen und Verwirrtheitszustände richten. Vielmehr ist den affektiven und emotionalen Irritationen (Gefühlsproblemen) grösste therapeutische Aufmerksamkeit zu schenken. Gerade innerhalb Realitäts-Orientierungs-Trainings ist die therapeutische Begleitung der affektiven und emotionalen Befindlichkeit äusserst wichtig und leider im Verdacht, zugunsten des Trainings der Gedächtnisstörungen und der Verwirrtheit zurückzustehen.

Wahnideen/Halluzinationen/Explosivreaktionen

Psychotische Störungen wie Wahnideen, Halluzinationen und Explosivreaktionen sind eher mit mittelschweren bis schwereren Demenzstadien vergesellschaftet. Diese psychischen Störungen werden von den Patienten selbst und auch von der sie umgebenden Umwelt als äusserst belastend empfunden. Wahnideen und Halluzinationen treten oft gemeinsam auf und werden als bedeutendes und schwieriges Pflegeproblem empfunden. Die Wahnideen sind eher unsystematisch, klingen rasch ab und betreffen vorwiegend Inhalte von Untreue und Diebstahl. Die häufigsten Halluzinationen betreffen das Gehör.

Die psychotischen Explosivreaktionen sind Antworten auf Überlastungssituationen (Überforderung). Daher werden sie von den Betreuern oft als ein sehr belastendes Problem angesehen. Speziell auch deshalb, weil die auftretenden Explosivreaktionen völlig unerwartet, manchmal auch uneinfühlbar und scheinbar ohne äusseren Anlass auftreten.

Die mit der Alzheimer-Krankheit verknüpften somatischen Begleiterscheinungen sind:

- Immobilität (Unbeweglichkeit, Bewegungsarmut)
- Malnutrition (schlechte Ernährung)
- Inkontinenz (Unfähigkeit, Harn und Stuhl zurückzuhalten)
- Sturz
- Dehydration (Flüssigkeitsmangel, Austrocknung)

Alzheime-Kranke in fortgeschrittenem Stadium weisen eine zunehmende Bewegungsarmut auf, die zu speziellen körperlichen Folgen führt. Diese Immobilität betrifft:

- Dekubitus (sogenannte Druckgeschwüre)
- Kontrakturen (Gelenkversteifungen)
- Dysfunktion der Blase und des Stuhlganges
- Atrophie der Muskulatur (Muskelschwund)
- Thrombose- und Emboliegefahr (Blutgerinnsel)
- Trainingsverlust des Herz-Kreislauf-Apparates
- Ungenügende Atmung sowie Aspirationsgefahr (Aspiration = Ansaugen von festen Stoffen in die Lunge)

Die Malnutrition (schlechte, mangelhafte Ernährung) kann man bei älteren Menschen oft feststellen. Sei es, dass sie nicht mehr in der Lage sind, ihre Mahlzeiten selber zuzubereiten, sei es, sie unterliegen schlechten Ernährungsgewohnheiten. Es ist daher sehr wichtig, die Ernährung der Alzheimer-Kranken besonders gut im Auge zu behalten. Im fortgeschrittenen Stadium sind es zusätzlich technische Probleme des Kauens und Schluckens sowie der Eingabe von Nahrung, die den Demenzverlauf unter Umständen ungünstig beeinflussen. Ein schlechter Ernährungszustand kann auch die allgemeine Immunabwehr negativ beeinflussen (z. B. Vitamin-C-Mangel). Ob ein veränderter Geruchs- und Geschmackssinn das Ernährungsproblem mitverursacht, steht wissenschaftlich zur Diskussion, ist aber nicht gesichert. Die

Überwachung des Gewichtes ist daher bei Alzheimer-Patienten wichtig.

Inkontinenz liegt bei ca. 50% der hospitalisierten, schwereren Formen der fortgeschrittenen Alzheimer-Demenz vor. Der Gang zum WC ist für viele Alzheimer-Kranke eben in dem Sinne schwierig, als sie das WC nicht finden resp. kognitiv den Zusammenhang zwischen WC und Blasendrang nicht mehr imstande sind zu erkennen. Daher sollte man frühzeitig mit dem Toilettentraining beginnen und für geregelte Entleerungsmöglichkeiten für Blase und Darm gerade nach Mahlzeiten und Kaffeegenuss sorgen.

Das Risiko des Sturzes beim Alzheimer-Kranken steigt mit dem Fortschritt der Krankheit. Körperliche Immobilität in Form des gestörten Gleichgewichts- und Lageempfindens, der psychomotorischen Verlangsamung, der Konzentrationsschwäche und auch der verlängerten Reaktionszeit tragen wesentlich zur Sturzgefahr bei. Als Folge des Sturzes sind, neben der Zunahme der Angst zu gehen und sich zu bewegen, auch die Verrenkungen und Knochenbrüche (Schenkelhals!) zu erwähnen.

Ursache und Folge der Alzheimer-Demenz kann die Dehydration sein. Patienten, die nicht genügend Flüssigkeit zu sich nehmen, etwa wegen des eingeschränkten Durstempfindens, sind schnell dehydriert. Hierzu gibt es umfangreiche wissenschaftliche Studien. Es ist eindeutig nachgewiesen, dass ältere Menschen in körperlich dehydriertem Zustand Verwirrungszustände zeigen, die sich nach genügendem Trinken wieder bessern. Hier ist eine wichtige Aufgabe der Pflegenden, für genügend Flüssigkeitseinfuhr zu sorgen. Wenn entwässernde Medikamente, etwa zur Ausschwemmung von Ödemen, hinzukommen oder Durchfälle auftreten, wird die Dehydration zusätzlich problematisch. Trockenschuppige, faltig abhebbare Haut, trockene Lippen und Zunge sowie eine Urinmenge pro Tag unter einem halben Liter, dunkelfarbig und scharfriechend, sind gut feststellbare Zeichen einer lebensgefährlichen Austrocknung.

Die Verlaufsform der Alzheimer-Krankheit

B. Reisberg und Mitarbeiter haben sehr praxisbezogen und für die Identifikation von Folge- und Zusatzkrankheiten den Krankheitsablauf nach funktionellen Kriterien beschrieben. Die Alzheimer-Stadien werden auf den kognitiven Verfall bezogen. Kognitive Fähigkeiten meint das intellektuelle und gefühlsmässige Erkennen und Verarbeiten von Eindrücken und Informationen dieser Welt.

Die Tabelle auf den nächsten Seiten zeigt die Alzheimer-Stadien nach B. Reisberg:

Kognitiver Verfall	Klinische Phase	Verschlechterung Funktionseinbusse
1. keiner	Normal	Keine Einschränkung
2. sehr milder	Vergesslichkeit	Findet Gebrauchsgegenstände nicht wieder und vergisst Namen.
3. milder	Frühe Konfusion	Erste erkennbare Defizite, verirrt sich leicht, berufliche Leistungsabnahme, Wort- und Namensfindungsstörungen, verliert und verlegt Gegenstände, Merkfähigkeit und Konzentration lassen nach.
4. mässiger	Späte Konfusion	Schlecht informiert über Aktuelles, Erinnerungslücken, Konzentrationsschwäche, kann nicht verreisen/Geld verwalten,

		kann komplexe Aufgaben nicht ausführen, verdrängt und vermeidet Konkurrenz.
5. mässig schwerer	Beginnende/ frühe Demenz	Auf Hilfe angewiesen, vergisst Wichtiges im Alltag, räumlich und zeitlich desorientiert.
6. schwerer	mittelschwere Demenz	Hilfe beim Ankleiden/ Baden nötig, Kurzzeitgedächtnis verloren, Langzeitgedächtnis ungenau, vom Partner völlig abhängig, nimmt Umwelt nicht wahr, kann von 10 an nicht rückwärts zählen,Tag-Nacht-Rhythmus gestört, Halluzinationen/Zwänge/Angst, unfähig, selbständig zur Toilette zu gehen, Urininkontinent
7. schwerster	sehr schwere fortgeschrittene Demenz	Kann nur 5–6 Worte sprechen, sprachliche Verständigung nicht möglich, motorisch sowohl geh- als auch sitzunfähig, Stuhlinkontinent, alle kortikalen Funktionen gestört, Stupor (Starrezustand).

Alzheimer-Stadien nach B. Reisberg

Die Dauer der Alzheimer-Stadien wird bei den heutigen medizinischen Interventionsmöglichkeiten auf ungefähr 6–8 Jahre geschätzt. Sie sind jedoch individuell verschieden. Die Lebenserwartung der betroffenen Patienten bezieht sich nicht nur auf die Alzheimer-Erkrankung, so dass bezüglich der Lebensdauer dieser Menschen keine verlässlichen Angaben gemacht werden können. Die Qualität der Therapie und Pflege sowie konstitutionelle Faktoren sind für die weitere Lebensdauer und Lebensqualität mitentscheidend.

Strategien der Krisenbewältigung

Die an Alzheimer-Demenz erkrankten Patienten werden versuchen, sich an die neue Lebenslage anzupassen. Sie geraten in eine Krise, und irgendwann, in einem stets fortschreitenden Abbau, werden diese Anpassungsversuche scheitern. Die einen werden aufgrund dieser Tatsache resignieren und in eine Apathie verfallen. Andere reagieren zornig-aggressiv auf ihre nähere Umwelt. Die einen setzen sich aktiv mit den anstehenden Problemen auseinander, andere reagieren eher defensiv, regressiv oder schliessen Kompromisse. Während die einen die kognitiven Defizite leugnen oder resignieren, können sich andere für eine gewisse Zeit noch an die Situation anpassen. Je nach Verhalten resultieren daraus z. B. eine Verstärkung der Defizite, Unselbständigkeit, Verwahrlosung, wahnhaftes Verhalten. Im besten Fall können die Patienten eine gewisse Selbständigkeit mit Hilfe von Dritten bewahren. Je nach Bewältigungstechnik kann man therapeutisch intervenieren. Daher ist die Beobachtung und das Erkennen der Bewältigungsmechanismen durch das Pflegepersonal und den Arzt sehr wichtig und zeigt den möglichen Weg der Krisenintervention auf. Leider ist das Verleugnen und Verdrängen der Symptome durch die Betroffenen eine sehr häufige Bewältigungstechnik.

Mit dem Fortschreiten der Krankheit wird die Krisenbewältigung immer weniger effektiv, und es treten Symptome des Scheiterns auf. Die Kraftreserven sind irgendwann einmal erschöpft, und die Strategien zur Krisenbewältigung fallen in sich zusammen. Der Erkrankte reagiert mit einer Depression, mit Resignation, Aggressivität, zusätzlicher Verwirrtheit, Hilflosigkeit und mit verbalen, emotionalen und tätlichen Explosivreaktionen. Aus wissenschaftlichen Arbeiten wissen wir heute, dass bei aggressiven, zornigen und fordernden Menschen die Wahrscheinlichkeit, eine Lebenskrise zu meistern, grösser ist. In diesem Sinne sollten wir Aggressionsschübe, Explosivreaktionen und Forderungen an uns nicht nur von der negativen, belastenden Seite her sehen und mit Gegendruck darauf reagieren. Es sei daran erinnert, dass gerade die Aggression eine menschliche Triebkraft ist, die dazu dient, den Anforderungen des Lebens zu begegnen.

Therapeutische Massnahmen

Die präventiven Massnahmen zur Minderung der psychischen Folgen der Demenz wurden im AMA Council Report 1986 (American Medical Association) unter dem Begriff der Milieupflege (siehe dort) zusammengefasst. Unter anderem werden folgende krisenmindernde Allgemeinmassnahmen empfohlen:

- Vermeidung grösserer Unruhen um den Erkrankten herum.
- Stimulation durch geregelte Besuche und Kommunikation mit Personen, die für die Demenz-Erkrankung Verständnis haben.
- Erstellung stabiler Rahmenbedingungen und geregelter Tagesabläufe.
- Verlegung der schwierigeren Aufgaben und Anforderungen an den Erkrankten an den geeignetsten Tageszeitpunkt.
- Vermeidung von Isolation und vorzeitigen Abhängigkeiten.
- Garantieren der Sicherheit des Patienten bei den Aktivitäten des täglichen Lebens.
- Unterlassung häufiger sowie unnötiger Ortswechsel.
- Durchführung von Ablenkungsmanövern in schwierigen Situationen und bei psychotischen Explosivreaktionen.

- Die sensorischen Aktivitäten durch allfällige Hilfsmittel wie Brillen, Hörgerät, Prothesen, Gehstöcke etc. ermöglichen.

Alzheimer-Kranke verdienen ganz speziell unsere Aufmerksamkeit. Toleranz, Verständnis, Empathie und fürsorgliche Begleitung unter Berücksichtigung von Über- und Unterforderung gehören genauso zu den Verhaltensweisen der Gesunden wie Angstfreiheit vor dem manchmal beeindruckenden Krankheitsbild. Noch immer kann festgestellt werden, dass etliche Menschen eine nicht genau zu erklärende Angst (Respekt?) vor der Krankheit «Alzheimer» haben.

Grundsätzlich sind aktivierende Massnahmen einer Ruhigstellung immer vorzuziehen. Alle aktivierenden Massnahmen zielen darauf ab, sowohl Kopf, Herz und Hand zu stimulieren, damit einem drohenden Abbau von Leistung, Beweglichkeit, Fertigkeit und Emotionalität entgegengewirkt werden kann. Den notwendigen Grad der Aktivierung exakt zu finden und Über- resp. Unterforderung zu vermeiden, wird wohl nie ganz auszuschliessen sein. Wichtig ist aber, gerade diesen Aspekt der richtigen Forderung im therapeutischen Wirken stets im Auge zu behalten und wo notwendig, auch korrigieren zu können. Bei den aktivierenden Massnahmen gilt der Grundsatz: «Fördern durch Fordern.»

Eine wesentliche Rolle hat das ganzheitliche Therapiekonzept: Es zielt auf eine bestmögliche Lebensqualität des Alzheimer-Kranken ab sowie auf die Kompetenz zur Bewältigung des Lebensalltages. Dabei kommen therapeutische Massnahmen zur Förderung und Erhaltung der cerebralen, körperlichen und sozialen Fähigkeiten genauso zum Zug wie eine medikamentöse Therapie. Die besondere Aufmerksamkeit der therapeutischen Intervention richtet sich auf die Erhaltung der Alltagsfähigkeiten und auf einen geregelten, strukturierten Tagesablauf. Daher ist eine sinnvolle Gestaltung seiner nächsten Umgebung von grosser Wichtigkeit.

Das ganzheitliche Therapiekonzept umfasst das Training der cerebralen, körperlichen und sozialen Fähigkeiten. Dieses beinhaltet ein Training in bezug auf:

- **Selbständigkeit und Selbsthilfe**
  Sich waschen, sich an- und ausziehen, umgehen mit Messer, Gabel, Löffel, sich kämmen, auf das WC gehen etc.

- **Hirnfunktionen**
  Training des Gedächtnisses, der Wahrnehmung und der Realitäts-Orientierung.
  - Das Gedächtnis kann in bezug auf folgende Bereiche trainiert werden:
    - Aufmerksamkeit und Konzentration
    - Fähigkeit, Worte zu finden
    - Merkfähigkeit (Kurzzeitgedächtnis)
    - Erinnerungsfähigkeit
    - Denklogik

  - Das **Wahrnehmungstraining** richtet das Augenmerk auf:
    - die nonverbale Kommunikation
    - Training der Sinne (Sehen, Hören, Berühren, Riechen, Schmecken)

- **Koordination**
  Das Koordinations-Training umfasst das Kontrollieren und Koordinieren von Bewegungsabläufen sowie Gleichgewichtsübungen, Gehübungen und Übungen für eine Verbesserung und Erhaltung der Handmotorik

- **Sprachausdruck und Sprachverständnis**
  - Formulierungsfähigkeit
  - Artikulationsfähigkeit
  - Lautstärke

- Sprachmodulation
- Umgang mit dem Sprachzerfall

- **Bewegung**
  Mobilitätssteigerung, Beweglichkeit, Gangschulung, Treppensteigen, Turnen, Schwimmen etc.

- **Psychosoziale Fähigkeiten**
  Im Vordergrund stehen Übungen, die den freundschaftlichen und möglichst konfliktfreien Umgang mit Menschen ermöglichen. Dies soll zum Ziel führen, dass der Alzheimer-Kranke sein Selbstwert- und Identitätsgefühl möglichst lang behalten kann. Speziell hinweisen möchte ich noch auf die Tierhaltung. Tiere vermitteln das Gefühl des Gebrauchtwerdens und sind ideale Empfänger für Schmeicheleien und Liebkosungen.

Die therapeutische Intervention beim Alzheimer-Patienten erfolgt immer aufgrund eines individuell erarbeiteten Gesamtkonzeptes. Es sollte in Zusammenarbeit mit allen Therapeuten (Arzt, Aktivierungstherapeut, Physiotherapeut, Sprachtherapeut, Bewegungstherapeut etc.) formuliert und durchgeführt werden können. Die schlimmste und auch die unmenschlichste therapeutische Form stellt der therapeutische Nihilismus dar (Es hat doch alles gar keinen Sinn mehr!). Die Gebote der christlichen Nächstenliebe, der Ehrfurcht vor dem Leben und der Gleichheit aller Menschen verbietet diesen sehr unmenschlichen Umgang mit kranken und hilfebedürftigen Menschen.

Hoffnung für Alzheimer-Kranke?

So überschrieb eine süddeutsche Zeitung einen Artikel, in dem von einem neuen Wirkstoff gegen die Alzheimer-Krankheit die Rede war. Danach stünde in den USA die Zulassung eines ersten

Medikamentes speziell gegen die Alzheimer-Krankheit kurz bevor. Im weiteren seien eine Reihe umwälzender Forschungsergebnisse genug Grund, um erstmals leichte Hoffnungen für die vielen Millionen von Betroffenen aufkommen zu lassen. Der Wirkstoff heisst «Tacrin», ein Cholinesterase-Hemmer, der auf den Stoffwechsel der Signalsubstanzen von Nervenzellen wirkt. Dieses Medikament wurde auf das Frühjahr 1993 für den amerikanischen Markt angekündigt. Allerdings, so zeigen Untersuchungen, spricht die Substanz nur bei jedem fünften Menschen an. Bei vielen, so der Zeitungsbericht, erzeugt Tacrin jedoch Übelkeit und Brechreiz und schlimmstenfalls auch Leberschädigungen.

Leben im Altersheim

Leben im Altersheim

Vom Standpunkt der Jugend aus gesehen,
ist das Leben eine unendlich lange Zukunft,
vom Standpunkt des Alters aus
eine sehr kurze Vergangenheit.

Arthur Schopenhauer

Alters- und Pflegeheime sind in Verruf geraten. Trat man noch vor wenigen Jahren schon mit ungefähr 70 Jahren in ein Heim ein, so fassen ältere Menschen heute noch mit 90 Jahren keinen Mut, sich auch nur mit dem Gedanken an einen baldigen Heimeintritt zu befassen. In vielen Fällen übernehmen ihre erwachsenen Kinder, Verwandte oder Sozialhelfer die Abklärungen und die Verantwortung eines Heimeintrittes. Die Hochbetagten hoffen nach wie vor, dass sie weiterhin in ihrer eigenen Wohnung verbleiben und sterben können. Spitexdienste wurden in der Zwischenzeit aufgebaut, und deren Leistungen decken schon heute die meisten Bedürfnisse der Alten und Hochbetagten ab. Der Ausbau der Spitexdienste führte dazu, dass auch die sozial schwächeren alten Menschen, die auf Pflege, Haushalthilfe und sozialen Kontakt angewiesen sind, noch in ihrer bisherigen vertrauten Umgebung verbleiben können und eine Übersiedlung in ein Altersheim nicht notwendig wird.

Diese Entwicklung ist grundsätzlich begrüssens- und empfehlenswert. Sie trägt aber auch Mitverantwortung dafür, dass erst die stark pflegebedürftigen Betagten jene Voraussetzungen erfüllen, die zu einem Heimeintritt führen. Übersteigen nämlich die Pflege- und Betreuungskosten des Spitex diejenigen Kosten, die vergleichsweise in einem Pflegeheim entstünden, so zerreisst das soziale Helfernetz der Spitexdienste am Kosten-Nutzen-Verhältnis.

Als Folge dieser veränderten Gewichtung der Altersarbeit konnten viele Altersheime ihre Betten nicht mehr voll belegen, wenn den Pensionären bei der Aufnahme nicht zugesichert werden konnte, dass sie auch im Heim verbleiben könnten, wenn sie in Zukunft pflegebedürftig werden. Zugleich führten diese veränderten Bedingungen zu einer Zunahme des Bestandes an Pflegeheimbetten resp. zu einem grösseren Aufnahmedruck auf solche Pflegeeinrichtungen. Die einstige Altersheimatmosphäre mit noch weitgehend selbständigen, unternehmungslustigen und aktiven Pensionären wandelt sich stetig und schleichend in Richtung einer «Pflegeheimatmosphäre» mit geistig verwirrten, sprach- und kommunikationsverminderten oder -unfähigen, auf den Rollstuhl angewiesenen «Pflegefällen». Dies wiederum führt dazu, dass sich jüngere, selbständige Pensionäre kaum für einen Heimeintritt entscheiden können. Der Anblick aller dieser schweren Einzelschicksale ängstigt sie. Das Durchschnittsalter der Pensionäre in den Alters- und Pflegeheimen erhöht sich nicht nur, weil die Menschen immer älter werden, sondern weil zunehmend nur noch Hochbetagte eingeliefert werden oder sich unter starkem Druck von Angehörigen mehr oder weniger freiwillig zum Eintritt entschliessen müssen. Die Heime werden damit zunehmend von Hochbetagten bewohnt. Dies hat Konsequenzen auf die Heimatmosphäre.

Die Heimatmosphäre

Die Veränderung der Heimatmosphäre wirkt sich tragisch für die Altersheime aus. Ein Altersheim, das immer mehr pflegebedürftige Pensionäre aufnimmt, welche die meiste Zeit im Rollstuhl sitzen, oder viele Stunden im Bett verbringen müssen, wird irgendwann den einstigen Charakter verloren haben. Die Heimatmosphäre ist zwar nicht nur und einzig abhängig vom Ausmass der Pflegebedürftigkeit. Atmosphäre wird auch erzeugt durch die Architektur des Baues und seiner Räume, Einrichtungen und Materialien sowie durch das Personal und die Art, wie und worauf hin gearbeitet wird. Dazu massgebend ist das Heimkonzept.

Viele Faktoren beeinflussen die Heimatmosphäre. Die Zunahme der Anzahl von schwer pflegebedürftigen Pensionären beeinflusst ein solches bestehendes Konzept grundlegend. Es wird nicht nur quantitativ mehr Personal benötigt, sondern auch fachlich gut ausgebildetes Personal. In der Regel ergeben sich in Pflegeheimen weniger soziale Interaktionsmöglichkeiten, bedingt durch die körperliche Immobilität, den Zerfall der Sprache und die geistige Erstarrung der Pensionäre. Diese haben starken Signalcharakter und wirken entsprechend atmosphärisch. Es gilt als gesichert, dass geistige Verwirrung, Zittern, Speichelfluss, motorische Unruhe oder Steifheit und andere morbide Signale bei gesunden Menschen Angst, Furcht, Abscheu, Ekel, Erbarmen, Unbehagen und Aggressionen hervorrufen.

Man muss einmal den Gang in ein solches Pflegeheim gemacht haben, in dem die hinfälligen Pflegebedürftigen in Sälen oder Gängen in Reih und Glied aufgestellt worden sind, um an sich selbst zu erfahren, was alles für Gefühle durch diesen Anblick von menschlichem Leid, «Elend und Siechtum» auftauchen. Wie muss einem neu eintretenden Pensionär zumute sein, wenn er diese Atmosphäre ein erstes Mal ertragen muss? Und wie gross und äusserst schwierig muss die Aufgabe des Heimleiters und dessen Personals sein, diese Pflegeheimatmosphäre im Heim selbst und der Öffentlichkeit zu erklären und zu entschärfen? In vielen Heimen wird Öffentlichkeitsarbeit in diesem Sinne (Bekämpfung der Stigmatisierung der Heime, Verhinderung der morbiden und abstossenden Pflegeheimatmosphäre) überhaupt nicht geleistet.

Heime im Umbruch

Wenn wir Näheres über das Leben in unseren Alters- und Pflegeheimen in Erfahrung bringen wollen, stellen wir erst einmal fest, dass die Heime sich in einer heftigen Umbruchphase befinden. Die Wartelisten sind stark geschrumpft. Es gibt Heime, die bis vor

Jahren noch Dutzende, ja Hunderte und mehr Personen auf ihren Wartelisten aufgeführt hatten. Heute sind diese Listen stark verkümmert. Schon immer galt, dass, wer auf der Warteliste figurierte, sich in aller Regel nur als «provisorisch» angemeldet betrachtete. Nur ein kleiner Prozentsatz aller Anmeldungen galt als sogenannt dringend. Meist waren dies pflegebedürftige Personen, die auf einen Platz in der Pflegeabteilung warten mussten. Heute weiss man, dass Wartelisten wenig Aussagekraft über die Nachfrage haben. Wartelisten dienen heute nicht mehr als verlässliche Unterlagen für Behörden, Kommissionen und Heimplaner, die Material benötigen, um ihre Heimprojekte zu rechtfertigen. Wartelisten wurden schon lange durch Dringlichkeitslisten ersetzt.

Der Konkurrenzkampf unter den Heimen ist entbrannt und wird in Zukunft noch an Vehemenz zunehmen. Bereits gibt es Studien zum Qualitätsvergleich von Heimen. Es handelt sich dabei um ein Bewertungsmodell für stationäre Altersinstitutionen, welches die vier Befragungsgruppen Bewohner, Angestellte, Angehörige und Behörden untersucht. Gemäss dieser Befragungsstudie sollte es (nach Meinung der Initianten dieser Studie) möglich sein, die Qualitätsstandards der Heime miteinander zu vergleichen. Es wird dabei dazu aufgefordert, die Ergebnisse öffentlich zu machen, um den Konkurrenzkampf unter den Altersheimen anzuheizen, aber natürlich auch, um «Eintrittswilligen» die Wahl zwischen verschiedenen Heimen und Behörden und Heimkommissionen die allgemeine Entwicklungsarbeit zu erleichtern.

Steigende Pensionskosten in den Heimen

Die sozialen Ungleichheiten verstärken sich im Alter. Heime sind teuer geworden. Früher reichte in der Regel die AHV-Rente für die Finanzierung des Heimplatzes aus. Die Beträge der AHV-Rente waren früher recht bescheiden, und man kann sich heute unmöglich vorstellen, dass damit ein Heimplatz finanziert werden konnte. Inzwischen sind die AHV-Renten zwar um einiges höher geworden, aber die Pensionskosten der Heime sind im gleichen Zeitraum noch rasanter gestiegen. Kostete im Jahre 1985 ein Altersheimplatz ohne Pflegeanteil im Kanton Zürich pro Tag um Fr. 40.–, so sind es heute nach rund 9 Jahren bereits um die Fr. 80.– pro Tag. Dabei handelt es sich wie erwähnt um sogenannte Altersheimplätze. Von Pensionären im Altersheim wird allgemein verlangt, dass sie, zumindest beim Eintritt ins Altersheim, alle Alltagstätigkeiten (Aufstehen und Absitzen, Toilettengang, Körperpflege, selbständiges Einnehmen der Mahlzeiten, sich verständigen, sich bewegen und sich beschäftigen) noch weitgehend selbständig erledigen können. Im Altersheim herrscht vorwiegend Hotelbetrieb, die Hilfe beschränkt sich auf haushälterische Leistungen (Reinigung, Bettenmachen, Bereitstellen von warmen Mahlzeiten). Selbstverständlich gelten viele Angebote des Heimes im Betreuungsbereich (Filmvorführungen, Vorträge, Feste etc.) speziell für die Gäste im Altersheim.

Auch dies kann als Grund angesehen werden, dass Heime an Attraktivität verloren haben. Wer zahlt für solche eher kargen Leistungen einen monatlichen Pensionspreis von rund zweitausendfünfhundert Franken? Ehepaare werden in der Regel doppelt zur Kasse gebeten, wobei es Heimreglemente gibt, die besondere finanzielle Regelungen für Ehepaare vorsehen. Gerade in wirtschaftlich rezessiven Jahren überlegt sich so manche Familie, ob sie finanziell nicht besser fahren würde, wenn sie Aufwand und Energie für die Pflege der Grosseltern aufbrächte.

Problemsituationen im Heimalltag

Alters- und Pflegeheime kennen spezifische Problembereiche in ihrem Heimalltag. Die Ursachen liegen eindeutig im Institutionsbetrieb, der geprägt ist durch das Spannungsfeld von Individualität und Massenabfertigung sowie von den sogenannten Institutionalisierungseffekten (Hospitalismus). Einige dieser Problemsituationen sind:

a) Situation des Zwei- oder Mehrbettzimmers:
Es ist zwar richtig, dass moderne Alters- und Pflegeheime heutzutage sehr viel Wert darauf legen, ihren Pensionären nur noch Einbettzimmer zur Verfügung zu stellen. Aber gerade innerhalb von Pflegeabteilungen in Altersheimen und in Krankenheimen findet man noch oft Zwei- und sogar Vierbettzimmer. In diesen Betrieben verhindern wirtschaftliche Gründe die individuelle und intime Pflege in Einzelzimmern. Immerhin ist die Überlegung dieser Institutionen, dass in Mehrbettzimmern mehr soziale Kontakte möglich seien als in isolierenden Einerzimmern, eine gewisse Würdigung wert. Die Belegungspolitik der Heimverantwortlichen steht hier im Widerspruch zu den feststellbaren und von vielen pflegebedürftigen Pensionären geäusserten Beeinträchtigungen des psychischen Wohlbefindens durch das Wohnen in Mehrbettzimmern.

Belastend wirken folgende Faktoren:
- die fehlende Intimsphäre
- territoriale Ansprüche von Mitbewohnern
- eigene Möblierung und private Ausstattung des Zimmers ist kaum möglich
- Kontrolle und Beobachtung durch Mitbewohner
- unangenehme Gerüche sowie Geräusche durch Mitbewohner
- überlagernde Tag- und Nachtrhythmen
- Konfrontation mit den Krankheiten des Mitbewohners sowie dessen Tod (Miterleben des Todes)
- dauernde Rücksichtnahme gegenüber Mitbewohnern

b) Benutzung von Gemeinschaftstoiletten:
Gerade in Mehrbettzimmern müssen sich deren Bewohner praktisch immer eine Toilette mit Dusche und Lavabo teilen. Die intimsten Verrichtungen bekommen hier eine Nötigung zur

Öffentlichkeit. Unsauber getätigte «Geschäfte» der im gleichen Zimmer lebenden Mitbewohner können Ekel hervorrufen. Die Intimität ist hier bei der Verrichtung der vitalen Funktionen und bei der Intimpflege stark eingeschränkt.

c) Begrenztheit des privaten Wohn- und Lebensbereiches:
Mehrbettzimmer sind in der Regel zwar grösser als Einerzimmer. Allerdings gibt es heute noch viele Alters- und Pflegeheime, deren ursprüngliche Altersheimzimmer in Pflegezimmer «umfunktioniert» worden sind. Ein umgebautes Altersheimzimmer mit einer Bodenfläche von ca. 20 bis 25 m^2 bietet nach dieser Umfunktionierung in ein Zweibettzimmer pro Mitbewohner nur noch 10 bis 12,5 m^2 Wohn- und Lebensfläche. Eine emotionelle Beziehung zum Wohnraum ist bei diesen engen Verhältnissen, die kaum eigene Möblierung und Einrichtung erlauben, kaum möglich. Pensionäre entwickeln daher das Gefühl des «Daheimseins» in solchen Mehrbettzimmern viel weniger als in Einerzimmern. Auf 10 m^2 Wohnfläche fühlen sich die Pensionäre eingeengt.

d) Soziale Isolierung und Einsamkeit im Altersheim:
Trotz hoher Bewohnerdichte fühlen sich viele Heimbewohner einsam und sozial isoliert. Dies hat mehrere Gründe:
- Untaugliche Heimkonzepte führen zu einer melancholischen und tristen Heimatmosphäre. Der Geist einer solchen Atmosphäre beschwört Rückzug aus den Lebensvollzügen. Gemeinschaft führt zu Enttäuschungen und zu Problemen im Zusammenleben.
- Aktivierung der Pensionäre fehlt.
- Rechtssituation der Pensionäre. Aufmüpfige Pensionäre werden «kaltgestellt». Mitdenken und Mitentscheiden durch Pensionäre ist nicht gefragt.
- Soziale Isolierung und Einsamkeit im Altersheim widerspiegelt normalgesellschaftlichen Zustand. Mentalität der Bevölkerung (eher nördlicher Länder) verdichtet sich im Altersheim zum Extrem.

- Mangel an wohnlichen Gemeinschaftsräumen. In manchen Heimen fehlen gemütliche Aufenthaltszimmer (Stuben), Fernseh- oder Musikzimmer, Lesebibliotheken, die wirklich als solche funktionieren. Cafeterien sind daher dankbare und meistens auch gut funktionierende Gemeinschaftsräume.

e) Aktivitäts- und Funktionsverlust

Das Altersheim ist eine Versorgungsinstitution mit gesellschaftlichem Auftrag. Pflege-, Betreuungs- sowie Hauswirtschaftstätigkeiten werden durch das Heim erledigt. Pensionären wird das Recht auf Selbständigkeit und Eigenaktivität zwar grundsätzlich nicht genommen, durch die Hilfestellung des Altersheimes wird dieses Recht jedoch ersetzt durch die Bequemlichkeit des Versorgtseins.

Zur Diskussion: Erhöhte Sterblichkeit der Altersheimpensionäre durch Problemsituationen?

Es ist leider Realität, dass während den ersten sechs Monaten nach dem Eintritt ins Heim eine erhöhte Sterblichkeitsrate feststellbar ist. Studien weisen darauf hin, dass bis nahezu 50% aller in Pflegeheime neueingetretenen Pensionäre innerhalb dieser Zeit sterben. Diese Studien und im besonderen die darin festgestellten oder behaupteten Ursachenkomplexe sind jedoch umstritten. Die Frage ist, ob die hohe Sterblichkeitsrate auf Übersiedlungseffekte zurückzuführen sind.

Pensionäre reagieren vor der Heimaufnahme und während der ersten Wochen ihres Aufenthaltes im Altersheim besonders empfindlich. Die Anpassungsfähigkeit der Pensionäre an die neue Heimumgebung ist weitaus höher, wenn der Eintritt ins Heim freiwillig und bewusst erfolgte. Andererseits stellt sich die Frage, ob die Pensionäre wegen ihres teils äusserst schlechten Gesundheitszustandes bei der Übersiedlung ins Heim nicht auch bei sich zu Hause innerhalb dieser sechs Monate verstorben wären.

Der Heimeintritt als gesellschaftliche Entwertung

Der Eintritt ins Heim ist gleichbedeutend mit sozialer Entwertung. Allerdings wird das Heim hier als Sündenbock für etwas verantwortlich gemacht, für das es nicht allein verantwortlich gemacht werden darf. Die soziale Entwertung beginnt viel früher. Schon der Ausschluss des alten Menschen aus dem Produktionsprozess zieht die gesellschaftliche Entwertung nach sich. Der Verkauf seiner eigenen Arbeitskraft wird in unserer Gesellschaft noch immer allzu stark als gewichtiger Wertmassstab angesehen. Dabei dienen viele Menschen unserer Gesellschaft ebensosehr durch freiwillige Arbeit z. B. innerhalb des Sozialwesens, der Vereine und Schulbehörden sowie Kommissionen. Dieses verantwortungsvolle und arbeitsintensive Mitwirken in der Gemeinde ist in der Regel nicht durch einen grossen Lohn abbezahlt, sondern erfolgt meistens freiwillig und unentgeltlich. Manchmal werden nicht einmal Spesen vergütet. Schon der Eintritt ins Rentenalter bringt die Nutzlosigkeit des alten Menschen und die damit verbundene soziale Entwertung zutage. Die Ausgliederung aus der Arbeitswelt ist für alte Menschen ein prägnanter Einschnitt ihres Lebens, denn diese Ausgliederung aus dem Produktionsprozess wirkt für den alten Menschen stigmatisierend.

Für die Gesellschaft sind die alten, nicht mehr berufstätigen Menschen unproduktiv und wertlos geworden. Sie stehen nicht mehr auf der Seite der den Staat Finanzierenden, sondern auf der Seite der den Staat Auslaugenden. Dabei vergisst man allzu gerne, dass diese Alten denselben Staat über Jahrzehnte lang mitgetragen und mitfinanziert haben. Sei es durch Steuern (Staatssteuern, Kirchensteuern, Benzinsteuern, Genussmittelsteuern, Mehrwertsteuern etc.), AHV-Beiträge, Absolvierung des Militärdienstes, Kindererziehung, Haushaltführung. Als Erbträger und Erzeuger waren sie mitverantwortlich für das Fortbestehen der Bevölkerung.

Was nicht irgendwie der Gesellschaft dient, wird an den Rand gestellt, wird zur Randgruppe. Die Alten sind neben den Behinderten, Drogensüchtigen, Alkoholikern, Zigeunern, Asylanten etc. eine solche Randgruppe, welche mit stigmatisierenden Klischees verknüpft wird. Man «ist» nicht alt, man «wird alt gemacht». Der Begriff «Pensionär» ist ebenso mit einem solchen Stigma verhaftet, und da Pensionäre in der Regel in Heimen leben, werden die Heime ebenfalls stigmatisiert. Umgekehrt übernehmen die Pensionäre und Heime auch eine Art Gegenrolle dieses Stigmas. Dies bemerkt man in der schnellen Aufgabe des Widerstandes der neu eingetretenen Pensionäre gegenüber dem Heim, mit all seinen eigenen Gesetzmässigkeiten, mit seinem gleichförmigen Alltag, seiner hierarchischen Gliederung. Der ältere Mensch sieht und interpretiert sich bald so, wie ihn die Umwelt definiert. Im Heim werden die Pensionäre vom Personal schnell als hilfsbedürftige Menschen angesehen, welche sich nicht mehr selber um ihre Belange kümmern können, die ihre Selbständigkeit verlieren resp. verloren haben, keine eigenen Entscheidungen mehr fällen können und deshalb auf Hilfe von Dritten angewiesen sind. Grenzen dieser Abhängigkeit werden nicht immer sauber gezogen, so dass wirkliche Hilfsbedürftigkeit mit scheinbarer Abhängigkeit verwechselt wird. Alter kann als eine gelernte, soziale Rolle definiert werden. Diese Rolle lernt der Mensch nicht erst im Alter, sondern schon während seiner Kinder- und Jugendzeit und später stark auch als Erwachsener. Mit der Pensionierung schlüpft der alte Mensch aus seiner bisherigen Rolle des selbständigen und selbstverantwortlichen Menschen in die Rolle des abhängigen Rentenempfängers. Wegen Nichtgebrauchs werden bisherigen Fertigkeiten und Rollen mit der Zeit «verlernt».

Wenn es eine traditionelle Altenrolle gibt, dann entsprechen die Eigenschaften von Heimbewohnern am ehesten dieser traditionellen Altenrolle. Die dem Altersstereotyp entsprechenden Eigenschaften (wie z. B. Unselbständigkeit, Pflegebedürftigkeit, Verwirrung des Denkens, Verminderung der allgemeinen Gesundheit etc.) scheinen am Heimbewohner am ehesten nachweisbar zu sein. Manche den Heimen gegenüber kritisch Gesinnte sehen diese altersstereotypen Eigenschaften als Folgen der «Institutionalisierung» resp. als Folgen der «Hospitalisierung». Dies trifft zwar bei einigen schlecht geführten Heimen auch zu, man bedenke aber, dass die meisten Pensionäre erst in vorgerücktem Alter in ein Altersheim (viel eher eben in ein Pflegeheim) einziehen. Man kann aber in Untersuchungen bei Altersheim- und Pflegeheimbewohnern im Vergleich mit selbständig Lebenden feststellen, dass Heimbewohner oft in ungünstigen psychischen und sozialen Situationen leben. Vor allem die soziale Isolierung (Sozialkontakte), aber auch das eigene, negative Selbstbild der Heimbewohner spielt hier eine grosse Rolle. Daher sollte in Heimen auf genügend und qualitativ gute Kommunikation und Sozialkontakte viel Wert gelegt werden. Die eher heimfeindliche Presse und Öffentlichkeit fördert leider das negative Selbstbild der Heimbewohner eher, als dass ein positives Selbstbild gestärkt würde.

Gemäss der gesellschaftlichen Einstellung leben in den Altersheimen die älteren Menschen mit tieferem Sozialniveau. Dabei sind 90jährige Menschen in Heimen grundsätzlich gleich wie 90jährige Menschen, die noch bei sich selber oder bei Verwandten wohnen. Ein gewichtiger Unterschied liegt höchstens darin, dass die einen ins Heim gehen müssen, weil die Umwelt (Familie, Spitexdienste etc.) ihnen die Hilfe und Unterstützung zu Hause aus irgendwelchen Gründen entzieht oder nicht mehr zu geben in der Lage ist. Allerdings ist anzumerken, dass, wenn die Altersheime entsprechend definiert werden, sie auch die entsprechende Klientel erhalten. Wenn die Gesellschaft nicht in der Lage ist, psychisch kranke oder pflegebedürftige Menschen ausserhalb der Heime zu dulden, zu pflegen und zu betreuen, dann werden die Heime gefüllt mit gerade diesen Pensionären. Und wenn in den Heimen immer mehr solche pflege- und betreuungsbedürftige Alte aufgenommen werden, müssen sich die ursprünglichen Konzepte diesen veränderten Bedingungen anpassen. Die Altersheime werden langsam zu Pflegeheimen mit einem entsprechenden Wechsel der Heimatmosphäre. Indem sich der Kreislauf schliesst, werden nun vermehrt noch rüstigere

Pensionäre abgeschreckt und zögern ihrerseits mit dem Eintritt in die Heime, bis sie wiederum pflegebedürftig geworden sind und durch Angehörige und einen Arzt ins Pflegeheim eingewiesen werden. Alte Menschen leben häufig allein in ihrem eigenen Haushalt. Dabei fällt auf, dass alte Frauen weit häufiger allein leben als alte Männer. Häufig überlebt die Frau ihren Mann aufgrund der allgemein höheren Lebenserwartung. Ins Gewicht fällt aber auch, dass sich der intergenerationelle Familienzusammenhang stark gelockert hat. Grossfamilien sind eher noch in ländlichen Gegenden zu finden, aber auch dort findet man dieses generationenübergreifende Zusammenleben je länger, je weniger. Alte Menschen leben überproportional häufig in sogenannten Altbauwohnungen mit schlechter Ausstattung und Einrichtung. Heizungsprobleme, Schwellen, Treppenhäuser ohne Lift, das Fehlen eines Bades oder einer Dusche, alte Kücheneinrichtungen usw. erschweren das Leben in solchen Wohnungen. Früher oder später wird Hilfe in Anspruch genommen werden müssen. Übernahmen früher die Angehörigen diese Hilfe selber, so wird diese heute in zunehmendem Masse an die Institutionen delegiert. Auch die Spitexinstitutionen ersetzen diese Hilfe, welche die Gemeinschaft den eigenen alten Leuten verwehrt.

Heute sind etwa knapp 20% der über 65jährigen hilfs- bzw. pflegebedürftig, wobei darunter auch schon kleinere, einmalige Handreichungen und Hilfestellungen fallen. Deren Anteil steigt mit zunehmendem Alter. Auch die Zunahme alter Menschen in unserer Gesellschaft erhöht die Zahl der Pflegebedürftigen. Von diesen leben rund 90% bei sich zu Hause, wo sie von Angehörigen versorgt werden. Nur wenige der über 65jährigen (ca. 3-5%) leben in Heimen und anderen Pflegeeinrichtungen. Tendenziell treten die alten Menschen in immer höherem Alter in die Heime ein. Das Durchschnittsalter der in Heimen lebenden Pensionären bewegt sich schon heute um die 85 Jahre. Wird das Durchschnittsalter der eintretenden Pensionäre nicht deutlich tiefer, so wird sich dasjenige der in Heimen lebenden Pensionäre noch weiterhin erhöhen. Auch unter diesem Aspekt wird verständlich, warum Heime kein gutes Ansehen geniessen, gehören doch die Hochbetagten zu jener Gruppe von Menschen, die von der Gesellschaft am stärksten ausgegrenzt wird und deren gesellschaftliche Stellung kaum noch Rechte wahrt. Hochbetagte sind etwa gleich rechtlos, wie die Kinder und Jugendlichen es sind, mit dem Unterschied, dass die junge Generation die einstigen Träger des Staates sein werden und somit Jahr um Jahr hierarchisch an Bedeutung, an Stellung, Recht und an Ansehen gewinnt, während bei den Hochbetagten genau das Gegenteil der Fall ist. Keine andere Menschengruppe weckt daher bei der Bevölkerung mehr Schuldgefühle als die Hochbetagten.

In der Broschüre der Winterthur-Versicherungen «Unsere neuen Senioren» aus dem Jahre 1991 (Durchführung durch Dichter-Institut für Motiv- und Marketingforschung) wurden auch die Bedürfnisse der älteren Generation erforscht, wo diese im fortgeschrittenen Alter gerne wohnen möchten.

Frage: Wo und wie möchten Sie im höheren Alter am liebsten wohnen?

Senioren wollen möglichst lange in den eigenen vier Wänden bleiben!

Senioren tun sich sehr schwer mit dem Gedanken, im fortgeschrittenen Alter noch einen Domizilwechsel vornehmen zu müssen. Die meisten Befragten – nämlich nicht weniger als 77% – möchten denn auch dort zu Hause bleiben, wo sie heute schon wohnen. Bei den Männern ist dieser Wunsch etwas ausgeprägter als bei den Frauen: 80% Männer stehen hier 77% Frauen gegenüber. Möglich, dass dabei der Umstand eine Rolle spielt, wonach auch pensionierte Männer mit den Hausarbeiten zumeist weniger belastet sind als die Frauen.

Ähnlich ist auch der Unterschied zwischen Stadt und Land: In ländlichen Gebieten sprechen sich 81% der Senioren für einen Verbleib in der angestammten Wohnung aus, in der Stadt dagegen lediglich 73%.

Wie nicht anders zu erwarten, hängen die Eigenheimbesitzer sehr an ihren Häusern oder ihren Eigentumswohnungen: Über 86 Prozent möchten sie auch im hohen Alter nicht gegen ein anderes Zuhause eintauschen. Die Mieter dagegen bringen es auf bescheidene, aber immer noch beachtliche 67%.

Hauspflege und Spitex liegen klar im Trend.
Allerdings sind sich die meisten älteren Leute des wachsenden Risikos durchaus bewusst, das sie mit zunehmendem Alter durch das Führen eines eigenen Haushalts eingehen. Deshalb betonen 56% der Befragten, sie möchten im höheren Alter mit der Gewissheit leben, dass im Notfall immer jemand da ist, der rasch Hilfe bringen kann.

Auch hier zeigen sich deutlich geschlechterspezifische und siedlungstypbezogene Unterschiede: 62% der Frauen, aber nur 49% der Männer möchten sich unbedingt auf eine derartige Hilfe im Hintergrund verlassen können. Auch die Senioren auf dem Lande fühlen sich auf diesen Notfalldienst eher angewiesen (62%) als jene in der Stadt (51%).

Alles in allem ein unübersehbares Zeichen dafür, dass Senioren in sehr starkem Masse an einem Ausbau der Hauspflegedienste und der spitalexternen Krankenpflege «Spitex» interessiert sind.

Wenig Sympathien für Altersheime.
Senioren stehen der Institution «Altersheim» reserviert bis kritisch gegenüber: Nur gerade 9% (nämlich 11% der Frauen und 8% der Männer) erklären, dass sie im hohen Alter am liebsten in einem Altersheim in der Nähe ihres heutigen Domizils wohnen möchten. Etwas höher (nämlich mit 14%) stehen die Alterssiedlungen mit speziellen Alterswohnungen in der Gunst der älteren Leute. Sehr schwach ist umgekehrt das Interesse an Altersresidenzen (4%) oder an einem Umzug ins Tessin (3%). Auch eine Wohngemeinschaft mit anderen Senioren findet mit lediglich 3 Prozent extrem geringen Widerhall.

Interessant ist im übrigen, dass sich von den rund 900 befragten Personen lediglich eine nicht zu diesen Fragen äussern konnte oder mochte. Dies dokumentiert das grosse Engagement älterer Leute für ihre künftige Wohnsituation.

Ein gewisser Vorbehalt ist an dieser Stelle allerdings insofern anzubringen, als die Bedürfnisse der Senioren nur teilweise identisch sind mit jenen der Hochbetagten, die zu einem grossen Teil nicht mehr in der Lage sind, einen eigenen Haushalt zu führen. Das Gefühl für diese spezielle Bedürfnissituation fehlt möglicherweise jüngeren Senioren, die sich heute schon zu ihrer Situation im Hochbetagtenalter äussern.

Quelle: Winterthur-Versicherungen «Unsere neuen Senioren»

Hospitalisierungsschäden in Heimen

Jede soziale Institution wie das Sanatorium, das Krankenhaus, die Psychiatrische Klinik, das Gefängnis sowie das Alters- und Pflegeheim ist ein soziales System und kennt eigene interne organisatorische, administrative, soziale und kulturelle Regeln, Richtlinien und Gesetzmässigkeiten. Diese Institutionen sind zwar eingebunden in gesamtgesellschaftliche Rahmenbedingungen, trotzdem weist jede Institution eine eigenspezifische Daseinsform auf. Grundsätzlich ist jedes soziale System ziel- und zweckorientiert. Systeme, die in sich krank sind, verursachen aber neben beabsichtigten Zielen auch unbeabsichtigte. Man könnte diese ungewollten, aber vermeidbaren Ziele auch als Hospitalisierungsschäden bezeichnen. Die Mechanismen, die solche Hospitalisierungsschäden verursachen, müssen deshalb unbedingt erkannt werden, denn nur so gelingt es, diese ungewollten Nebeneffekte und Schäden an den Pensionären zu verhindern.

Über den Systemtyp «Heim» können wir folgende Feststellungen machen:

- Jedes Heim hat seine eigenen Normen und Gesetzmässigkeiten. Diese weichen oft von denen des normalen Lebens ab und verselbständigen sich.
- Jedes Heim kennt Beschränkungen des sozialen und kommunikativen Verkehrs. Pensionäre erhalten oft nicht die nötige Information.
- Alle Angelegenheiten des täglichen Lebens finden an ein und derselben Stelle und unter ein und derselben Autorität statt.
- Die Pensionäre des Heimes leben und arbeiten in der Gemeinschaft von Mitpensionären (Schicksalsgemeinschaft). Allen wird dieselbe Behandlung und Betreuung zuteil.
- Alle Phasen des Tages sind exakt vorgegeben und vorgeplant (Tagesstruktur bezüglich Aufstehen, Essenszeiten, Mittagsruhe, Abendruhe, Nachtzeit).
- Alle Pensionäre unterstehen der Beaufsichtigung des Personals.

- Das Heim kennt zwei Hierarchieebenen: auf der einen stehen die Pensionäre, auf der anderen Seite das Personal. Das Personal fühlt sich den alten Menschen gegenüber im Grunde überlegen und glaubt das Recht (zu handeln, zu entscheiden etc.) auf seiner Seite. Viele Angestellte glauben, dass die alten Pensionäre nicht mehr Herr ihrer Lage, ihres Selbst seien, dass ihnen vorzuschreiben sei, was zu tun oder zu lassen ist.
- Heime übernehmen Aufgaben und Verantwortungen, die eigentlich der Gesellschaft zufallen würden: Pflege, Betreuung, Ernährung, Therapie, Schutz, Kommunikation, Sozialkontakte, Sterbebegleitung. Da die Gesellschaft diese Aufgaben selber nicht übernehmen und ausführen kann oder dabei überfordert ist, werden sie deshalb mitsamt allerdings beschnittenen Kompetenzen an Heime weiter delegiert.
- Die Pensionäre sind Ausgangspunkt, Zentrum und Ziel zugleich. Obschon sie dies sind resp. sein müssten, haben sie bis heute kaum Mitverantwortung zu tragen, wenig Rechte und Mitentscheidungsmöglichkeiten und äusserst wenig Einflussnahme auf das Heimgeschehen. Die Kompetenzen liegen bei den Heimverantwortlichen, der Heimleitung, der Heimkommission, den Stiftungsmitgliedern sowie den politischen Behörden und Kommissionen.
- Viele Pensionäre haben einen eingeschränkten Kontakt zur Aussenwelt. Ihr Interesse an der Gesellschaft, an der Umwelt und an der Politik droht verlorenzugehen. Viele alte Menschen hängen ihrer «schönen und goldenen» alten Zeit nach und beneiden die Jungen um deren heutigen Probleme nicht im geringsten (Umweltzerstörung, Überbevölkerung, Wirtschaftsrezession).
- Viele junge Menschen (auch die, welche in Heimen arbeiten) sind der Meinung, dass es die Alten von heute sehr gut haben. Das Personal kann es daher nicht immer verstehen, weshalb die Pensionäre so unzufrieden sind, so oft herumnörgeln, wenig glücklich scheinen und ihr Dasein kaum mehr geniessen können.

Kränkungen und Rechtseinschränkungen durch den Heimalltag

Der Heimalltag wirkt bestimmend auf das Leben der Pensionäre. Der einzelne Pensionär als Teil dieses Heimalltages kann Kränkungen, Rückstufungen des Selbstwertgefühls, Verlust des Besitzsinnes und der Entscheidungsfähigkeit erfahren. Unter ungünstigen Voraussetzungen führen sowohl Heimalltag, Heimatmosphäre und Heimkonzept zu Hospitalisierungsschäden. Beim Eintritt kommen die Pensionäre mit einem intakten Selbstbewusstsein ins Heim. Durch das institutionelle Heimleben bedingt, erfahren die neueintretenden Pensionäre eine Reihe von Erniedrigungen, Degradierungen, Demütigungen und Entwürdigungen ihres Ichs. Die Prozesse, durch die das Ich eines Menschen gedemütigt wird, sind in vielen Heimen ähnlich. Zwischen dem Heim und der Gesellschaft besteht eine Mauer, die bereits eine Beschränkung des Selbst ausmacht. Eintretende Pensionäre gehen «ins Heim hinein», was für viele gleichbedeutend ist mit «aus der Gesellschaft hinausgehen». Ein Heimeintritt geschieht auf Kosten des Verlustes von bestimmten bisherigen sozialen Rollen. In diesem Sinne verursacht jeder Heimeintritt einen gesellschaftlichen Rollenverlust. Viele gesellschaftliche Rollen sind für immer und unwiederherstellbar verloren. Es ist nachweisbar, dass Pensionäre, die in ein Heim eintreten, in einem gewissen Sinne eines «bürgerlichen Todes» sterben. Sie werden nicht mehr für irgendwelche Ämter und Kommissionen aufgestellt (Gemeinde, Kirche, Schule), obschon sie von ihrem Wissen und von ihrer Erfahrung her dazu noch in der Lage wären. Aus dem Arbeitsleben sind sie schon lange ausgetreten, doch mit dem Eintritt ins Heim verlieren sie sogar die Möglichkeit, auch nur kleinste Aufgaben wie etwa Gartenarbeiten ausführen, Kommissionen tätigen, bei Feierlichkeiten und Festen mithelfen usw. Es scheint, als verlören sie auch ihre Rechte als Staats- und Stimmbürger. Selbstverständlich sind viele Pensionäre alt und kränklich. Es fehlt ihnen an körperlichen Kräften, um an die Wahlurne zu gehen und abzustimmen. Dabei wäre in etlichen

Abstimmungen eine vorzeitige briefliche Abstimmung durchaus möglich.

Der Pensionär läuft vom ersten Tag seines Heimaufenthaltes an Gefahr, verwaltet zu werden. Viele Heime kennen noch beschämende Aufnahmeprozedere, wie etwa ein Bad nehmen, einen Lebenslauf für die Verwaltung schreiben, eine Photographie von sich machen lassen, sich wägen und messen lassen. Heime mit einschränkenden Regelungen geben ihre Heimordnung den eintretenden Pensionären gleich am ersten Tag ab. Darin erfährt man einen mehr oder weniger festen Tagesplan, verschiedene Regelungen und Ordnungen bezüglich Besuchszeiten, Rauchen, Nachtruhe, Dienstweg, Essenszeiten, Abmeldepflicht, Gebrauch des Haus- und Türschlüssels. An sich sind auch dies Entwürdigungen des Ichs, denn offenbar gehört man von nun an einer Gemeinschaft von verwalteten Menschen an, denen vorgeschrieben wird, wann, wie, wo und wieviel etwas getan oder nicht getan werden darf. Hier ereignen sich gewisse Entwürdigungen auf der Ebene der persönlichen Freiheit.

Glücklich sind wohl jene Pensionäre, die ihre Möbel, Einrichtungsgegenstände und andere Habseligkeiten mit in ihr eigenes Zimmer nehmen dürfen. Unglücklich wohl jene, die ein vom Heim möbliertes Zimmer beziehen müssen und denen keine eigenen Gegenstände mitzubringen gestattet ist. Hier ereignet sich eine gewisse Entwürdigung auf der Ebene des Rechts auf eigene Möblierung (Eigentum).

Manchmal geschieht eine Demütigung auch mittels der Sprache. In einem schlecht geführten Heim erhalten gewisse Pensionäre regelrechte Übernamen. Oft wird geduzt, gehänselt oder über einen Pensionär in dessen Anwesenheit gesprochen, als wäre er selbst gar nicht anwesend. Hier ereignet sich eine gewisse Entwürdigung auf der Ebene des Persönlichkeitsrechts.

Es gibt Heime, die mit einer bewusst praktizierten Informationsknappheit arbeiten. Man lässt Pensionäre über Geschehnisse und Änderungen im Heim im unklaren. Dies geschieht nicht immer absichtlich, sondern aus Bequemlichkeit, Vergesslichkeit resp. Unterlassung. Man vergisst ganz einfach, die Pensionäre zu informieren. Hier ereignet sich eine gewisse Entwürdigung auf der Ebene des Rechts auf Informationen.

Eine weitere Form von institutioneller, unabsichtlicher Demütigung besteht in der Einnahmepflicht von Medikamenten, die der Arzt der Schwester gegenüber verschrieben hat. Die Pensionäre werden nun vom Personal dazu gezwungen, diese verordneten Medikamente einzunehmen. Obschon «draussen in der Gesellschaft» jeder Mensch die Einnahme von Medikamenten nach seinem Gutdünken regeln kann, werden in Heimen die Medikamente durch das Personal zu den Essenszeiten verteilt und auf eine ordnungsgemässe Einnahme gachtet. Die ärztlich angeordneten Medikamente müssen eingenommen werden. Hier ereignet sich eine Entwürdigung auf der Ebene des Rechts auf körperliche und geistige Souveränität.

Manche Heime kennen Badelisten. Darin werden die Pensionäre eingetragen und müssen an den festgesetzten Zeiten baden, ob sie dies wollen oder nicht. Der Badeplan muss eingehalten werden. Selbstverständlich nimmt man auf gesundheitliche Momente weitgehend Rücksicht und badet nicht, wenn jemand z. B. Fieber hat. Doch schon die Tatsache, dass ein solcher Plan existiert, beweist, dass das Heimleben in vielen Bereichen stark reglementiert ist, wobei sich der einzelne Pensionär nur schwer entziehen kann.

An sich sind Therapien im Heim notwendig, wünschenswert und Ausdruck einer guten, fürsorglichen und modernen Heimführung. Therapien sind ausgezeichnete Instrumente zur geistigen, sozialen und physischen Genesung resp. Leistungserhaltung. Die Teilnahme sollte aber grundsätzlich freiwillig sein. Therapiezwang ist auf alle Fälle zu vermeiden. Jeder Pensionär hat ein Grundrecht auf Selbstbestimmung, Autonomie und Handlungsfreiheit.

Die fehlende Aussicht auf Entlassung resp. auf eine Wiedereingliederung in die Gesellschaft stempelt die Pensionäre zu Gefangenen des Heimes, macht sie trostlos, raubt ihnen den

Glauben an die Zukunft. Das Heim ist die letzte Station ihres langen Lebens. Das Heim ist heutige Todesstätte, Ort des heutigen Leidens und Ort des morgigen Sterbens.

Auf der anderen Seite verbreitet sich bei einigen Pensionären möglicherweise das Gefühl, dass die in der Anstalt verbrachte Zeit verloren und vergeudet sei. Die einem verbleibende Zeit des Lebens im Heim muss irgendwie abgesessen, hinter sich gebracht und durchgestanden werden. Der Aufenthalt im Heim wird als nutz- und zwecklos empfunden. Diese Pensionäre finden in ihrem Heimleben keinen Lebenssinn. Der Heimalltag ähnelt der Atmosphäre eines Bahnhofwartsaals, mit dem Unterschied, dass hier kein Zug vorbeikommt, der den Pensionär mit sich nimmt. Hier warten die Pensionäre auf ihren Tod. Macht sich dieses Gefühl, diese Empfindung im Leben des Pensionärs breit, dann läuft etwas Grundsätzliches daneben. Man muss dem Leben nicht Jahre geben, sondern den Jahren Leben.

Die Arbeit im Heim ist Arbeit am Menschen. Gefühle wie Liebe, Hass, Zuneigung, Aggression, Überlegenheit, Unterwürfigkeit sind Ausdruck und Ergebnis eines intensiven Beziehungsprozesses. Dass die Beziehungen zwischen den Pensionären und dem Personal nicht immer die besten sind, liegt im Wesen der oft verschiedenen menschlichen Charaktere, Sympathieneigungen und Lebenskonzepte. Pensionäre können sowohl an Überfürsorglichkeit als auch an beziehungsmässiger Unterkühltheit leiden und Schaden nehmen.

Die Personalkonstellation wechselt von Tag zu Tag. Dies ist bedingt durch die freien Tage, die die Arbeitsphasen unterbrechen. So kommt es häufig vor, dass die personelle Zusammensetzung jeden Tag ändert. Womöglich wird unter dem Pflegepersonal die Arbeit jeden Tag auch neu eingeteilt, so dass der einzelne Pensionär an vielen Tagen des Jahres neue resp. dauernd unterbrochene Beziehungen zur pflegenden Schwester eingehen muss. Diese dauernde Flüchtigkeit der Beziehungen zum Personal kann ebenfalls zu einem Hospitalisierungsschaden führen.

Gefahr von Hospitalisierungsschäden

Pensionäre, die ihre angestammte Umgebung verlassen und sich dem institutionalisierten Heimleben unterordnen, erleiden einen Verlust. Je nach Heimkonzept, Heimatmosphäre und der Persönlichkeit des Pensionärs kann diesem Verlust im Heimalltag nicht entgegengewirkt werden, und der Verlust wird nicht durch neue «Gewinne» ersetzt. Es manifestiert sich ein Verlust an:

- persönlicher Integrität (Rolle, Rechte, Abhängigkeit)
- Kontakt (Familie, Beziehungswelt)
- Lebenssinn (Aufgabe, Nützlichkeit, Endgültigkeit)
- gesellschaftlicher Rolle
- Selbständigkeit (andere bestimmen das Leben)
- Eigen- und Mitverantwortung
- Entscheidungsfähigkeit
- Interesse und Spontanität
- Antrieb und Aktivität

Die Folgen dieser Verluste sind schwerwiegend. Ich umschreibe sie stichwortartig:

- seelische Verflachung
- Verarmung in den Bereichen des
  - Denkens
  - Fühlens
  - Sprechens

- Abnahme der geistigen Leistungsfähigkeit
- Abnahme der Gedächtnisleistungen
- innere Vereinsamung (Deprivation, Resignation, Isolation)
- Regression (Rückgang auf frühe Entwicklungsstufen) und fehlender Zukunftsbezug
- Einschränkungen im Handeln (Mobilität)
- Sprachverarmung, Interaktionsdefizit
- Verwahrlosung

Der Abbruch der Beziehungen zur Aussenwelt, zur Umwelt, zur

Gemeinschaft und die Verarmung an Interaktionsprozessen kann zur Isolation, zur seelischen und sozialen Deprivation führen. Eine seelische Verflachung, Verarmung in den Bereichen des Denkens, Fühlens und der Sprache ist die Folge. Eine allgemeine Abnahme der geistigen Leistungsfähigkeit, die auch das Gedächtnis empfindlich betreffen kann, wird beobachtet. Eine Regression (Entwicklungsrückgang auf eine frühere, kindliche Stufe) kann bei solchen älteren, vereinsamten und in ihren Handlungen eingeschränkten Menschen zutage treten. Pensionäre, die regredieren, benötigen besonders viel Zuwendung vom Personal, wirken hilflos, wehleidig und unbeholfen. Sie verlangen viel Aufmerksamkeit, mehr Pflege und Betreuung, als sie in Wirklichkeit eigentlich nötig hätten. Eine andere Form des Hospitalisierungsschadens ist, dass der Pensionär das Heim als Zentrum seines Daseins betrachtet und sich völlig in die Welt des Heimalltages anpasst. Die bisherige gesellschaftliche Welt wird zugunsten der alles umfassenden, egozentrierten Heimwelt aufgegeben. Der Pensionär denkt, handelt und fühlt nur noch in bezug auf das Heimgeschehen. Das Heim bietet ihm Schutz, Lebensraum und Nahrung. Der frühere Bezug zur Gemeinde, zum bisherigen Stadtquartier löst sich, je mehr Annehmlichkeit, Sicherheit und Schutz das Heim zu bieten imstande ist. Ein vortreffliches literarisches Beispiel kann man im Buch «Der Zauberberg» von Thomas Mann nachlesen.

Die Ursachen der Hospitalisierungsschäden

Die Ursachen hängen mit den vielen Faktoren der Umgebung der Pensionäre zusammen. Einerseits ist da die massive Einschränkung zu erwähnen, andererseits die Überfürsorglichkeit der Institution (Dienstleistungsangebot). Ein Heimbetrieb, der sich an der Fürsorglichkeit orientiert und allen Pensionären alles zu jeder Zeit abnimmt, schädigt die Pensionäre genauso wie das restriktiv geführte, stark reglementierende Heim mit seinen Verboten, Vorschriften, Anweisungen und Ordnungen, womit die Pensionäre wie in einem Archipel verwaltet und versorgt werden.

Die Hospitalisierungsschäden haben mehrere Faktoren als Ursache:

1. (fehlender) Kontakt zur Aussenwelt (fehlende Gemeinwesenorientierung des Heimes)
2. erzwungene Untätigkeit
3. autoritäres Verhalten von Pflegepersonal
4. Verlust von Freunden, persönlichem Besitz und Privatleben
5. Medikamente
6. Heimatmosphäre (restriktiv/überfürsorglich)
7. mangelnde Zukunftsaussichten ausserhalb des Heimes

(R. Barton, aus: A. Finzen, Hospitalisierungsschäden in psychiatrischen Krankenhäusern)

1. Fehlender Kontakt zur Aussenwelt

Manche Heime wurden nicht gerade im Zentrum des gesellschaftlichen Lebens errichtet. Früher baute man sogenannte Altersasyle mit Vorzug an den Stadtrand, oder man wich ganz in ländliche Gegenden aus. Dies wurde mit der Ruhe, besseren Lebens- und Heilungsbedingungen, Baulandreserven etc. begründet. Selbstverständlich wollte man die Alten, Kranken und Behinderten auch von der Gesellschaft fernhalten. Diese Heime haben oft lange Anfahrtswege. Heute baut man in der Regel aber Heime inmitten gesellschaftlichen, urbanen Geschehens. Trotzdem sind bei weitem nicht alle Heime in die Gemeinwesen integriert. Heime mit dem Konzept des reinen Verwahrens von alten und kranken Menschen suchen den Kontakt zur Bevölkerung nach wie vor nicht in genügendem Masse. Besuchszeitenregelungen behindern ebenfalls Kontakte zur Aussenwelt.

Manche behinderte, sehschwache, zitternde alte Menschen können den schriftlichen Kontakt nicht mehr pflegen. Wie schnell ist eine lange Jahre währende Brieffreundschaft aufgegeben.

2. Erzwungene Untätigkeit
Tagesabläufe sind oft ausgesprochen langweilig. Werden keine Aktivitäten geboten, keine Spiele organisiert, findet kein internes Heimleben statt, z.B. via Cafeteria, Besuchsdienste, Therapiegruppen, Unterhaltungsangebote, ziehen sich die Pensionäre in ihre eigenen Zimmer zurück. So sind sie mitunter überfordert, die unendlich scheinende Zeit zu strukturieren und mit aktivem Leben zu füllen. Heime sollten nicht bloss Werk- und Therapieräume anbieten, sondern Mithilfe der Pensionäre zulassen, beispielsweise Mithilfe bei der alltäglichen Heimarbeit, wie waschen, flicken, kochen, Botengänge, Auffüllarbeiten, Gartenarbeiten, Zeitungen bündeln. Dies können kleine Tätigkeiten sein, die nicht Stunden in Anspruch nehmen, aber sie strukturieren den Tag, ermöglichen Verantwortung.

3. Autoritäres Verhalten von Pflegepersonal
Vorschriften und Anweisungen an sowie Eingriffe in die persönliche Entscheidungsfreiheit der Pensionäre sind in manchen Heimen an der Tagesordnung. Es entsteht schnell Raum für Unsicherheiten. Darf man das? Oder wird man vom Personal oder von den Vorgesetzten gescholten? In Heimen, in denen alle eigenständigen Handlungen zum Wagnis für die Pensionäre werden, gedeiht Verunsicherung und Konfusion.

4. Verlust von Freunden, privatem Besitz und Privatleben
Je älter man wird, um so mehr Freunde, Familienangehörige, Schul- und Arbeitskameraden verliert man durch Krankheit und Tod. Es ist das Schicksal jedes älter werdenden Menschen, dass rund um ihn herum Mitmenschen sterben, wegziehen, erkranken oder sich von einem abwenden. Sind alte Menschen kinderlos geblieben, kann es geschehen, dass etwa eine über 90 Jahre alte Frau noch die einzige Zeugin einer Epoche ist, über die sie als einziges Gemeindemitglied noch Auskunft geben kann. Mit wem will diese Frau noch Erinnerungen austauschen?

Heime, in denen noch Mehrbettzimmer existieren, bieten

nicht genügend Raum für eigene Möblierung. Privater Besitz beschränkt sich gerade auf den Kleiderkasten, das Nachttischchen, das Bett und die bettseitige Wand, an die ein Bild befestigt werden kann. Eigenes TV und Radio im Zimmer ist absolut unmöglich. Jahrzehnte hat sich der Mensch an Eigentum binden lassen. Seine ganz persönlichen Lebensziele sind auf Besitz und Eigentum ausgerichtet, und nun, im hohen Alter heisst es, alles loszulassen, vielleicht Schritt für Schritt oder gleich alles auf einen Schlag. Privates Leben in einem Mehrbettzimmer scheint mir ausgeschlossen. Sein Leben nach seinen eigenen Ideen, Vorstellungen und Wünschen gestalten zu können ist gebunden an eigene Wände, an einen Raum, der das Innen von dem Draussen scheidet. Es müssen Rückzugsmöglichkeiten vorhanden sein, Räume, in die man sich zurückziehen kann, wenn man dies wünscht.

5. Medikamente

Ein Altersheim kann selbstverständlich nicht mit einer psychiatrischen Klinik verglichen werden. Trotzdem findet man auch in einigen Heimen die Praxis, dass teilweise starke Beruhigungsmittel verabreicht werden, die apathisch machen. Das Ziel eines solchen medikamentösen Einsatzes ist die «Ruhigstellung» unruhiger, schreiender Pensionäre. In diesem Sinne haben Medikamente die Rolle des Ersatzes menschlicher Zuwendung.

6. Heimatmosphäre

Heime wirken manchmal unfreundlich, kalt und abstossend. (Unfreundliche Baumaterialien. Lange, schmale Gänge. Dunkle, schattige Ruheecken. Farben und Formen von Mobiliar, Wänden, Decken, Böden, Vorhängen. Ungemütliches Licht. Trostlose Aussicht aus den Fenstern. Lärm. Schmutz. Feuchtigkeit. Schlechte Gerüche und Gestank von Stuhl und Urin oder Desinfektionsmitteln.) Weit wichtiger als die bauliche Heimatmosphäre aber ist die soziale Atmosphäre im Heim. Viele verschiedenste Faktoren machen diese Heimatmosphäre aus. Solche Faktoren sind:

- Hauptaufgabe des Heimes und dessen Zielvorstellungen (Heimphilosophie, Primary Task)
- Führungsstil der Leitung (Führungsideologie)
- Menschenbild, Alternstheorien im Heim
- Milieugestaltung (siehe Milieupflege) als Ausgestaltung des Gemeinschaftslebens
- Therapiekonzept
- Freizeitgestaltung
- Stereotypien des Alters und Alterns im Heim
- Personalqualität (Bildungsstand, Reifheit)
- Umgang mit Behinderungen, Krankheit sowie Sterben und Tod (Pflege- und Betreuungsstil)
- Kommunikations- und Interaktionsqualität
- Verhältnis des Heimes zur Öffentlichkeit
- Bauliche Atmosphäre (Räume, Einrichtung)
- Behinderungsart der Pensionäre (Grad der Pflege- und Betreuungsbedürftigkeit)

7. Mangelnde Zukunftsaussichten ausserhalb des Heimes
Das Heim als letzte Station des Lebens vor dem Tod. Wie soll da noch ein Pensionär von der Hoffnung getragen sein, das Heim irgendwann in Zukunft vielleicht wieder einmal verlassen zu können?

Milieupflege oder die therapeutische Wohngemeinschaft

Gemeinschaft aber,
werdende Gemeinschaft (nur die kennen wir bislang)
ist das Nicht-mehr-nebeneinander,
sondern Beieinander einer Vielheit von Personen,
die ob sie auch mitsammen
sich auf ein Ziel zu bewegen,
überall ein Aufeinanderzu,
ein dynamisches Gegenüber,
ein Fluten von Ich zu Du erfährt:
Gemeinschaft ist,
wo Gemeinschaft geschieht.

MARTIN BUBER

Eine Wohngemeinschaft ist ein mittel- oder längerfristiger Zusammenschluss mehrerer Personen zu einer Form des Zusammenlebens, die mit einer gemeinsamen Wohnung (Heim, Station) als Basis den Charakter einer festen Lebensgemeinschaft haben. Milieupflege stellt ein therapeutisches Umfeld innerhalb einer Wohngemeinschaft her, in der die Pensionäre in täglicher, unmittelbarer Interaktion mit dem Personal einen fördernden Rahmen finden, in dem gemeinsame Ziele zu erreichen versucht werden. Altersheime sind in der Regel Lebensgemeinschaften auf unfreiwilliger Basis. Die Pensionäre kommen aus den verschiedensten Lebensbezügen und aus den unterschiedlichsten sozialen Schichten. Einerseits werden in Heime Menschen gegen ihren Willen eingewiesen, weil sie in der Gesellschaft nicht mehr allein leben können. Andererseits treten auch Pensionäre «freiwillig» in Heime ein, weil sie einsichtig geworden sind, dass die Annehmlichkeiten dieser Versorgungsinstitutionen ihnen den Lebensabend erleichtern werden. Oder sie sind überzeugt davon, dass sie mit den Anforderungen des «Draussen» nicht mehr alleine zurechtkommen würden. Es sind Menschen, die von der Realität gezwungen werden, ihr früher selbstbestimmtes

Leben aufzugeben, um in Zukunft Einbussen an persönlicher Freiheit, Wohnraum, Intimität und Privatsphäre hinzunehmen, um weiter existieren zu können. Diese Einbussen machen den Pensionären gerade in der ersten Zeit ihres Einlebens ins neue Heim stark zu schaffen.

In diesem Spannungsfeld stellt die Milieupflege ein Mittel dar, solche Konfliktsituationen aufzudecken und therapeutisch anzugehen. Obwohl Heime faktisch Wohngemeinschaften sind, wird diese Gemeinschaft in den wenigsten Fällen dauernd in Harmonie vollzogen. Zwar leben 50, 80, 120 oder noch mehr Menschen in diesen Heimgemeinschaften. Man könnte der Meinung sein, darin vermöge man nun gewiss keine Isolierung und keine gespannte und resignierte Stimmung festzustellen, doch oft ist genau das Gegenteil der Fall.

Innerhalb der breiten Palette von Betreuungskonzepten stellt die Milieupflege eine wichtige angewandte Interventionspraxis dar. Sie umfasst eigentlich mehrere Techniken und bezieht neben dem Wohnumfeld auch alle Pensionäre und das gesamte Personal mit ein. Grundsätzlich kann man aber sagen, dass Milieupflege immer auf das Heimmilieu (Form des Zusammenlebens, des Miteinanderumgehens), also auf das Lebensumfeld der Pensionäre, abzielt, in dem diese und natürlich auch das Personal tagtäglich rund um die Uhr eingebunden sind.

Das Milieu:
Die Ambiance und Atmosphäre des Heimes

Die Milieutherapie,wie sie auch genannt wird, befasst sich mit dem unmittelbaren Lebensraum und Lebensumfeld der Pensionäre in Heimen. Jedes Heim hat sein jeweils ganz spezifisches Milieu, das auf die Pensionäre unweigerlich einwirkt. In Prospekten, Jahresberichten, Baubeschreibungen, Artikeln und Inseraten der Heime spricht man gerne und oft von «angenehmer Ambiance», von «heimeliger Atmosphäre des Heimes». Gemeint sind in der Regel die rein baulichen Gegebenheiten, also etwa Aufenthaltsräume, Pensionärszimmer, die Eingangshalle sowie die Ausstattung dieser Räume mit Vorhängen, Teppichen, Holzdecken, Wandschränken, Betten, Möbeln, Bildern und Blumenschmuck.

Ein erster Schritt besteht denn auch darin, diese Räumlichkeiten einmal genauer unter die Lupe zu nehmen und Änderungen vorzuschlagen und auch durchzuführen. Dabei kann es sich etwa um die farbliche Gestaltung der Wände handeln, um die Einrichtung einer gemütlichen Wohnecke oder um bequeme Sitzgruppen. Milieupflege ist aber mehr als die Verschönerung des Heimes. Sie umfasst auch:
- die Art und Freundlichkeit des Personals (Beziehung zu den Pensionären, Auffassung von der Arbeit, Pflegekonzept)
- die Regeln der Hausordnung (Besuchszeiten, Verhaltensregeln, Mitsprachemöglichkeiten der Pensionäre)
- sowie die verschiedenen Aktivitäten und Unterhaltungsangebote, die im Heim stattfinden.

Ebenfalls sehr wichtig ist die Art des Umgangs der Heimbewohner untereinander und die Art, wie sie mit dem Personal umgehen. Im weiteren gehört zur Milieupflege auch das soziale Umfeld der Altersheime, speziell Besucher und Verwandte. Im Zentrum des milieutherapeutischen Ansatzes aber steht in erster Linie das Altersheim selbst mit allen seinen Gruppenaktivitäten, Räumlichkeiten, Einrichtungen, Therapie- und Unterhaltungsangeboten.

Aktive Mitentscheidung der Pensionäre

Die Milieupflege motiviert alle Pensionäre zu einer aktiven Teilnahme am Heimalltag. Ihnen wird die passive und abhängige Rolle des Kranken und Pflegebedürftigen Schritt für Schritt genommen resp. von allem Anfang an gar nie zugeteilt. Mehr und mehr werden alle Pensionäre an den sie betreffenden Entscheidungen beteiligt (Mitentscheidung und Mitverantwortung). Man bespricht und besorgt die Angelegenheiten des Gruppenlebens gemeinsam (allgemeine Demokratisierung), ebenso wie die persönlichen Probleme und Verhaltensweisen der einzelnen. Aus Gründen des Persönlichkeitsschutzes können natürlich nicht alle vertraulichen Probleme und Verhaltensweisen innerhalb der Gemeinschaft besprochen werden. Einzeltherapien sind innerhalb der Milieutherapie zwar möglich, sind aber eher die Ausnahme. Sie dienen eigentlich fast ausschliesslich der sozialen Integration von Pensionären mit zwischenmenschlichen Schwierigkeiten. Grundsätzlich geschieht Milieupflege aber in therapeutischen Gruppen und deren Veranstaltungen. Besonders zu Beginn der therapeutischen Arbeit dürfen die alten Menschen auf keinen Fall überfordert werden, was ihre Fähigkeit zur Gruppenaktivität, zur Teilnahme und zur Kommunikation anbelangt.

Soziales Lernen

Innerhalb der Arbeit mit alten Menschen begegnet man oft der falschen Meinung, dass alte Menschen nicht mehr lernfähig seien und es dem hohen Alter dieser Menschen gegenüber respekt- und taktlos sei und diese in ihrer Würde verletze, wenn man sich erlaube, ihr Verhalten ändern zu wollen. «Was Hänschen nicht lernt, lernt Hans nimmermehr», heisst ein bekanntes Sprichwort. Es soll das Argument untermauern, alte Menschen hätten einen allgemeinen Abbau hinzunehmen (Defizittheorie), der sich in Altersstarrsinn, in Merkfähigkeitsstörungen, in Desinteresse und in Uneinsichtigkeit zeige. Die Alten hätten sich demgemäss damit abzufinden, dass bei ihnen nichts mehr zu machen sei. Nach dem derzeitigen Stand der Gerontologieforschung sind diese Behauptungen unsinnig. Verhalten kann auch im hohen Alter noch verändert werden, die kognitiven Fähigkeiten sind weiterhin trainierbar, und man kann die Erfahrung machen, dass intensives und sich wiederholendes Lernen auch entsprechende Früchte trägt. Alte Menschen sind sehr wohl noch lernfähig und auch interessiert, ihre Umwelt weiterhin verstehend akzeptieren zu können. Sie sind auch fähig, etwas Neues hinzuzulernen, es entsprechend anzuwenden und daraus Vorteile zu gewinnen.

Ziele des therapeutischen Milieus

Im Heim ist das oberste Ziel der Milieupflege daher das möglichst konfliktfreie Zusammenleben. Die Heimgemeinschaft übernimmt die bei vielen alten Leuten fehlende soziale Umgebungsstruktur und ersetzt sie durch eine eigene künstliche. Die therapeutische Gemeinschaft ersetzt also auch soziale Rollen, welche die alten Menschen in der Gesellschaft inne hatten und mit dem Eintritt ins Altersheim verloren haben, durch neue.

Ziele der Milieupflege aus der Sicht der Pensionäre:
- Rollenfindung
- soziale und sprachliche Interaktion
- Übernahme von neuen Aufgaben
- Aufbau von neuen, auch emotionalen Beziehungen, Bekanntschaften und Freundschaften
- Verhinderung von Rückzug, geistigem Abbau und Vereinsamung
- Erlangung neuer, befriedigender Kompetenzen
- Förderung des Selbstwertgefühles sowie geistige, emotionale Entfaltung
- Verbesserung der kommunikativen Fähigkeiten
- Erhaltung und Förderung von Fähigkeiten und Fertigkeiten
- Mitgestaltung des Heimbetriebes und der Heimumgebung sowie Übernahme von Mitverantwortung für den Heimalltag
- Förderung der Wohnatmosphäre im Heim
- persönliche Selbstentfaltung /Entwicklung
- Einschränkung der Hospitalisierungsschäden

- Förderung zwischenmenschlicher Beziehungen sowie Pflege einer zwischenmenschlichen Kultur
- Erweiterung des Handlungsspielraumes, des Erfahrungsspielraumes, des Tätigkeitsfreiraumes
- Entgegenwirken gegen die soziale, sensorische, kognitive, perzeptuelle und emotionelle Deprivation, die in schlecht geführten Heimen möglich ist.

Deprivation	=	Beraubung, Entbehrung
sensorisch	=	die Sinnesorgane betreffend
kognitiv	=	das Erkennen betreffend
perzeptuell	=	die Wahrnehmung betreffend
emotionell	=	das Gefühlsleben betreffend

Ziele der Milieupflege aus der Sicht des Heimes

- Arbeitsinstrument für das arbeitende Personal, welches die Beziehung zwischen Pensionären und Personal konstruktiver festlegt und auch den Mitarbeitern mehr Freiraum zur Selbstverwirklichung innerhalb des Berufes ermöglicht und dadurch ein für das Personal freundlicheres Arbeitsklima schafft.
- Demokratisierung des Heimbetriebes zugunsten der Pensionäre.
- Förderung von Mitwirkungsrechten, welche die Lebensqualität in und Attraktivität von Heimen fördert.
- Selbstverwaltung sowie intensive, soziale Interaktion und Kommunikation.
- Ermöglichung eines angstfreien Klimas.
- Erhöhung des Aktivitätsniveaus (Animation).
- Erschaffung eines Freiraumes zur Selbstverwirklichung im Heim.
- Abbau von Gewalt und Aggressionen in Heimen.

Zum letzten Punkt einige Anmerkungen:

Der Pflegealltag in Heimen ist leider nicht frei von Gewalt und Aggressionen. Die Gründe für diese in Heimen grundsätzlich nicht tolerierbaren Verhältnisse sind vielschichtig und treffen sowohl Pensionäre wie auch Personal. An dieser Stelle kann nicht eingehender auf die Ursachenkomplexe dieses Phänomens «Gewalt und Aggressionen im Altersheim» eingegangen werden. Nachfolgend einige mögliche Ursachen für Aggressionen und Gewalt im Altersheim:

Quellen von Gewalt und Aggression im Altersheim

Seite der Mitarbeiter:	*Seite der Pensionäre:*
- schlechtes Heimklima	- Gefühl des Ausgeliefertseins
- veraltete Heimordnung	- Verlust an Lebensqualität
- Probleme im Team	- Altersheim als Endstation
- Überforderung durch Pflege	- psychische Veränderung
- persönliche Probleme	- Bevormundung
- Autoritätskonflikte	- Sympathie/Antipathie
- Hierarchieprobleme	
- Burn-out	
- fragwürdiges Pflegekonzept	

Die Milieupflege kann sich des Themas Gewalt und Aggressionen im Heim annehmen und diese positiv im Sinne einer Herabsetzung des Gewalt- und Aggressionspotentials beeinflussen.

Die Selbstverwaltung durch die Pensionäre

Ein weiterer zentraler Gedanke der Milieupflege im Heim ist die weitgehendste Selbstverwaltung durch die Pensionäre. Zunächst werden die Pensionäre durch das Personal unterstützt, bis sie immer selbständiger mit den anfallenden Aufgaben des täglichen Lebens umgehen. Dabei wird festgestellt werden können, dass die Pensionäre nebst einer Verbesserung der Selbständigkeit auch die anfängliche Unsicherheit verlieren und erheblich an eigener Aktivität gewinnen. Sie nehmen ihr eigenes Schicksal wieder selber in die Hand, werden selbstbestimmter, aktiver und beginnen, Mitverantwortung zu tragen. Sie übernehmen wieder eigene Entscheidungsbefugnisse. Das Geschehen auf der Abteilung, der Tages- und Wochenablauf sowie die Planung der Feste und Feiern wird wesentlich durch den Willen der Pensionäre mitbestimmt und mitorganisiert.

Mitwirkungsrechte der Pensionäre

Milieupflege in Altersheimen kann nur erfolgreich funktionieren, wenn den Pensionären gewisse Mitwirkungsrechte zugestanden werden. Diese Mitwirkungsrechte sind meines Erachtens fundamentale Grundrechte der Pensionäre. Leider sind noch viele Altersheime in der Schweiz dem Thema «Rechte der Pensionäre» nicht genügend nachgegangen. Immerhin gibt es einige fortschrittlichere Heime, die in ihren Reglementen, Heimordnungen und Pensionsverträgen einige dieser Rechte formulieren.

Mitwirkungsrechte sind noch keine Mitentscheidungsrechte, aber sie lassen immerhin eine aktive Auseinandersetzung und Beteiligung zu. Entschieden wird schlussendlich durch den Heimträger resp. durch die Heimleitung. Je nach Angelegenheit sollten den Pensionären jedoch nicht nur Mitwirkungsrechte (MWR), sondern sogar Mitentscheidungsrechte (MER) eingeräumt werden. Die Mitwirkungsrechte wiederum lassen sich weiter unterteilen in ein:

- Informationsrecht
- Beteiligungsrecht
- Erörterungsrecht
- Antragsrecht
- Beschwerderecht

Nachfolgend sind einige Angelegenheiten, die den Heimalltag betreffen, aufgeführt.

Angelegenheiten:	Empfehlung:
Heim und Unterbringung	
- Eingliederung neuer Bewohner ins Heim	MWR
- Bausanierungen, Funktionsänderungen	MWR
- Öffentlichkeitsarbeit (Zeitungsartikel)	MWR
- Arbeit der Heimkommission	MWR
Aufenthaltsbedingungen	
- Massnahmen zur Unfallverhütung	MER
- Planung und Durchführung von Veranstaltungen/Festen/Feiern etc.	MWR + MER
- Organisation von Ausflügen	MWR + MER
- Gestaltung des Tagesablaufes	MWR + MER
- Besuchszeitenregelung	MER
Heimordnung	
- Änderungen der Heimordnung	MWR
- Abgabe von Hausschlüsseln	MWR
Verpflegung	
- Menüplangestaltung	MER
- Veränderung der Essenszeiten	MWR
- Mithilfe in der Küche	MWR
Freizeitgestaltung	
- Gestaltung der Gartenanlage	MWR + MER
- Aufstellen von Sitzbänken	MWR + MER
- Planung und Durchführung von Aktivierungsmassnahmen	MWR + MER

Personalwesen	
- Qualifizierung von Personal	MWR
- Auswahl und Anstellung neuer Mitarbeiter	MWR
Pflege und Betreuung	
- Pflegekonzept allgemein	MWR
- Pflegekonzept des einzelnen Pensionärs	MER
Haushaltaufgaben	
- Reinigung der Pensionärszimmer	MWR + MER
- Blumen tränken u. a. Ämtli	MWR
Medizinische Massnahmen	
- Durchführung von medizinischen Massnahmen	MER
- Einnahme von Medikamenten etc.	MER

Ansatzpunkt Dauerhospitalisierung?

In Psychiatrischen Kliniken wird Milieupflege auch eingesetzt, um einer drohenden Dauerhospitalisierung entgegenzuwirken. In Alters- und Pflegeheimen ist dies vordergründig ein wohl weniger zentrales Ziel. Es mag sein, dass die Milieutherapie innerhalb der sogenannten Übergangspflege eine rehabilitierende Rolle zu spielen vermag. Doch sollte diese Pflegeform dann in anderen, spezialisierten Institutionen wie etwa in einer Rehabilitationsabteilung stattfinden, in der die Prinzipien der Milieupflege zum Tragen kommen. Obschon auch Alters- und Pflegeheime in ihrer täglichen Arbeit das Pflegeziel «Rehabilitation» anvisieren müssten - grundsätzlich können auch alte Menschen rehabilitiert werden -, so wird die Praxis doch eher nicht auf eine Rehabilitation im Sinne einer zukünftigen Rückkehr in die eigene Wohnung ausgerichtet sein, sondern auf Rehabilitation im Sinne einer Verbesserung der Lebensqualität und Pflegebedürftigkeit im Alltag.

Konfrontation mit Leiblichkeit

Ein weiterer Problemkreis alter Menschen ist die Konfrontation mit dem Verfall der Leiblichkeit. Alles Sein ist vergänglich. Die Kräfte des Geistes schwinden, auch wenn sie sich in Form eines immensen Erfahrungsschatzes kompensieren. Dieser Verfall der Leiblichkeit ist feststellbar am Schwund der Muskelsubstanz, genauso wie etwa an der zunehmenden Ungelenkigkeit älterer Menschen. Der Verfall der Leiblichkeit wird einerseits von den Betroffenen selbst wahrgenommen, doch andererseits verdrängt, verflucht und verleugnet.

Der eigene alternde Leib soll den alten Menschen im Heim vertraut gemacht werden. Sie sollen lernen, ihren alternden Körper zu akzeptieren, so dass eine Versöhnung mit dem Verfall des Körpers stattfinden kann. Dabei kann aufgedeckt werden, wie sehr unsere Gesellschaft die Jugendlichkeit, Schönheit und Körperkraft idealisiert und wie sehr wir Menschen diese gesellschaftlichen Normen übernommen und internalisiert haben (Internalisierung = Übernahme einer Gruppennorm als für die eigene Person gültig). Durch die körperbezogene Arbeit wird nicht nur ein besseres Verhältnis zur eigenen Körperlichkeit hergestellt, sondern durch den Kontakt mit Mitpensionären entsteht Kontakt und Berührung, und damit wird auch eine Grundlage für Intimität hergestellt.

Rollenspiel und Rollentausch: theatralische Techniken der Milieupflege

Eine besonders erwähnenswerte Technik der Milieutherapie ist das Rollenspiel. Durch szenische, theatralische Darstellung von biographischen Ereignissen aus dem Leben der Pensionäre werden diese als Personen deutlich und erfassbar. Die Pensionäre haben damit ein Instrument zur Aufarbeitung ihrer eigenen biographischen Geschichte, und das Personal kann hier konkreten und direkten Bezug zu den Lebensschicksalen der Pensionäre erhalten. Im Rollenspiel können Rollen und Personen frei ausgetauscht werden, so dass man einmal Akteur ist und ein andermal nachdenkender Zuschauer. Das Personal kann seinerseits ebenfalls via Rollenspiel Konfliktsituationen nachspielen, in denen es sich befindet. Szenisch können so Konflikte aus dem privaten sowie aus dem Arbeitsbereich (wie Beziehungsprobleme mit Pensionären) dargestellt und aufgearbeitet werden. Durch das Beisammensein von Pensionären und Personal im Rollenspiel vermindert sich das Rollengefälle zwischen ihnen.

Rollentausch: Pensionäre spielen die Rolle des Personals, das Personal spielt die der Pensionäre. Innerhalb des Rollentausches ist es dem Spielenden möglich, aus der Sicht des anderen diesen zu spielen und dabei innerlich nachzuvollziehen, wie es diesem ergeht. Er sieht die gespielte Person also nicht bloss von aussen, sondern verkörpert sie selber, fühlt und denkt und handelt wie diese. Dadurch vertieft sich das Verständnis für die Belange des anderen. Der Spielende muss sich während des vorgetragenen Spieles intensiv in die gespielte Person hineinversetzen, sich mit dieser auseinandersetzen, sich mit der neuen Rolle identifizieren. Dabei werden die Hintergründe für Handlungen und Äusserungen des anderen deutlich und erfahrbar. Diese Technik wurde übrigens innerhalb des Psychodramas entwickelt.

Aufteilung in autonome Gruppen

Damit die therapeutische Gemeinschaft nicht zu gross und unüberschaubarer wird, kann das Heim in mehrere, in Teilbereichen autonom funktionierende Gruppen unterteilt werden, die in sich eine Lebensgemeinschaft darstellen und gemeinsam an selbsternannten Zielen arbeiten, wie etwa:

- Verschönerung der Wohnumgebung
- gemeinsames Kochen
- Spiele spielen
- Pflege der zwischenmenschlichen Beziehungen

Grosse Heime muss man auf jeden Fall in kleinere, milieutherapeutisch arbeitende Abteilungen aufteilen. Kleinere Gruppen sind überschaubar, persönlicher und garantieren eher einen Zusammenhalt der in ihr lebenden Pensionäre. Verschiedene Gruppenaktivitäten auf den Abteilungen und im Heim dienen der Stimulation. Bei der Suche nach Gruppenaktivitäten ist der Phantasie freier Lauf zu gewähren.

Solche Gruppenaktivitäten können sein:
- Musikkreise
- Malgruppen
- Nähgruppen
- Bewegungs- und Gymnastikgruppe
- Sing- und Spielgruppe
- Kochgruppe
- Gedächtnistrainingsgruppe
- Fotogruppe
- Austausch von Biographie

Kleinere Aufgaben (Aktivitäten) können verteilt werden entweder an einzelne Pensionäre oder an zwei, drei miteinander. Solche «Ämtli» können sein:
- Abwaschen
- Tische decken
- Aquarium reinigen
- Haustier versorgen
- Wäsche zusammenlegen
- Windeln auffüllen
- Einkäufe besorgen
- Betreuungsaufgaben von schwächeren und älteren Mitpensionären

Auch hier kann der Phantasie freier Lauf gewährt werden.

Arbeit am und mit dem Personal

Die Mitarbeiter sind ebenfalls ein sehr wichtiger Bestandteil des therapeutischen Milieus. Gerade innerhalb der täglichen Begegnung mit den Pensionären, innerhalb der Pflege und Betreuung, den unzähligen Gesprächen untereinander, den Aktivitäten und Unterhaltungen wird das Milieu «gepflegt», findet Milieu und soziale Kultur statt. Mitarbeiter werden innerhalb der Milieupflege manchmal ebenfalls hart gefordert. So werden es Mitarbeiter, die jahrelang zu den Pensionären ein überprotektives Verhalten (stark behütendes und beschützendes Verhalten) eingeübt haben, mitunter sehr schwer haben, aus diesem Rollenverständnis wieder herauszukommen, insofern auch deshalb, weil überprotektives Pflegeverhalten die Pensionäre in eine regressive (abhängige, frühkindliche) Gegenrolle drängte, welche diese so schnell nicht ablegen können und wollen. Überprotektives Verhalten des Personals wirkt auf die Pensionäre einengend. Die Milieutherapie versucht die Pensionäre bis an die Grenze ihres Leistungsvermögens zu führen. Regression führt auch zu Verwöhnung und Unselbständigkeit. Sein eigenes regrediertes Verhalten aufzugeben, um im hohen Alter nochmals an die Grenze der eigenen Leistungsfähigkeit zu gehen, erzeugt Angst und Verunsicherung. Das Personal hat die Aufgabe, diese Verunsicherung aufzufangen und mit unterstützenden Massnahmen abzufangen.

Milieupflege ist ein Motivationsinstrument. Es verhindert das sogenannte Burn-out-Syndrom (innere Erschöpfung durch Überforderung). Somit dient Milieupflege auch der Erhaltung von Personal (Fluktuationsverminderung) und bietet ein eigentliches soziales Übungsfeld. Das gemeinsame Arbeiten innerhalb der Pflege und Betreuung kann das weitverbreitete Burn-out-Syndrom verhindern, denn mit der gemeinschaftlichen Aufgabe und Zielsetzung und mit dem Arbeiten innerhalb einer Pflegegruppe verteilt sich die Belastung der Altersarbeit auf mehrere Schultern. Durch die Möglichkeit der Supervision können Arbeitsprobleme aufgearbeitet werden. Arbeit verlangt Sinn und Ziel. So wird eine gut eingeführte Milieupflege dem Namen und Ansehen des entsprechenden Heimes auf jeden Fall förderlich sein, fühlen sich doch Pensionäre wie Angestellte darin wohl und tragen ihre Zufriedenheit hinaus. Eine gut funktionierende Milieutherapie gibt speziell dem Pflegepersonal einen Rahmen, an den es sich halten kann.

Das Personal:
- kann Initiative entfalten
- sich mit der Arbeitsstelle besser identifizieren
- ist zufriedener
- arbeitet im Team
- arbeitet weniger unter hierarchischen Strukturen
- kann sich in Teilbereichen der Milieupflege eine grosse soziale Kompetenz aneignen
- erhält ein weitgehendes Mitspracherecht
- entwickelt Verantwortungsgefühl
- erhält Anerkennung und Achtung für die geleistete Arbeit, indem das Heimklima sich verbessert
- erhält die Möglichkeit zur Supervision und persönlichen Weiterbildung

Schritte in die Milieupflege

Bei der Errichtung der Milieupflege im Heim kann in 4 Arbeitsphasen vorgegangen werden:

1. Die Einstellungsänderung und das Training aller Mitarbeiter.
2. Die Veränderung der räumlichen Umgebung im Sinne zunehmender Stimulation im physischen, psychischen und sozialen Bereich.
3. Die Bereitstellung von Aktivitätsmöglichkeiten und der entsprechenden Räumlichkeiten.

4. Eigentliche Durchführung der Milieupflege sowie Anwendung verschiedener Techniken zur Verhaltensänderung. (Rollenspiel, Abteilungsgespräche, Aktivitätsgruppen etc.)

Vor der Einführung der Milieupflege muss das Personal über Zweck und Art des Vorhabens aufgeklärt werden. Die bisherige Art der Altenpflege muss neu überdacht werden, Beziehungsnetze erneuert, die Pflegepraxis geändert und das bisherige Arbeits- und Pflegekonzept revidiert werden. Der Sinn und die Technik der Milieupflege betrifft alle Mitarbeiter des Heimes, das Pflegepersonal genauso wie den Koch und die Reinigungsangestellte. Während der Umstellungsphase kann dem Personal Mehrarbeit und innere Belastung erwachsen. Deshalb sollten die einzelnen Phasen und das weitere Vorgehen innerhalb von Teamsitzungen besprochen, Probleme erläutert und beseitigt werden.

Die Einführung der Milieupflege erfordert eine zentrale Koordinations- und Anlaufstelle, die Vorgaben, Teilziele sowie Ideen anregt und die bei anfallenden Problemen oder Schwierigkeiten konsultiert werden kann. Diese Leitung sollte nicht innerhalb der täglichen Pflegearbeit stehen, sondern gerade in der Einführungszeit sich ausschliesslich mit der Praxis der Milieutherapie beschäftigen. Der Aufbau muss durch eine erfahrene Fachperson überwacht werden.

Die Einführung der Milieupflege erfolgt, indem das Altersheim räumlich verändert und wohnlicher eingerichtet wird. Räume, Wohnecken und Zimmer erzeugen eine wohnlich-warme, lebensbejahende Atmosphäre. Mittel dazu sind: Möbel, Bilder, Farben, Blumen, Wandbehänge, Kalender, Vorhänge etc.

Danach erfolgt die Gruppenbildung. Es entstehen «autonome» Wohngruppen, die in sich Beziehungseinheiten darstellen und die von anderen Wohngruppen klar getrennt werden. Einer solchen autonomen Wohngruppe (Wohnstockwerk) steht eine Wohngruppenleitung vor, die für ihren Bereich verantwortlich ist. Diese Wohngruppenleitungen stehen eng in Verbindung miteinander und mit der Gesamtleitung. Sie begleitet Personal und

Pensionäre bei der täglichen Arbeit (Rapportübergabe, Tagesaktivitäten), macht Vorschläge, diskutiert, löst Probleme, bringt neue Inhalte und Ideen ins Team. Die einzelnen Pensionäre erhalten darin bestimmte Aufgaben und Rollen zugeteilt. Die Gruppenaktivitäten werden abgesprochen, durchgeführt, dokumentiert und wo nötig ausgewertet und korrigiert. Ziel aller dieser Aktivitäten ist, für Pensionäre und Personal ein Milieu zu schaffen, in dem sich alle wohl fühlen, akzeptiert und gefordert werden.

Herrschte bisher im Heim ein behütender, hierarchischer, die Pensionäre versorgender Stil (Warm-Satt-Sauber-Theorie), so tritt nun langsam an deren Stelle Selbstbestimmung, Selbstversorgung, eigener Entscheidungs-, Erlebens- und Handlungsspielraum sowie Mitverantwortung des Pensionärs für die Heimaktivitäten, ja sogar für den eigenen Therapie- und Pflegeprozess. Die Pensionäre nehmen aktiv am Heimleben teil, bestimmen und versorgen sich so weit wie möglich (und nötig) selber. Für sie entsteht ein neues Zuhause, das sie selber mitgestalten können. Ihr Einfluss auf das tägliche Geschehen nimmt zu, und zwar in einem kontinuierlichen und starken Masse. Es entsteht eine neue Partnerschaft zwischen Pensionären und Personal.

Für das Personal bedeutet es eine Veränderung der bisherigen Arbeitsweise. Die frühere Haltung vom helfenden und bestimmenden Mitarbeiter ändert sich hin zum Förderer, Animator und Unterstützer. Die Veränderungen innerhalb des Heimes wirken sich stark auf das Personal aus. Eine gute Begleitung des Personals durch eine ausgewiesene Fachperson sowie durch die Kadermitarbeiter und die Leitung des Heimes ist Voraussetzung für ein gutes Gelingen.

Kritische Anmerkungen zur Milieupflege

Bei der Milieupflege handelt es sich lediglich um ein therapeutisches Instrument, um innerhalb der Heimbetriebe das Zusammenleben zwischen den Pensionären zu erleichtern, dem Personal ein Arbeitsinstrument in die Hand zu geben und die Verbindung von Heim und Öffentlichkeit herzustellen.

Weder Pensionäre noch Personal, noch Heim und Öffentlichkeit dürfen zuviel von der Milieupflege erwarten. Milieupflege erleichtert nur den Weg, den die heutigen von der Gesellschaft an den Rand gestellten Heime zu gehen haben.

An sich ist ja das Heim, wie wir erläutert haben, ein Gebilde, welches von Menschen für Menschen erbaut worden ist. Die wenigsten darin lebenden Pensionäre sind freiwillig in das Heim eingezogen. Die meisten leben im Heim, weil es «draussen» leider nicht mehr ohne Hilfe ging. Auch den Heimen, die mit dem Instrument der Milieupflege arbeiten, wird es nicht vollständig gelingen, die Stigmatisierung ihrer beherbergten Pensionären zu verhindern.

Tiere im Heim

Das Tier taugt zu allem, was es soll, vollkommen
der Mensch zu nichts recht, als was er lernt, liebt und übt.

H. Pestalozzi

In ländlich gelegenen Heimen bereicherten Nutztiere schon von jeher das Dasein der Heimbewohner. Hühner, Kaninchen, Schafe, Schweine und Kühe wurden innerhalb der den Heimen angegliederten Landwirtschaftsbetriebe gehalten und dienten einerseits der Nahrungsmittelproduktion (Eier, Fleisch, Milch), die diesen Heimen zugute kam, andererseits konnten sich die Pensionäre an den Tieren erfreuen und fanden eine sinnvolle Aufgabe bei der Betreuung.

Wenn man heute von Tieren im Heim spricht, meint man die persönlichen Begleiter der Heimbewohner wie Katzen, Hunde, Vögel oder Fische, Meerschweinchen, Kleinhasen und Hamster. Lange Jahre wurden Heimtiere vermutlich aus hygienischen Gründen in den Heimen nicht zugelassen. Heute ist das Heimwesen im Umbruch. Die Konzeption der Heime hat sich der Zeitströmung anzupassen. Tieren wird ein Aufenthaltsrecht im Heim zugestanden.

Der Schritt ins Alterspflegeheim fällt betagten Menschen oft sehr schwer. Für viele bedeutet ein Eintritt ins Heim den Abbruch der sozialen Beziehungen zu den Mitmenschen. Alte Menschen erfahren in unserer Gesellschaft eher Abwertung als Anerkennung. Ein Heiminsasse fühlt sich zum alten Eisen abgeschoben. Neben dem Verlust der bisherigen Gesundheit, der Arbeitskraft und dem Tod des Ehepartners droht beim Eintritt ins Heim auch die Trennung vom geliebten Tier. Freiwillig gehen die meisten alten Menschen sowieso nicht ins Heim, sondern in der Regel aufgrund gesundheitlicher oder sozialer Probleme.

Nachdem die Heime in den letzten Jahren mehr und mehr unter Druck gerieten – in einigen Regionen besteht ein Überangebot an Heimplätzen –, machte man sich Gedanken, wie die

Heime «entstigmatisiert», die Lebensqualität der Bewohner gesteigert und der triste Heimalltag verbessert werden könnte. Das einstige reine Versorgungsdenken (Warm-Satt-Sauber-Theorie) wich einer neuen Versorgungsvorstellung. In den Heimen wurden Beschäftigungstherapien (Ergotherapie-Aktivierungstherapie), die aktivierende Pflege, Tagesstrukturierungsprogramme und Realitätsorientierungstrainings eingeführt. Viele Altersheime betreiben heute auch eine öffentliche Cafeteria.

Heimtiere sollen in den oft kritisierten traurigen Heimalltag Leben und Abwechslung bringen. Selbstverständlich kann das Personal den täglichen Druck von Leid, Hoffnungslosigkeit, Gejammer, Lebensüberdruss und Todesahnungen von Hochbetagten nicht auf Dauer unbeschädigt aushalten. Man hofft, dass Tiere den Umgang mit den Heimbewohnern erleichtern. So konnte das Heimtier in die Rolle des «Co-Therapeuten» gelangen. Selbstverständlich wurden dadurch auch sogleich die Gegner der Heimtierhaltung aktiv mit den Argumenten, diese Tiere würden die Heime finanziell und zeitlich belasten, es gäbe Probleme mit anderen Heimbewohnern. Weiter wurden auch Sauberkeits- und Hygieneprobleme als Argumente vorgetragen. Das wohl gewichtigste Argument gegen eine Heimtierhaltung aber war der Hinweis, dass ein Heimtier die echte menschliche Begegnung, menschliche Fürsorge und Nähe sowie die soziale Unterstützung durch Menschen nicht ersetzen dürfe. Ein menschliches Bemühen um den alten Menschen dürfen Heimtiere niemals ersetzen. Es wurde sogar erwähnt, dass beim Tod eines Tieres die Heimbewohner zu sehr belastet werden würden. Welch eine Ironie!

Die Beziehung zwischen einem Menschen und einem Tier ist freier als die Beziehung zwischen Menschen. Der alte Mensch kann sich ein Tier auswählen, kann sich auf dieses einstellen. Durch die bewusste Auslese wird in der Regel schon zu Beginn der Beziehung eine Art Freundschaftsvertrag zwischen Mensch und Tier geschlossen. In diesem Sinne sind die Heimtiere eher Partner oder Freunde und nicht im engeren Sinne Familienangehörige, mit denen sich problematische Beziehungsstörungen ergeben können.

Nachfolgend möchte ich 6 Thesen aufstellen, die die Aufnahme von Tieren ins Heim rechtfertigen resp. befürworten:

1. These: Für kommunikativ vereinsamte alte Menschen sind Heimtiere eine Art Vorstufe zur Kommunikation.

Die Zuwendung zum Tier führt in der Regel auch zum Abbau kommunikativer Hemmungen gegenüber den Mitmenschen. Heimtiere geben Pensionären die Möglichkeit einer einfachen, nichtbedrohlichen Beziehung, während aber ein Gespräch zu Mitmenschen für vereinsamte alte Menschen oft bedrohlichen Charakter annimmt. Einsame Menschen haben die sprachliche Beziehung oft verlernt. Heimtiere dürfen aber auf keinen Fall Ersatz für fehlende zwischenmenschliche Kontakte im Alter darstellen. Das Heimtier darf auch nicht zum Vorwand für fehlende, sprich unterlassene soziale Unterstützung durch Menschen werden.

2. These: Tiere helfen gegen Isolation und Einsamkeit.

Tiere können menschliche Gesprächspartner ersetzen. Einsamen Menschen, die wenig soziale Kontakte haben, sich einsam fühlen und niemanden haben, denen sie ihr Herz ausschütten können, kann ein Tier Trost, Freude und Partner sein. Menschen in Heimen mangelt es in der Regel nicht an solchen Kontakten zu den Mitpensionären, aber manchmal sind die Kontakte durch seelische Momente unter den Heimbewohnern erschwert (Krankheit, Tod, Gefühl des unnützen Daseins). Tiere fördern die Kontaktaufnahme unter den Pensionären und können emotionale Lücken füllen. Heimtiere haben eine katalytische (befreiende, reinigende) Wirkung auf die Heimbewohner.

3. These: Tiere können einen Lebensinhalt und Lebenssinn vermitteln.

Die mit der Tierhaltung verbundene Verantwortung und Pflicht wirkt stabilisierend und sinngebend. Tierc wecken bei den sie betreuenden Menschen Verantwortungsbewusstsein und den Glauben, noch gebraucht zu werden. Viele alte und kranke Menschen fühlen sich oft unnützlich in unserer Gesellschaft, in der nur Leistung und Arbeit, Jugendlichkeit und Gesundheit erstrebenswerte Ideale sind. Sie fühlen sich unnütz und klagen, sie verursachten dieser Gesellschaft nur Kosten und seien eine finanzielle Last für den Staat.

4. These: Verantwortung und Pflichten dem Tier gegenüber wirken strukturierend.

Haustiere verlangen einen festgesetzten, bestimmten Tagesablauf (Mahlzeiten, Auslauf, Betreuung, Hygiene). Die mit diesen Verrichtungen verbundenen Pflichten helfen mit, den Tag zu strukturieren. Tiere verlangen nach einer regelmässigen Versorgung. Der Tag (und die Nacht) erhält so ein zeitliches Gefüge. Gerade für ältere Menschen ist ein geregelter Tagesablauf wichtig, hilft er doch die zeitliche Orientierung aufrechtzuerhalten. Verwirrte Menschen sind oft nicht nur persönlich und räumlich, sondern auch zeitlich desorientiert.

5. These: Tiere können das soziale Verhalten und den sozialen Kontakt des Menschen positiv beeinflussen.

Tiere bereichern mit ihrem Dasein die Heimatmosphäre. Sie bauen Spannungen ab, erheitern, wirken seelisch stabilisierend, anregend und fördern das Ausleben von Gefühlen. Tiere schaffen Gesprächsstoff und Gesprächskontakte. Tiere können zwischenmenschliche Hemmungen abbauen. Tiere animieren zu zwischenmenschlichem Kontakt, schon deswegen, weil man sich über sie unterhält.

6. These: Tiere helfen Krisensituationen überbrücken.
Krankheiten und Behinderungen sind für Menschen einschneidende Ereignisse, die physische und seelische Kraft fordern. Krisensituationen sind existenzbedrohend. In solchen schweren Zeiten kann die Anwesenheit eines treuen Tieres, zu dem man in einer engen Beziehung steht, den Genesungsprozess positiv unterstützen und die Selbstaufgabe des Erkrankten verhindern.

Man findet etliche gewichtige Argumente, welche die Tierhaltung in Heimen befürworten. Wichtig ist, dass der alte Mensch nicht bloss ein Bedürfnis nach Ruhe, nach Sterben und Tod, nach Trauer und Melancholie hat, sondern eben auch ein Bedürfnis nach Leben, nach Kontakt zum Leben, nach menschlicher Wärme und persönlicher Zuneigung und Freundschaft. Natürlich kann auch eine ganze Menge Argumente gegen eine Tierhaltung in Heimen aufgelistet werden. Tiere sind Lebewesen und teilen mit uns Menschen den Lebensraum Erde. Tiere haben Rechte, und es ist die Aufgabe von uns Menschen, den Tieren solche Rechte zu formulieren und zu geben. Daher sei es hier erlaubt, auf einige Probleme und Überlegungen hinzuweisen:

Tiere soll man nicht als Therapie verschreiben!

Man muss sich daher fragen , ob Tiere in Heimen aus therapeutischen oder sozialen Gründen gehalten werden. Was ist der Zweck eines Heimtieres? Kann das Tier diesen Zweck erfüllen? Es gibt Fachleute, die verschreiben ein Tier als Therapie, etwa um den Lebensrhythmus eines Menschen zu stabilisieren, dem depressiven Pensionär einen «Aufmunterer», einen «Gesprächspartner» zur Seite zu geben. Damit sollen diese Menschen wieder in die Gemeinschaft zurückgeführt werden. Sie sollen sich wieder gebraucht fühlen. Gelegentlich funktioniert das auch. Aber man sollte nicht vergessen, dass der depressive Mensch, der Kontaktlose, Vereinsamte des Menschen bedarf. Tiere sollten keine

Alibifunktion übernehmen, sie sind kein Ersatz, den man verschreiben kann. Ein Heimtier darf nicht Ersatz sein für fehlende zwischenmenschliche Kontakte.

Verantwortungsbewusstsein!

Wer ist für das Tier verantwortlich? Wer haftet? Wer übernimmt die Pflege, die Fütterung? Wer sorgt für Bewegung? Wer kontrolliert die tiergerechte Haltung und Ernährung? Tiere sollten auch nicht als Spielzeug oder als Ersatz für Spielzeug betrachtet werden. Eine tierartgerechte Haltung erfordert Kenntnis über das jeweilige Tier. Manche Tiere benötigen spezielle Nahrungsmittel. Sie sollten nicht gedankenlos mit Heimkost gefüttert werden. Dies trifft speziell auf Hunde und Katzen zu. Diese Tiere benötigen auch viel Auslauf, Bewegung für den Körper, damit sie gesund und widerstandsfähig bleiben. Hygienische Bedürfnisse müssen ebenfalls berücksichtigt werden.

Rechte!

Auch ein Tier hat Rechte. Um einige zu nennen: Das Recht auf Bewegung, Fortpflanzung, Schlaf, Liebe und auf einen eigenen Willen. Tiere funktionieren nicht immer so, wie wir dies wollen. Sie verfügen über eine eigene «Psychologie», über ein eigenes Triebleben, über ihre eigenen Charaktereigenschaften und ihren eigenen Lebensrhythmus. Tiere sollen verfügbar sein und nicht belasten! Sie sollen nach den Wünschen der Menschen funktionieren, möglichst pflegeleicht, lautlos und sauber! Aber manchmal belasten sie, sind nicht immer verfügbar, funktionieren nicht jederzeit so, wie der Wille seines Herrchens es wünscht. Echte Freundschaft und Kameradschaft zum Tier macht dieses nicht zum Sklaven und zum reinen Befehlsempfänger. Heimtiere sollten auch eine Bezugsperson haben, ein «Herrchen», das sich über längere Zeit verantwortlich fühlt und so eine vertiefte Beziehung ermöglicht.

Hygiene!

Kein Tier ist steril. Katzen und Hunde können zwar stubenrein sein, d. h. sie machen in der Regel ihr Häufchen ins Klo. Dass hin und wieder aber etwas danebengehen kann, daran wird man sich gewöhnen müssen. Heimtiere müssen saubergehalten werden. Für die tägliche Tierkotentfernung, Liegeplatzreinigung, Reinhaltung von Futter- und Trinkgefässen muss gesorgt sein. Tiere müssen unter ärztlicher Kontrolle stehen. Bestimmte Tiere müssen regelmässig gebadet, gekämmt und entwurmt werden. Tiere können Flöhe, Läuse, Zecken beherbergen. Diese Parasiten können unter Umständen auf Menschen übertragen werden. Hunde wie Katzen unterliegen gewissen Impfempfehlungen.

Ernährung!

Die Ernährung muss artgerecht sein. Heimkost und insbesondere Küchenabfall ist nicht geeignet. Trinkgefässe sind sauberzuhalten. Täglich frisches Wasser ist eine Selbstverständlichkeit. Wer ein Tier wirklich liebt, wird es gut und vor allem richtig ernähren. Tiere sind nicht dankbarer, weil sie sich überfressen dürfen.

Probleme des Zusammenlebens!

Manche Menschen fürchten oder ängstigen sich vor Tieren. Es gibt etliche Menschen, die mit Vögeln nichts anfangen können, und viele, die Katzen und Hunde meiden. Wer als Kind von einem Hund gebissen worden ist, verliert die Angst vielleicht nie.

Manche Menschen reagieren allergisch auf Tierhaare, reagieren mit Ekzemen oder Asthma. In den Heimen sollten die Pensionäre ein Mitbestimmungsrecht über die Haltung von Heimtieren haben. Ein Punkt dieses Mitbestimmungsrechts ist die Aufnahme von Tieren ins Heim. Zudem gibt es nicht nur das Problem des Zusammenlebens zwischen Tieren und Menschen. Auch die Tiere untereinander müssen sich vertragen.

Todesfall!

Jedes Tier muss sterben. Wie verarbeitet der Besitzer den Tod seines geliebten Tieres? Was geschieht, wenn der Besitzer vor dem Tier stirbt? Wer übernimmt die Betreuung und Verantwortung über das Tier? Muss das Tier durch den Arzt eingeschläfert werden? Kann das Heim oder ein anderer Pensionär die Betreuung lückenlos übernehmen? Solche Fragen verlangen nach einer geregelten Ordnung, nach einer entsprechenden Heimorganisation. Die Verantwortlichen der Heime müssen sich solche Fragen stellen und Lösungen finden, die auch für das Tier erfreulich sind.

Beziehung zum Tier!

«Wer Menschen kennt, wird Tiere lieben», erklärte mir vor Jahren ein älterer Mann, dessen Lebenserfahrungen ihn offenbar zu dieser Aussage bewogen hat. Er lebte zurückgezogen, vielleicht etwas verbittert und vereinsamt in einem kleinen Zimmer. Alle, die ihn kannten, betrachteten ihn als einen «Sonderling», einen, den das Leben enttäuscht hatte. Lange Jahre litt er unter dieser Enttäuschung, zog sich zurück, trank übermässig Alkohol. Irgendwie aber faszinierte mich dieser Mann. Die Faszination bestand darin, dass er eine besonders gute, reife und liebenswürdige Beziehung zu einer Katze hatte. Mit ihr sprach er wie mit einem geliebten Menschen. Kein Wort zu dieser Katze war böse oder feindlich. Die Katze war ihm sehr ans Herz gewachsen. Er ging mit ihr in einer bemerkenswert fürsorglichen Liebe um, die unter Menschen in gleicher Weise kaum zu finden ist. Er zeigte Ehrfurcht vor dem Leben dieser Katze. Ein Gespräch mit ihm zu führen war äusserst schwierig. Erst als mir der Gedanke kam, über seine Katze zu sprechen und sie öfters zu streicheln, verbesserte sich auch unsere Beziehung. Er sprach häufiger über sich, über seine Nöte und das Leben. Er fasste langsam Vertrauen zu mir. Der Freund meines Freundes ist auch mein Freund.

Zusammenfassung:

- Tiere erleichtern die menschliche Kommunikation und Begegnung.
- Tiere im Heim bereichern den Alltag.
- Tiere können die Lebensqualität im Heim fördern.
- Tiere helfen gegen Vereinsamung und Isolation.
- Tiere können einen Lebensinhalt und Lebenssinn vermitteln.
- Verantwortung und Pflichten gegenüber dem Tier stabilisieren.
- Tiere können den sozialen Kontakt und das soziale Verhalten positiv beeinflussen.
- Tiere begleiten, lenken ab, regen an, entspannen.
- Tiere fördern die Kontaktaufnahme zwischen den Menschen.
- Tiere helfen den Tagesablauf strukturieren.
- Tiere helfen den gesundheitlichen Zustand verbessern.
- Tiere helfen, sich wertvoll und liebenswert zu fühlen.
- Tiere helfen Krisensituationen überbrücken.
- Tiere sollte man nicht unbedingt als Therapie verschreiben.
- Tiere spenden Trost und Freude.
- Tiere verlangen von uns Verantwortungsbewusstsein.
- Wir dürfen Tiere nicht nach unseren Regeln leben lassen, Tiere haben ihre eigenen.
- Tiere haben ihren eigenen Willen, ihre eigene Wesensart, ihre eigenen Bedürfnisse.

- Tiere können das Zusammenleben zwischen Menschen sowohl erleichtern als auch erschweren.
- Tiere können zur Diskussion anregen, zu Gesprächen, auch zu Gesprächen über uns selbst.

Vollendetes Leben

Abschied nehmen

STUFEN

Wie jede Blüte welkt und jede Jugend
Dem Alter weicht, blüht jede Lebensstufe,
Blüht jede Weisheit auch und jede Tugend
Zu ihrer Zeit und darf nicht ewig dauern.

Es muss das Herz bei jedem Lebensrufe
Bereit zum Abschied sein und Neubeginne,
Um sich in Tapferkeit und ohne Trauern
In andre, neue Bindungen zu geben.

Und jedem Anfang wohnt ein Zauber inne,
Der uns beschützt und der uns hilft zu leben.

Wir sollen heiter Raum um Raum durchschreiten,
An keinem wie an einer Heimat hängen,
Der Weltgeist will nicht fesseln uns und engen,
Er will uns Stuf' um Stufe heben, weiten.

Kaum sind wir heimisch einem Lebenskreise
Und traulich eingewohnt, so droht Erschlaffen,
Nur wer bereit zu Aufbruch ist und Reise,
Mag lähmender Gewöhnung sich entraffen.

Es wird vielleicht auch noch die Todesstunde
Uns neuen Räumen jung entgegensenden,
Des Lebens Ruf an uns wird niemals enden…
Wohlan denn, Herz, nimm Abschied und gesunde!

HERMANN HESSE

Abschied nehmen ist eine sehr wichtige Lebensaufgabe. Wir müssen Abschied nehmen von geliebten Freunden, materiellen Dingen, von Erinnerungen und von uns selbst. Wir unterbrechen mit unserem Tod den Strom des Lebens. Das Schwierige ist, dass dieses Abschiednehmen zu einer Zeit reflektiert werden muss, während der der Mensch noch inmitten seines Lebens steht und sich darin weiterhin einzurichten hat. Trotz grosser Präsenz in den Medien ist das Thema stark tabuisiert und löst noch immer Angst und Unbehagen aus.

Dieses Abschiednehmen von der Welt, von Freunden, von geliebten materiellen Dingen geschieht durch Akzeptieren der Vergänglichkeit des Lebens und ist eine seelische Vorbereitung auf unser Sterben. Die Ars moriendi, also die Kunst des Sterbens, ist die Auseinandersetzung des Menschen mit der Tatsache seiner Endlichkeit. Immer dann, wenn jemand stirbt, den wir lieben oder zu dem wir irgendeine Verbindung hatten, üben wir uns in der Ars moriendi. Die Auseinandersetzung mit der Vergänglichkeit des Verstorbenen reflektiert uns auch unsere eigene Vergänglichkeit. Im Laufe unseres Lebens nehmen wir ständig Abschied von etwas. Lebensabschnitte gehen zu Ende, neue beginnen, Gewohnheiten werden korrigiert und durch neue ersetzt. Das menschliche Leben ist ein immerwährender Entwicklungs- und Reifungsprozess, und sogar unsere Todesstunde wird uns vielleicht «neuen Räumen jung entgegensenden», wie Hermann Hesse in seinem Gedicht sagt. Entwicklung und Reifung ist Abkehr von Bisherigem und gleichzeitig auch Hinwendung zu Neuem. Abschied nehmen versteht sich als Aufforderung zu neuem Beginnen.

Einerseits verbannen wir gerne, was mit unserem Sterben zusammenhängt. Andererseits aber lesen wir mit regem Interesse, fast voyeuristisch die Todesanzeigen in den Zeitungen. Aber diese betreffen ja glücklicherweise immer nur «die anderen». Das eigene Sterben wird auf Distanz gehalten, wir reden nicht darüber. Das Thema ist nicht gesellschaftsfähig, ja, wir finden es sogar geschmacklos und völlig deplaziert, darüber öffentlich einige Worte zu verlieren. Dabei ist der Tod das sicherste Ziel des Lebens. Der Tod ist uns allen gewiss, dem Lebensende kommen wir Tag um Tag näher. Unser Tod bleibt unabwendbare Gewissheit und unsere Lebenszeit ist von Geburt an begrenzt.

In zunehmendem Masse wird Tod und Sterben mit dem höheren Alter verbunden. Das Abschiednehmen fällt denn auch hochbetagten Menschen wesentlich leichter als jüngeren, die noch im Berufsleben stehen, verheiratet sind, Kinder aufziehen und eigentlich gemäss ihrem Lebensalter noch einige Jahre oder sogar Jahrzehnte zu leben hätten. Oft kann man sogar beobachten, dass alte Menschen nicht nur kaum Angst vor dem Tod haben, sondern diesen geradezu herbeisehnen. In diesem Sinne wird die Annahme bzw. die Hinnahme der Endlichkeit des Daseins verknüpft mit:

1. einer positiven Auffassung vom Sterben
2. einem hohen Lebensalter und damit verbunden
   - Verwitwung
   - geringerer täglichen Aktivität
   - einem höheren Grad an Todeserfahrungen
   - und einer hohen Zufriedenheit mit dem bisherigen Leben.

Umgekehrt können Menschen die Endlichkeit des irdischen Lebens kaum hinnehmen oder haben damit eher Mühe, wenn:
1. sie noch jung sind oder sich jung fühlen
2. sie verheiratet sind und noch mit ihrem Ehepartner zusammenleben
3. sie mit dem bisherigen Leben nicht oder noch nicht zufrieden sind.

Die enge Verbindung zwischen erfahrener Lebenszufriedenheit (Lebenserfüllung) und Annahme der Endlichkeit des Daseins verdeutlicht ein Gedicht von Kurt Marti aus seinem Buch «Leichenreden»:

> betrauern wir diesen mann
> nicht weil er gestorben ist
> betrauern wir diesen mann
> weil er niemals wagte
> glücklich zu sein

betrauern wir diesen mann
der nichts war als arbeit und pflicht
betrauern wir diesen mann
weil er immer getan hat
was man von ihm verlangte

betrauern wir diesen mann
der nie mit der faust auf den tisch schlug
betrauern wir diesen mann
weil er nie auf das urteil anderer pfiff
und einfach tat was ihm passte

betrauern wir diesen mann
der fehlerfrei funktionierte
betrauern wir diesen mann
weil er streit und frauen vermied
und heute von allen gerühmt wird

betrauern wir diesen mann
nicht weil er gestorben ist
betrauern wir diesen mann
weil er war wie auch wir sind –
betrauern wir uns.

Das Sterben innerhalb der Familiengemeinschaft

Das Sterben wird aus dem Gesellschaftsvollzug, aus der Familie verdrängt. Das Erleben von Sterbenden wird immer weniger möglich. Schon heute ereignen sich in der Schweiz rund 70% aller Todesfälle in Spitälern und Heimen. Wir sterben hygienisch und einsam in einem weissgekachelten Badezimmer oder einem Nebenraum eines Spitales oder Altersheimes. In einem Zweibettzimmer muten wir dem Bettnachbarn das Miterleben eines Todesereignisses nicht zu. Die Abschiebung eines Sterbenden in eine Institution widerspricht grundsätzlich einem humanen, menschenwürdigen Sterben. Die Institution kann dieser an sie gestellte Aufgabe nicht gerecht werden, auch dann nicht, wenn es sich um ein spezialisiertes Sterbehospiz handelt. Das Sterben wird durch die Abschiebung entwürdigt, und die Institution kann dem Sterbenden diese Würde nicht zurückgeben. Aber wo sollen Menschen sterben, wenn sie einsam und allein sind und keine Verwandten und Bekannten haben, die sich ihrer annehmen können oder annehmen wollen?

Das Sterben in der Familie wird immer seltener. Die Menschen werden immer älter und gehen zu einer Zeit, in der ihre eigenen Kinder bereits selber gegen die 60 Jahre alt sind und wiederum eigene Kinder haben. Und auch diese sind allermeistens auch schon erwachsen und einige von ihnen ebenfalls schon Mutter oder Vater. Alle diese Generationen leben nicht mehr im selben Haushalt und erleben dadurch den Tod eines nahen Familienangehörigen nicht wie in früheren Zeiten. Philippe Ariès schreibt in seinem Buch «Geschichte des Todes» (1984):

«Noch zu Beginn des 20. Jahrhunderts, etwa bis zum Ersten Weltkrieg, veränderte im gesamten Abendland lateinischer, katholischer oder protestantischer Prägung der Tod eines einzelnen Menschen auf feierliche Weise den Raum und die Zeit einer sozialen Gruppe, die eine ganze Gemeinde umfassen konnte, zum Beispiel ein ganzes Dorf. Man schloss die Vorhänge im Zimmer des Sterbenden, zündete Kerzen an, sprengte Weihwasser aus; das Haus füllte sich mit Nachbarn, Angehörigen und Freunden, die im Flüsterton sprachen und sich ernst und gemessen benahmen. Die Totenglocke erklang in der Kirche, von wo aus sich dann die kleine Prozession mit dem Corpus Christi in Bewegung setzte.»

Heute sind immer weniger Menschen bereit, ihre eigenen Eltern zu sich zu nehmen, auch nur für die Zeit des Sterbens. Arbeitgeber sind ebenfalls kaum bereit, die Pflegenden für diese Zeit freizustellen. Kinder lässt man nicht an Sterbende heran, aus Angst vor den Folgen ihres schrecklichen Anblickes, gleichzeitig aber lässt man sie stundenlang brutale Videos oder Filme im Fernsehen ansehen mit Mord- und Vergewaltigungsszenen. Sogar Kleinkindern kauft man konfuse Comic-Heftchen und gewährt man grausame Märchen. Zur sterbenden Oma werden sie nicht zugelassen, aber vor der Tagesschau mit ihren Schreckensbildern aus Kriegsgebieten hält man sie nicht ab. Man nimmt den Erwachsenen und den Kindern die Erfahrung des Todes. Eines Tages wird ihnen diese Erfahrung fehlen, und dann wird es vielleicht unsere Todesstunde sein.

Müssen wir auch Abschied nehmen von der Vorstellung eines humanen Sterbens?

Die meisten Pflegenden sind hilflos im Umgang mit Schwerkranken und Sterbenden. Wir haben alle Angst vor dem Sterben, sofern wir bei der Todesstunde noch bei vollem Bewusstsein sind. Christliche Lebensgewohnheiten und religiöse Traditionen verschwinden mehr und mehr. Dafür hängen wir alle an der Vorstellung einer allmächtigen Medizin. Der Arzt ist zum Gott in Weiss geworden, Medikamente und Apparate zögern unsere Lebenszeit hinaus. Zumindest sind wir in der Lage, den Tod für einige Zeit zu überlisten und hinauszuschieben. Unsere Wohnungen sind zu klein, als dass wir in ihnen Sterbende pflegen können. Unser Beruf erwartet von uns vollen Einsatz. Wir streben nach Erlebnissen, nach Urlaub und Freizeit, jetten während unseren Ferien über Ozeane, um uns für einige Wochen an einen heissen Strand zu legen. Wir sind lebenssüchtig geworden.

Die Pflege der Kranken und die Betreuung Sterbender überlassen wir den Institutionen, weil dies unserer Lebenssucht zu widersprechen scheint. Das moderne Leben hat uns zutiefst verunsichert.

Die Patientenverfügung der Caritas

Noch viel zuwenig Menschen ist bewusst, dass sogenannte Patientenverfügungen existieren. Eine solche Verfügung dokumentiert den Willen eines noch gesunden und im Vollbesitz seiner geistigen Kräfte stehenden Menschen, der sich vorausschauend zu seinem eigenen Tode äussert. Ist der Patient nämlich bereits bewusst- und sprachlos, kann er sich zum Thema Sterben nicht mehr äussern, und es bleibt unklar, welche Meinung er etwa zu den Themen «lebensverlängernde medikamentöse Massnahmen», «Massnahmen der Intensivmedizin» sowie insbesondere auch «Massnahmen zur Schmerzbekämpfung» hat. Mit Genehmigung der Caritas Schweiz hier ihre empfehlenswerte Patientenverfügung

Patientenverfügung

Name ____________________

Vorname ____________________

Geburtsdatum ____________________

Wohnadresse ____________________

Bitte im Ernstfall dem Arzt übergeben!

Im Vollbesitz meiner geistigen Kräfte und nach reiflicher Überlegung gebe ich nachstehend meinen Willen kund für den Fall, dass ich nicht mehr in der Lage sein sollte, eine Entscheidung zu treffen:

1. Sollte eine ernsthafte gesundheitliche Störung nicht unmittelbar zum Tode führen, bin ich dankbar für sinnvolle ärztliche Massnahmen, die nach bestem Wissen und Gewissen zur Besserung des Zustandes und zur Linderung eventueller Schmerzen durchgeführt werden.

2. Falls aber die elementaren Lebensfunktionen so schwer geschädigt sind, dass mit an Sicherheit grenzender Wahrscheinlichkeit eine Besserung zu menschenwürdigem Dasein ausgeschlossen ist und der Zustand von sich aus unmittelbar zum Tode führen wird, wünsche ich die Unterlassung aller aussergewöhnlichen Intensivmassnahmen zur Verlängerung meines Lebens.

3. Ich bitte den behandelnden Arzt, seinen Entscheid vorgängig mit fachkundigen, verantwortungsbewussten Kollegen sowie auch mit folgenden Personen zu besprechen:

Name/Adresse/Telefon ______________________________

Name/Adresse/Telefon ______________________________

Ich entbinde jeden Arzt gegenüber den vorgenannten Personen vom Arztgeheimnis.

4. Ich ersuche meinen Arzt, mir ausreichend schmerzbekämpfende Mittel zu verabreichen, damit:

- die Schmerzen erträglich gehalten werden bei möglichster Erhaltung der geistigen Verfügbarkeit;
- unerträgliche Schmerzen gelindert werden, auch wenn dazu Schmerzmittel in einer Dosierung nötig sein sollten, die zur Bewusstseinseinschränkung oder gar indirekt – als mögliche Nebenfolge – zu einer gewissen Beschleunigung des Sterbens führen könnte.

5. Ich wünsche eine religiöse Betreuung.

Meine Religion/Konfession ______________________________

6. Den Ärzten, dem Pflegepersonal und allen Begleitenden danke ich für jede Hilfe, die sie mir für ein menschenwürdiges Sterben bieten.

7. Persönliche Wünsche

Datum

Eigenhändige Unterschrift

Diese Verfügung habe ich erneuert:

Datum:	Unterschrift:
Datum:	Unterschrift:
Datum:	Unterschrift:

Eine Kopie dieser Verfügung befindet sich bei:

Name

Vorname

Strasse/Nr.

PLZ/Wohnort

Telefon

Sie kann bezogen werden bei: Caritas Schweiz, Kommunikation, Löwenstrasse 3, 6002 Luzern, Telefon 041 52 22 22

Tod und Sterben

MEDIA VITA IN MORTE SUMUS.
Mitten im Leben sind wir vom Tod umfangen.

Martin Luther

Über den Tod spricht man ungern. Viele ältere Menschen bekunden Angst vor ihm. Wer dies tut, gibt seinem eigenen Leben wenig Chancen, denn eine Auseinandersetzung mit dem Tod ist immer auch eine Auseinandersetzung mit dem Leben und umgekehrt. Die Ars moriendi, also die Kunst des Sterbens, kann meines Erachtens gar nicht gelernt werden. Im Grunde genommen gibt es diese gar nicht. Aber es gibt die Ars vivendi, also die Kunst des Lebens. Kein anderer Lebensvorgang ist so dramatisch mit dem Leben verknüpft wie das Sterben. Die Vergänglichkeit ist ein Lebensgesetz, das mit der Geburt in Kraft tritt. Diesem Gesetz kann niemand entrinnen. Eigentlich leuchtet dies allen ein. Aber niemand getraut sich, offen über Tod und Sterben zu reden, geschweige denn über sein eigenes Sterben. Das Thema ist in unserer materialistisch orientierten Gesellschaft tabuisiert. Wir streben alle nach äusserem Genuss, nach «Fun» und oberflächlicher Unterhaltung. Da geht wenig in die Tiefe, und die Seele bekommt kaum Stoff für Entwicklung und Erkenntnis.

Nur keine Angst vor Tod und Sterben. Wir sind alle lebende Leichen, wenn wir uns nicht getrauen, «hinüber» zu schauen. Hinüber schauen meint auch, hinunter schauen, in die Tiefen unserer Seele. Die Auseinandersetzung mit Tod und Sterben ermöglicht uns die Entdeckung des Lebens. Vergänglichkeit rechtfertigt das Leben, gibt ihm Sinn und Würde. Todeserfahrung macht uns reifer, führt uns ins Leben. Meditation über Inhalte des Lebens ist immer auch Meditation über Vergänglichkeit, über Schicksal und Verzweiflung.

Wenn ältere Menschen den nahenden Tod verdrängen und im

Leben einer aktiven Auseinandersetzung mit ihm ausgewichen sind, wird die Todesstunde von Ängsten gepeinigt sein. Glücklich und erwartungsfrei entschlummern kann, wer sich zeitlebens mit seiner Vergänglichkeit und den Fragen nach dem Sinn des Lebens und dem «Wie» nach dem Tode auseinandergesetzt hat. In unserer Todesstunde werden wir ganz allein sein. Jeder stirbt allein.

Wäre da nicht die Liebe. Der Mensch hat in seinem Leben grundsätzlich die Wahl. Die Wahl zwischen Geben und Nehmen. Allein stirbt, wer sich zeitlebens für das Nehmen entschieden hat. In der Liebe zu Gott stirbt, wer gegeben hat. Liebe zum Menschen, zur Natur mit allen ihren Lebewesen ist ein Akt des Gebens. Das Geben von Liebe als Lebensprinzip verhindert, dass Menschen «allein» sterben, denn solche Menschen sterben in und durch die Liebe Gottes. Wer das Lebensprinzip der Liebe gelebt hat, hat sich schon zu Lebzeiten mit dem Licht vereint, in das alles Sterbende hineinzukommen trachtet.

Die Frage, was nach dem Leben auf den Menschen zukommt, interessiert nicht. Es ist gleichgültig, wie das Jenseits beschaffen sein wird. Das Diesseits ist wichtiger, es bereitet auf das Jenseits vor. Wie es nach dem Tod sein wird, werden wir zur gegebenen Zeit schon erfahren.

Sterbephasen nach Kübler-Ross

E. Kübler-Ross schrieb sehr viele lesenswerte Bücher zum Thema Sterben und Tod. Sie postuliert fünf Phasen, die ein Mensch, welcher noch bei Bewusstsein ist, durchgehen muss, um seine Krankheit und schliesslich seinen eigenen Tod zu begreifen und zu akzeptieren. Diese fünf Phasen – manche Autoren postulieren noch eine sechste oder siebente – sind ein psychoanalytischer Erklärungsversuch, wie Menschen auf Frustrationen reagieren. Selbstverständlich stehen diese unten beschriebenen Phasen nur als Modell da, stellen nicht den Anspruch auf Richtigkeit und Vollständigkeit und lassen sich auch keinesfalls steuern. In erster Linie stimmen diese Phasen eher für jüngere Menschen, die durch eine maligne Krankheit mitten aus ihrem noch ungelebten Leben gerissen werden, und nicht für alte, hochbetagte Menschen, die des Lebens mitunter überdrüssig geworden sind und die ihren Tod möglicherweise eher als Erlösung betrachten denn als Bedrücktheit. Diese Phasen können etwa so umschrieben werden:

Phase 1: Nichtwahrhabenwollen und Isolierung

Der kranke Mensch reagiert schockiert, wenn er erfährt oder wahrnimmt, dass seine Krankheit unheilbar ist und er sterben wird. Er gerät in Panik und versucht, die Realität zu verdrängen: Nicht ich! Er will das Unausweichliche nicht wahrhaben, verleugnet und verdrängt es innerlich und sucht nach inneren Kräften, um es zu bekämpfen. Es werden sogar noch Zukunftspläne geschmiedet, und manche legen nun besonderen Wert auf ihr Äusseres. Daher nennt man diese Phase auch die Phase der aktiven Verweigerung. Die bedrohliche Diagnose löst in dieser Phase starke Angst- und Unruhegefühle aus.

Phase 2: Zorn und Verzweiflung

Einerseits gerät der Sterbende in heftige innere, aggressive Erregung, in Zorn und ist beleidigt. Warum gerade ich? Er sucht einen Sündenbock oder mehrere. Der Arzt ist während dieser Phase oft Ziel seiner Wutausbrüche und Attacken. Wieso kann mein Arzt hier nichts unternehmen? Hat er meine Krankheit nicht im Griff? Ist der Arzt qualifiziert genug? Während dieser immer noch aktiven Phase gelangen viele Kranke auch zu sogenannten Geistheilern, die gemäss ihren grossartigen Heilungserfolgen in ihren Inseraten Genesung und Gesundheit sogar per telepathischer Distanz und via Glauben versprechen. Diese Phase ist von Wut, Aggressionen, Zorn, aber auch von Nörgeleien, Beschuldigungen und auch Selbstbeschuldigungen gekennzeichnet. Für die Mitmenschen und besonders für die Pflegenden ist diese Phase eine der schwierigsten, tritt doch eine geballte Gefühlsflut auf sie zu. Andererseits beginnen sie sich zu isolieren. Früher oder später muss der Kranke aber dem Unausweichlichen ins Antlitz blicken. Es gibt kein Zurück mehr, und daher reagieren nun viele mit tiefer Traurigkeit und depressiver Verzweiflung. Ihr Zorn scheint verflogen, und an deren Stelle tritt nun die ängstliche Beobachtung, aber auch die Überbewertung der Krankheitssymptome.

Phase 3: Verhandeln und Versuch des Aufschiebens

Der Kranke versucht durch eine Art des Verhandelns, das Unvermeidliche hinauszuschieben. «Vielleicht doch nicht?» sagt er sich oder: «Jetzt noch nicht!» Er wendet sich während dieser Phase womöglich viel stärker seinem Gott und Glauben zu als bisher, gibt viele Versprechen ab und will sich dadurch einerseits Verschonung vor weiteren Leiden einhandeln und andererseits um einen Aufschub feilschen. Auch mit seiner Umwelt beginnt eine Art des Verhandelns, weil das bisherige Verdrängen nicht mehr möglich ist und die Schwere der Erkrankung und das unausweichliche Sterben immer bewusster werden. Er findet sich mit seinem Schicksal ab, hat aber starke Hoffnung auf eine günstige Wende. Es ist auch die Phase der Hoffnung: Hoffnung auf ein Wundermittel oder Hoffnung auf den Geistheiler oder Kräuterdoktor.

Durch das Verhandeln will er auch einen Aufschub erreichen. Der Kranke bittet um Gnadenfrist.

Phase 4: Depression

Der Kranke und Sterbende empfängt nun klare körperliche und auch seelische Signale, dass es keinen Ausweg mehr gibt. Er begreift, dass der Todeszeitpunkt immer näher rückt und reagiert darauf mit tiefer Trauer und Depression. Er erkennt seinen Verlust, der ihm durch sein Sterben entsteht. Verlust des geliebten Berufes, aber auch Verlust seines zukünftigen Lebens, seiner geliebten Familie und Freunde, die er bald verlassen muss. Der Kranke und Sterbende wird stumm und erstarrt innerlich. Trauer und Niedergeschlagenheit überfluten sein Seelenleben. Diese depressive Phase ist Folge der Auseinandersetzung mit dem Vorgang der Trennung von allem, was einem lieb geworden ist.

Phase 5: Zustimmung (Akzeptanz)
Diese Zustimmung erreicht der Sterbende aber nur nach erfolgter, positiv verlaufender Trauerarbeit. Am ehesten erreichen jene diese letzte Phase, die von aussen qualifizierte Hilfe zur Bewältigung der verschiedenen vorangegangenen Phasen erhalten haben. Denn durch diese Hilfe kann es dem Sterbenden gelingen, sein Schicksal langsam anzunehmen. Die Angst vor dem Tod und auch die Verzweiflung tritt zurück. Nun ist er freier von Emotionen, die während der letzten Phasen auf ihn einstürmten. Eine gewichtige Rolle für das Erreichen der Zustimmung zum eigenen Schicksal spielt aber nicht nur die erhaltene qualitativ gute Hilfe, sondern ganz einfach auch die in dieser Phase oft fehlende physische und psychische Kraft zum Widerstand. Hoffnung ist verschwunden oder auf ein absolutes Minimum herabgesetzt. Erschöpfung hat sich breitgemacht.

Diese fünf Phasen können unterschiedlich stark und lang ausgeprägt sein. Es besteht jederzeit die Möglichkeit, dass der Sterbende von einer höheren, nächsten Phase zurückfällt in eine tiefere, vorherige Phase. Eine Phase kann auch übersprungen werden oder sie wird einige Male wiederholt.

Unschwer versteht man, dass das Sterben des Menschen für den Betroffenen selbst wie auch für alle Mitmenschen im Umfeld des Sterbenden äusserst schwierig ist. Hier zeigt sich, wie wir mit unseren engsten Freunden und Verwandten umgehen. Die Qualität der bisherigen Beziehung zueinander gewinnt nun entscheidend an Wichtigkeit. Es zeigt sich spätestens jetzt, dass geliebte Menschen auf dem Sterbebett in aller Regel mehr Liebe, Zuwendung, empathisches Verständnis, aber auch konkrete Hilfe sowohl tagsüber als auch nachts erhalten als ungeliebte Menschen, die einem nie nahe standen. Ebenso zeigt sich hier die

Reife des Menschen. Wer unreif ist und einen Sterbenden begleiten muss, geht durch eine harte, aber auch lehrreiche Lebensschule. Viele haben auch Angst, einen Sterbenden zu begleiten. Sie halten die Gegenwart eines Sterbenden im selben Zimmer nicht aus. Woher diese Angst und dieser Widerwille kommt, ist gar nicht so einfach zu sagen. Die Tabuisierung des Todes erzeugt viel Verdrängung und setzt einseitige Sinninhalte. Schuldgefühle zum Sterbenden werden aktualisiert und übertragen sich oft auf die Pflegenden der Heime.

Die physischen Bedürfnisse des Sterbenden

Schmerzfreiheit: Der Wunsch, ohne Schmerzen sterben zu können, steht oft an der Spitze aller möglichen Wünsche. Es ist eine Frage der ärztlichen Kunst, jene Dosis von Schmerzmitteln zu finden, die einerseits ein weitgehend schmerzfreies Sterben möglich macht und andererseits ein Sterben in geistiger Bewusstheit erlaubt. Zu hohe Dosen von Schmerzmitteln erzeugen eine Bewusstseinsverminderung. Die Dosisfrage sollte aber nicht einseitig beim behandelnden Arzt liegen, sondern ebenso beim Sterbenden selbst.

Müdigkeit und Erschöpfung: Mit der Abnahme der Lebenskraft des alten Menschen nimmt die Müdigkeit und Erschöpfung zu. Schon nach kleinsten Anstrengungen und Verrichtungen äussern sie sich, etwa in der erhöhten Atemfrequenz oder in Kraftlosigkeit in den Armen oder Beinen. Schon den Kopf heben bedeutet für sterbende Menschen eine grosse Anstrengung. Die Abnahme der Vitalität macht den alten Menschen noch abhängiger von Pflegenden. Das Bedürfnis nach Ruhe (körperliche wie geistige) und nach Schlaf wird stärker und sollte grosse Beachtung erfahren. Die einzelnen Verrichtungen müssen vielleicht in kleine Teilschritte aufgeteilt werden und benötigen zu ihrer Vollendung beachtlich mehr Zeit.

Liegen: In der Regel liegen sterbende Menschen in ihrem Bett. Wer nicht plötzlich und unerwartet aus dem Leben gerufen wird, sondern dessen Kräfte langsam schwinden, erwartet seine Todesstunde im Bett. Während der Zeit des Sterbens, der Agonie, schwinden die Kräfte mehr und mehr. Ein Sterbender kann Tage, ja Wochen in seinem Bett liegen. Bettlägerige Pensionäre empfinden ihre liegende Lage nicht immer als angenehm. Liegen kann schmerzhaft und unbequem sein. Druckstellen machen dem Sterbenden zu schaffen, und er verlangt häufiger nach einem Lagewechsel oder möchte, dass ihm seine Liegestatt neu gebettet wird. Schon das Durchschütteln des Kopfkissens kann eine Wohltat sein. Überhaupt ist eine gute Lagerung für den Sterbenden oft wichtiger und erquickender als das Eingeben von Essen und Trinken.

Atemnot und Beklemmung: Vielfach ist die Lungenfunktion im hohen Alter eingeschränkt. Lunge und Herz erbringen ihre Leistungen nur noch knapp. Das Atmen wird beschwerlicher und führt oft zum psychischen Erleben einer Beklemmung. Allgemeine Ängste, aber auch Todesängste behindern und erschweren das Atmen zusätzlich. Der Einsatz von Sauerstoff sollte nur unter ärztlicher Anordnung zum Zuge kommen.

Durst und Hunger: Sowohl für das Gefühl des Durstes als auch für das Gefühl des Hungers bei Hochbetagten gilt, dass es sich nur noch sehr schwach bemerkbar macht. Sicherlich benötigen Sterbende weniger Kalorien, und manchmal stellt sich gegen die Nahrungsaufnahme ein richtiggehender Widerwille ein. Eine genügende Zufuhr von Wasser ist aber immer wichtig. Auch wenn Sterbende wenig Durst verspüren, so ist die Zufuhr von genügend Flüssigkeit auf jeden Fall sicherzustellen. Der Durst gehört zu den unangenehmsten Beschwerden. Flüssigkeitsmangel beschleunigt den Sterbeprozess, aber er macht ihn auch ungleich unangenehmer. Flüssigkeitsmangel kann man an ausgetrockneten Mundschleimhäuten, an trockenen Lippen, an spröder, faltiger Haut sowie an der Menge und Konzentration (Einfärbung) des Urins feststellen. Austrocknung fördert auch das Fieber.

Schwitzen/Wundliegen: Das letzte Sterbestadium äussert sich oft in vermehrtem Schwitzen. Dies ist sowohl für den Sterbenden als auch für die Pflegenden unangenehm. Schwitzen trägt ebenfalls zur Austrocknung bei. Feuchte Haut, längeres, bewegungsloses Liegen steigert die Gefahr des Wundliegens (Dekubitus). Während dieser Phase des Sterbens ist daher besonders die Gefahr des Wundliegens zu beachten, auch sind besondere Massnahmen zur Verhinderung von Druckstellen zu treffen. Neben diesen eher physischen Bedürfnissen sind vor allem die psychischen Bedürfnisse des Sterbenden sehr wichtig:

Die psychischen Bedürfnisse des Sterbenden

Nähe und Kontakt: Wie möchten wir eigentlich sterben? Allein, zurückgezogen und einsam oder eher unter Menschen? Unter was für Menschen? Viele ältere Menschen sterben in Heimen und Spitälern. Wie halten es diese Institutionen mit dem Sterben? Wie stellen wir uns das Sterben in Heimen vor? Welche uns mehr oder wenig bekannte und vertraute Schwester wird uns während unserer letzten Tage und Stunden tröstend und pflegend beistehen? Wollen wir, dass unsere eigenen Kinder während unserer Todesstunde bei uns weilen? Welche Beziehung hatten wir im Leben zu unseren eigenen Kindern? Dies alles sind Fragen, die wir uns stellen können. Selbstverständlich ist Sterben nicht planbar, und die Todesstunde kommt eher unverhofft als voraussehbar. Trotzdem habe ich die Erfahrung gemacht, dass viele Sterbenden ihr Sterben selber voraussehen konnten. Auch das Pflegepersonal erwartet den baldigen Tod. «Bei Herrn X. ist es bald soweit!» orientieren sich die Pflegenden oft Stunden und Tage vor dessen Tod während des Rapportes. Da liegt es nahe, die Angehörigen zu orientieren. Leider sind aber nicht allzu viele Angehörige auch in der Lage, die sterbenden Mütter oder Väter auf dem allerletzten Lebensweg zu begleiten. Viele delegieren diese «Aufgabe» weiter an das Berufspflegepersonal.

Ruhe: Sterbende verlangen nach äusserer Ruhe. Die Gespräche im Zimmer sollen zwar nicht unterbunden werden, die Lautstärke aber soweit gedämpft, dass nicht das Gefühl von Hektik, Nervosität und Unruhe entsteht. Kinder sind nicht unwillkommen, aber sie bedürfen einer besonderen, verarbeitenden Begleitung. Sterbende mit einer Affinität zur Musik wünschen oft jene musikalischen Kompositionen zu hören, mit denen sie in einer inneren Bindung stehen. Musik kann Ruhe fördern.

Regelung der Gefühle und der Beziehungen: Wer friedlich und gelöst von dieser Welt geht, hat seine Gefühle und Beziehungen geregelt. Leben ist Werden und Sterben ist Sein. Leben ist Wachsen. Unzufriedenheit und Bitternis sind Todfeinde des inneren Wachsens und Reifens. Die meisten Menschen haben das Bedürfnis, ihr Leben vor dem Tode noch zu regeln. Verkrachte und verknorzte Beziehungen wieder ins rechte Lot zu bringen gehört zu den schwierigeren Lebensaufgaben. Aussprachen mit Angehörigen, die Bitte um Verzeihung für Vergangenes schadet nicht, auch wenn die «Gegenseite» nicht ganz über alle Zweifel erhaben ist. Ein Gespräch mit dem Arzt kann wesentlich dazu beitragen, die medizinische Pflege während des eigenen Sterbens sinnvoll zu gestalten. Ein Testament regelt die Erbfolge. Alte Menschen tun gut daran, ihre Beziehungen zu den eigenen Kindern früh genug zu regeln, sonst kann es geschehen, dass während der Todesstunde sich keiner der Nachkommen zeigt. Einsam stirbt der Verbitterte.

Beistand bei Todesangst: Wie sieht es «drüben» aus? Was erwartet den Sterbenden nach dem Tode? Wird der allerletzte Lebenskampf von heftigen Schmerzen begleitet sein? Wie lange wird er dauern? Oft ist es die Angst vor der Trennung von allem, was einem im Leben lieb und teuer geworden ist. Ebenso die Angst vor dem endgültigen Abschied von den geliebten Angehörigen.

Religiöse und sittliche Rücksichtnahme: Religion und Sitte sind oftmals das gesamte Leben bestimmende Grundordnungen, die auch im hohen Alter und während des Sterbens bei vielen Menschen einen unvergleichlich hohen Stellenwert erhalten. Dem ist unbedingt Rechnung zu tragen.

Die zwölf Bewusstseins-Zustände im klinisch toten Zustand

Bevor ich dieses Kapitel und auch mein Buch beenden will, möchte ich noch die zwölf Bewusstseins-Zustände anfügen, die die tanatologische Forschung aufgrund von Aussagen von Wiederbelebten (aus dem klinischen Tod reanimierten Menschen) erarbeitet hat.

aus: Ratgeber Altenarbeit, Verlag Fink-Kümmerly+Frey, Ostfildern (D). Autor: Dipl. Architekt Stefan von Jankovich, Zürich

1. Austritt: einen Tunnel, einen Engpass oder ein dunkles Rohr passieren; Angst, dass man irgendwo hängenbleibt; verzweifeltes Streben in die Richtung des Lichtes.
2. Durchgekommen: auf der Lichtseite angekommen. Wiedererlangung des Bewusstseins: »Ich habe die Krise überlebt – ich habe Glück gehabt» – Gefühl der Freude. Das Bewusstsein ist klarer, transparenter, breiter, schärfer, weil es nicht auf materielle Ebenen eingeschränkt ist. Neugierde: Was kommt noch?
3. Bewusstwerden des Todes: «Ich bin ausgetreten – ich habe keinen Körper mehr – ich bin tot.» Eine natürliche Feststellung, eine Selbstverständlichkeit ohne Angst, ohne Emotionen.

4. Gefühl der Befreiung: Feststellung der Schmerzlosigkeit – Erleichterung, Wohlbefinden – Glücksgefühl. Alles ist Schwingung. Wahrnehmung von harmonischen Farben, Formen, Tönen. Evtl. Begegnung mit Verstorbenen, Gefühl des Geborgenseins in der Liebe Gottes.
5. Beobachtung des eigenen Todes: Was passiert mit dem abgelegten Körper? Wahrnehmung der Umgebung, ohne Sinnesorgane alles sehen und hören, auch die Gedanken der Anwesenden werden wahrgenommen.
6. Kein irdisches Interesse mehr: Loslösen vom ehemaligen Körper sowie von irdischen Problemen. Materielle Güter, liebe Personen, irdische Gedanken und Pläne – alles wird bewusst losgelassen.
7. Intensivstes Lichterlebnis: Für Gläubige das Gotteserlebnis. Man verspürt den einzigen Wunsch, ins Licht hineinzufliegen, direkt zu Gott zurückzukehren, sich mit Gott zu vereinigen und so sein ICH aufzulösen – Glücksgefühl (Tshi-hai Bardo).
8. Schock: «Stop – du kannst nicht ins Licht fliegen, weil du nicht reif genug bist.» Grosse Enttäuschung. Man muss Rechenschaft ablegen über das Leben.
9. Lebensfilm und Urteil: Es umfasst alle Gedanken des Lebens. Die Motivationen für die Entscheidungen werden von uns selbst auf Grund des allgemeinen kosmischen Harmoniegesetzes der Liebe beurteilt. Grosse Überraschung: Selbsterkenntnis: Alles wird auf einmal klar.
10. Folgeerlebnisse: Einerseits Freude über die bestandenen Prüfungen, andererseits Klage, Qual über die gemachten «Fehler». Erleben von «Himmel und Hölle» als Bewusstseinszustände.
11. Reue und Vergebung: Tiefes Reuegefühl über die gemachten Fehler; es gilt keine Ausrede, keine Entschuldigung. Man spürt keine Strafe oder Verbannung, sondern erkennt dankbar die neue Chance durch Reinkarnation.

12. «Persönliche Einweihung»: Erlangen von kosmischen Erkenntnissen, Verstehen von bisher verhüllten Problemlösungen; Einblick in frühere Leben und noch zu bestehende Prüfungen.

Anhang

Literatur

Alterswohnen in Zürich-Albisrieden: Dokumentation: Die Pflegewohngruppe, 1992

AMA, American Medical Association: Council Report, Präventive Massnahmen zur Minderung der psychischen Folgen der Demenz, 1986

Ariès, Philippe: Geschichte des Todes, Ex Libris, 1984

Betagtenpflegeverein Biel-Seeland: Dezentrale Pflegestationen

Bickel, M./Steigert, H.: Pflücke den Tag, Herder, 1981

Caritas Schweiz: Patientenverfügung
Sie kann bezogen werden bei: Caritas Schweiz, Kommunikation, Löwenstrasse 3, 6002 Luzern, Telefon 041 52 22 22

Finzen, A./Barton, R.: Hospitalisierungsschäden in psychiatrischen Krankenhäusern, Piper, 1974

Folstein, M. F.; Folstein, S. E.; McHugh, P. R.; Mini-Mental-State (1975)

Füsgen, I.: Demenz, Geriatrie-Praxis, Mini-Mental-Status nach Folstein et al.

Heilig, Lutz, Wolf: Aging and the Family Population Network Newsletter, 1987

Höpflinger, François/Stuckelberger, Astrid: Alter und Altersforschung in der Schweiz, Seismo Verlag, Zürich, 1992

KDA Kuratorium Deutsche Altershilfe, Presse- und Informationsdienst

Köther, I./Gnamm. E.: Altenpflege in Ausbildung und Praxis, Schlafphasen, Thieme, 1990

Kübler-Ross, E.: Interviews mit Sterbenden, Stuttgart, 1973

Lehr, U./Thomae, H.: Formen seelischen Alterns, 1987

Mace, N.L./Rabins, P. V.: Der 36-Stunden-Tag, Bern, 1988

Mülheimer Wohnungsbau e. G.: Hilfen bei Wohnungstausch, Presse- und Informationsdienst, KDA, 1991

Naegele, Gerhard: Universität Dortmund, Studie im Auftrag des Ministeriums für Arbeit, Gesundheit und Soziales des Landes Nordrhein-Westfalen, 1986

Reisberg. B.: Hirnleistungsstörungen: Alzheimersche Krankheit und Demenz, Beltz, 1986

Ringel, E.: Das präsuizidale Syndrom in: Der Selbstmord, Maudrich, Wien, 1953

Rosenmayr, Leopold: Die späte Freiheit, Severin u. Siedler

Schleiermacher, Friedrich: Theorie der Erziehung, Paderborn, 1964

Verein Koordinierte Pflegegruppen, Luzern: Die Pflegegruppe, 1992

Von Jankovich, Stefan: Ich war klinisch tot. Drei-Eichen-Verlag, Ergolding

Die zwölf Bewusstseinszustände, Ratgeber Altenarbeit, Verlag Fink-Kümmerly + Frey, Ostfildern (D)

Winterthur Versicherungen, Winterthur, und Dichter-Institut für Motiv- und Marketingforschung, Untersuchung «Älterwerden in der heutigen Gesellschaft – Unsere neuen Senioren», 1990

Adressliste

Deutschland

Bund Deutscher Rentner
Aktion Seniorenwerke e.V.
Limburger Strasse 8
D-50672 Köln

Bundeskongress
der älteren Generationen e.V
Friedrich-Ebert Strasse 3
D-34117 Kassel

Alt hilft Jung e.V.
Kennedy Allee 62-70
D-53175 Bonn

Deutscher Seniorenring e.V.
Am Seeblick 91
D-40627 Düsseldorf

Senioren-Schutz-Bund (SSB)
Die Grauen Panther e.V.
Rathenau Strasse 2
D-42277 Wuppertal

Deutsche Gesellschaft für
Gerontologie und Geriatrie DGG
Stiftung Rehabilitation
Heidelberg
Bonhoeffer Strasse
D-69123 Heidelberg

Deutscher Caritasverband e.V.
Karl Strasse 40
D-79104 Freiburg i. Breisgau
Hauptvertretungen auch in
Berlin, Bonn und München

Kompanie des guten Willens
Deutsche Seniorenservice-
Zentrale
Enneper Strasse 87
D-58135 Hagen

Senioren helfen Senioren
Burgenlandzentrum
St.-Pöltnener Strasse 29
D-70469 Stuttgart

Deutsche Altenhilfe
Verein für Probleme älterer
Mitbürger
Kirchhainer Strasse 12
D-60433 Frankfurt am Main

Bürgerinitiative Altenselbsthilfe
Beratungsstelle
Ludwig Strasse 41
D-61231 Bad Nauheim

Bundesseniorenvertretung e. V.
Severin Strasse 39
D-50678 Köln

Deutsches Zentrum für
Altersfragen DZA
Manfred-von-Richthofen Strasse 2
D-12101 Berlin

Kuratorium Deutsche
Altershilfe KDA
Wilhelmine-Lübke-Stiftung
An der Pauluskirche 3
D-50677 Köln

Arbeiterwohlfahrt
Bundesverband e. V.
Oppelner Strasse 130
D-53119 Bonn
(sowie versch. Landes- und
Bezirksverbände)

Diakonisches Werk der Evangelischen Kirchen Deutschland e. V.
Stafflenberg Strasse 76
D-70000 Stuttgart

Bundeszentrale der Alten- und
Selbsthilfegruppen
Mühlheimer Strasse 210
D-51469 Bergisch-Gladbach

Alzheimer Gesellschaft
Berlin e. V.
Albrecht-Achilles-Strasse 65
D-10709 Berlin

Österreich

Pro Senectute Österreich
Schedifka Platz 3/8
A-1120 Wien

Österreichischer Seniorenring
(FPOe)
Himmelpfort Gasse 7
A-1010 Wien
sowie weitere Bundesländer

Seniorenhilfe «Junge Panther»
Rennweg 84
A-1030 Wien

Sozialreferat 1. Bezirk
Währinger Strasse 39
A-1090 Wien
sowie Sozialreferate der
Bezirke 2–23

Sozialamt Wien -
Sozialberatungsstelle
Gonzaga Gasse 23
A-1010 Wien
sowie weitere soziale
Stützpunkte Wien

Österreichischer
Seniorenbund (OeVP)
Kärntner Strasse 51
A-1010 Wien
sowie weiterer Bundesländer

Pensionistenverband
Österreichs (SPOe)
Alserbach Strasse 23
A-1090 Wien
sowie weiterer Bundesländer

Wiener Seniorenzentrum
im WUK
Währinger Strasse 59
A-1090 Wien

Graue Panther - Senioren-Schutz-
Gemeinschaft Amerlinghaus
Stiftgasse 8
A-1070 Wien

Bezirkshauptmannschaften der
Bundesländer (Gemeindeämter)

Schweiz

Pro Senectute Schweiz
Postfach
Lavaterstrasse 60
CH-8027 Zürich
sowie Ortsvertretungen der
Gemeinden

Schweiz. Graue Panther Zürich
Postfach 78
CH-9402 Mörschwil

Graue Panther Ostschweiz
Blumenaustrasse 2
CH-9001 St. Gallen

Stelle für Altersfragen
Migros Genossenschaftsbund
Postfach 266
CH-8031 Zürich

Bundesamt für
Sozialversicherung
CH-3003 Bern
Merkblätter

Graue Panther Basel
Postfach 686
CH-4125 Riehen 1

Graue Panther Bern
Engehaldenstrasse 20
CH-3012 Bern

Senexpert
Forchstrasse 145
CH-8032 Zürich

Schweiz. Gerontologische
Gesellschaft Sekretariat
Zieglerspital
Postfach
CH-3001 Bern

Eidg. Drucksachen- und
Materialzentrale
CH-3003 Bern
Gesetze, Statistiken, Reglemente
etc.

Alzheimer Angehörigengruppe
Pro Senectute
Krankenhausstrasse 12
CH-3600 Thun
sowie in: Bern, Luzern, Aarau,
Basel und St. Gallen und Zürich

Graue Panther Schweiz
Frohburgstrasse 85
CH-8006 Zürich

Schweiz. Rentnerverband
Zentralsekretariat
Habsburgerstrasse 2
CH-4310 Rheinfelden 2

Caritas Schweiz
Informationsdienst
Löwenstrasse 3
CH-6002 Luzern

Beratungsstellen und Geschäftsstellen von Pro Senectute

Aargau

5001 Aarau	064/24 08 66
5400 Baden	056/21 11 22
5200 Brugg	056/41 06 54
5262 Frick	064/61 37 14
5600 Lenzburg	064/51 77 66
5630 Muri	057/44 35 77
5734 Reinach	064/71 09 04
4310 Rheinfelden	061/831 22 70
5610 Wohlen	057/22 75 12
4800 Zofingen	062/52 21 61
8437 Zurzach	056/49 13 30
5001 Aarau	064/24 08 77

Appenzell-Ausserrhoden

9410 Heiden	071/91 62 49
9042 Speicher	071/94 35 95
9100 Herisau	071/51 25 17

Appenzell-Innerrhoden

9050 Appenzell	071/87 31 55

Basel-Landschaft

4410 Liestal	061/921 92 33

Basel-Stadt

4010 Basel	061/272 30 71

Bern

3005 Bern (Stadt)	031/43 21 71
3005 Bern	031/44 83 04
3007 Bern	031/45 45 77
3008 Bern	031/25 22 77
3008 Bern	031/26 23 07
3012 Bern	031/24 36 64
3013 Bern	031/42 98 14
3014 Bern	031/42 15 30
2502 Biel	032/22 20 71
3400 Burgdorf	034/22 75 19
3415 Hasle-Rüegsau	034/61 50 60
3510 Konolfingen	031/791 22 85
4900 Langenthal	063/22 71 24
3550 Langnau i. E.	035/2 38 13
4242 Laufen	061/89 13 79
3177 Laupen	031/747 63 67
3250 Lyss	032/84 71 46
3860 Meiringen	036/71 32 52
3995 Spiegel	031/972 40 30
3700 Spiez	033/54 61 61
2710 Tavannes	032/91 21 20
3800 Unterseen	036/22 24 22
306 Bern (Land)	031/44 35 35

Fribourg

1700 Fribourg	037/22 41 53

Genf

1211 Genève	022/21 04 33

Glarus

8750 Glarus	058/321 40 32

Graubünden

7000 Chur	081/22 44 24
7270 Davos-Platz	081/43 38 08
7551 Ftan	081/864 03 02
7130 Ilanz	081/925 43 26
7503 Samedan	082/6 34 62
7430 Thusis	081/81 43 17
7000 Chur	081/22 75 83

Jura

2800 Delémont	066/22 30 68

Luzern

6020 Emmenbrücke	041/55 84 66
6003 Luzern	041/23 05 28
6003 Luzern	041/23 73 43
6170 Schüpfheim	041/76 10 76
6210 Sursee	045/21 69 67
6130 Willisau	045/81 40 20
6130 Willisau	045/81 25 91
6002 Luzern	041/23 03 25

Neuenburg
2112 Fleurier 038/61 35 05
2400 Le Locle 039/31 47 76
2000 Neuchâtel 038/24 56 56
2300 La Chaux-de-Fonds
039/23 20 20

Nidwalden
6370 Stans 041/61 25 24
6370 Stans 041/61 76 09

Obwalden
6060 Sarnen 041/66 57 00

St. Gallen
9450 Altstätten 071/75 56 33
9470 Buchs 081/756 41 59
9202 Gossau 071/85 66 80
9400 Rorschach 071/41 17 87
9004 St. Gallen 071/22 77 63
9001 St. Gallen 071/23 40 11
8730 Uznach 055/72 11 23
8880 Walenstadt 085/3 58 68
9630 Wattwil 074/7 52 62
9500 Wil 073/23 85 85
9004 St. Gallen 071/22 56 01

Schaffhausen
8201 Schaffhausen 053/24 80 77
8201 Schaffhausen 053/24 80 66

Schwyz
Kreis Einsiedeln 055/63 65 55
Kreis Goldau 043/22 00 48
Kreis March 055/63 65 56
Kreis Schwyz 043/21 39 77
6430 Schwyz 043/21 48 76

Solothurn
4710 Balsthal 062/71 16 61
4226 Breitenbach 061/80 12 75
2540 Grenchen 065/52 49 02
4600 Olten 062/26 64 44
4500 Solothurn 065/22 32 42
4501 Solothurn 065/22 97 80

Tessin
6500 Bellinzona 092/25 92 92
6710 Biasca 092/72 42 12
6600 Locarno 093/31 31 31
6850 Mendrisio 091/46 36 36
6535 Roveredo 092/82 37 37
6900 Lugano 091/23 81 81

Thurgau
8500 Frauenfeld 054/21 58 01
8280 Kreuzlingen 072/72 77 78
8570 Weinfelden 072/22 51 20

Uri
6460 Altdorf 044/2 42 12

Waadt
1110 Morges 021/801 63 63
1800 Vevey 021/921 44 84
1400 Yverdon 024/23 63 26
1000 Lausanne 021/36 17 21

Wallis
3900 Brig 028/23 90 23

3945 Gampel	028/42 24 48
3953 Leuk	027/63 12 67
1920 Martigny	026/22 25 53
1934 Montagnier	026/36 20 78
1870 Monthey	025/71 59 39
1907 Saxon	026/44 26 73
3960 Sierre	027/55 26 28
1950 Sion	027/22 07 41
1890 St-Maurice	025/65 23 33
3930 Visp	028/46 13 14
1950 Sion	027/22 07 41

Zug

Baar Cham Hünenberg Steinhausen	042/22 46 24
Menzingen Neuheim Ober/Unterägeri	042/21 70 33
Zug Oberwil Risch-Rotkreuz Walchwil	042/22 46 23
6300 Zug	042/21 43 66

Zürich

Affoltern a. A. Dietikon	01/7.61 37 63
Bülach Dielsdorf	01/860 55 60
Hinwil	01/930 16 16
Pfäffikon	01/930 20 70
Uster	01/942 07 01
Andelfingen Winterthur	052/212 05 06
Horgen Meilen	01/923 23 33
Zürich-Stadt (Kr. 1, 6, 7, 8, 11, 12)	01/422 51 91
Zürich-Stadt (Kr. 2, 3, 4, 5, 9, 10)	01/241 09 31
Zürich	01/422 42 55

Schweiz

Zentralsekretariat	01/201 30 20
Secrétariat romand	021/923 50 22

Herausgegeben vom
Senioren-Magazin Zeitlupe
Pro Senectute Schweiz
8027 Zürich
Stand November 1992